Jochen Heinke

Mountainbiketouren in Rhön und Spessart

Jochen Heinke

Mountainbiketouren in Rhön und Spessart

Natur und Landschaft erleben

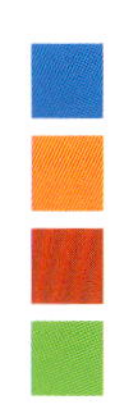

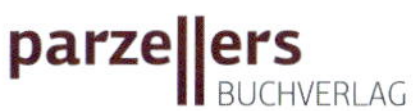

Impressum

ISBN 978-3-7900-0514-1

Fotos: Jochen Heinke
Layout: Peter Link, Parzellers Buchverlag, Fulda
Gesamtherstellung: Rindt-Druck, Fulda

Inhaltsverzeichnis

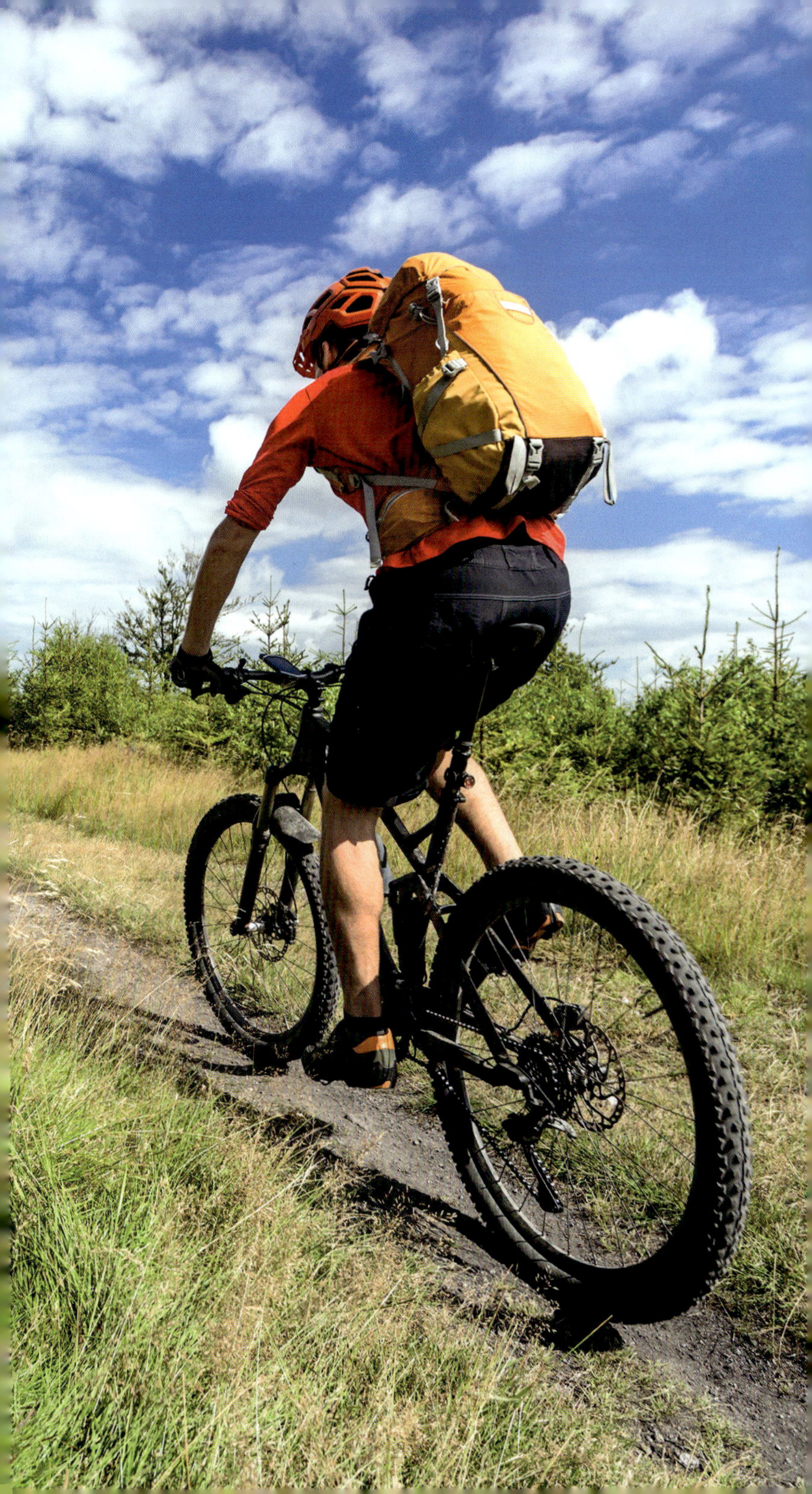

Einleitung

Vor 15 Jahren wurde das in mehrjähriger Planung erstellte MTB-Routennetz in der Fränkischen Rhön fertiggestellt. Der Anlass dafür waren Fahrrad-Fahrverbote in einer bestimmten Region der Rhön. Die allerdings ließen sich nur schwer vereinbaren mit der damals üblichen Orientierung der Mountainbiker an den Wanderkarten. Also mussten markierte Mountainbikerouten her.

Heute können wir auf ein in beide Richtungen markiertes MTB-Routennetz in der Rhön mit Ziel- und Entfernungswegweisern blicken, eines der schönsten und größten in Deutschland. Nach mehr als 15 Jahren lässt sich mit Bestimmtheit sagen, dass diese Routen zu einer Erfolgsgeschichte für den Tourismus in der Rhön wurden. Alle Unkenrufe, alle Befürchtungen haben sich zum Glück nicht bewahrheitet: Es gab seither keine nennenswerten Konflikte mit den Wanderern und die Natur wurde auch nicht geschädigt, wenn auch einige sich nicht an die Auflagen hielten.

Etwa zur gleichen Zeit entstanden auch im Spessart markierte Mountainbikerouten, allerdings meist als Rundtouren mit Routenpiktogrammen.

Ganz besonders wichtig war und ist es mir bei allen bisherigen Tourenbeschreibungen, dass diese durch die schönsten Landschaften der Rhön und nun auch erstmals durch den Spessart führen und auch nicht die teils uralten Orte aussparen, in denen man in urigen Gasthäusern typische regionale Speisen und Getränke verzehren kann. Auch soll das Natur- und

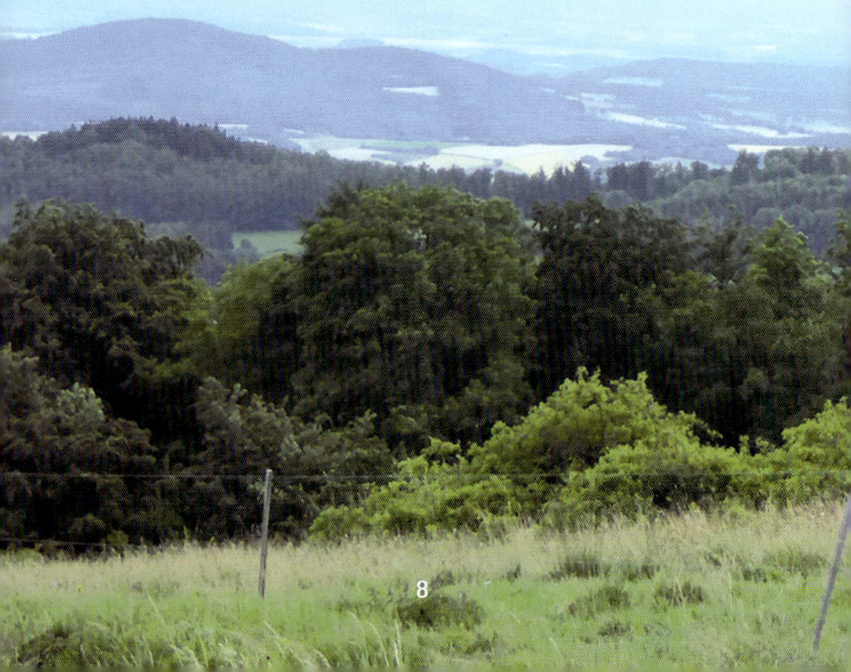

Landschaftserlebnis auf abwechslungsreichen, konditionell und manchmal auch fahrtechnisch anspruchsvollen Wegen im Vordergrund stehen. Und so verlaufen die meisten unserer Mountainbikerouten auch auf den vorhandenen Feld- und Waldwirtschaftswegen und sind streckenweise auch schon mal asphaltiert, so wie Wege eben durch unsere bewirtschaftete Landschaft verlaufen. Es sind im klassischen Sinne CrossCountry-Routen. Doch die Landschaft, aber auch das stete Auf und Ab sorgen dafür, dass keine Langeweile aufkommt: Viele, oft überraschende Fernblicke sind die willkommene Abwechslung.

Nach drei MTB-Büchern für die Rhön enthält dieses Buch nun erstmals auch einige Routen im Spessart. Rhön und Spessart sind höchst unterschiedliche Mittelgebirge, die mit dem Sinntal und dem Landrücken bei Schlüchtern eine gemeinsame Grenze besitzen. Warum also nicht mal von der Rhön in den Spessart fahren oder natürlich auch umgekehrt. Letzteres lässt sich mit dem **LongDistanceTrail** gut bewerkstelligen: Im Rhein-Main-Gebiet mit dem Bike starten und auf den Spessart-Trails zum Rhöner MTB-Routennetz biken. Anschließend von Gersfeld mit der Rhönbahn und von Fulda mit dem Regionalexpress zurück fahren. Spannend und konditionsfordernd ist das auf jeden Fall und vielleicht auch eines der letzten Abenteuer in unserer Zeit.

In diesem Sinne wünsche ich auch mit diesem Mountainbike-Buch viel Spaß auf unseren Mittelgebirgs-Mountainbike-Routen.

Ihr Jochen Heinke

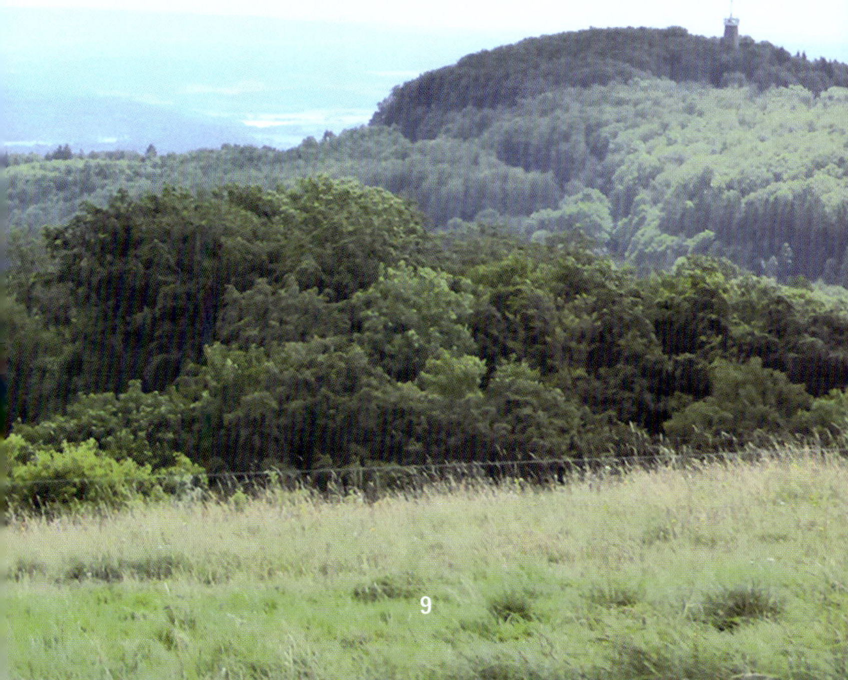

Jochen Heinke

ist seit 30 Jahren mit dem Mountainbike unterwegs. Er lebt in seiner Wahlheimat Rhön und hat ab 1998 dort gemeinsam mit der Bayerischen Verwaltung des Biosphärenreservats Rhön und dem Naturpark Bayerische Rhön das Mountainbike-Routennetz konzipiert und es bis zum Jahre 2007 weiter entwickelt. Er war als Vorstandsbeauftragter des ADFC Landesverbandes Bayern Mitinitiator der **Vereinbarung zum Mountainbiking in Bayern** unter Federführung des Bayerischen Umweltministeriums und regte in der Rhön die Vereinbarung **FAIRständnis in der Rhön** an. Beide Vereinbarungen setzen sich für ein faires Miteinander zwischen Mountainbikern und Wanderern sowie einen schonenden Umgang mit der Natur ein. Heinke ist auch Mitautor des „ADFC-Leitfaden Mountainbiking", dem Standardwerk zur Planung von Mountainbike-Routen. Vor wenigen Jahren plante er auch die Wegweisung von einigen CrossCountry-Touren im Spessart.

Weitere Veröffentlichungen:

2004 Mit dem Fahrrad wandern in der Rhön
2007 Mit Fahrrad und Gepäck vom Main zur Rhön
2008 Die schönsten MTB-Touren durch die Rhön
2009 Der Kahltal-Spessart-Radweg
2009 Die Spessart-Nordost-Passage
2009 Der Main-Radweg von Gemünden bis Frankfurt
2009 Der Mainradweg von den Quellen bis zur Mündung
2010 Radreiseführer MainRadweg
2011 Neue Radwandertouren in der Rhön
2012 Mittelalterliche und neuzeitliche Straßen und Wege in der Rhön, im Grabfeld und in den angrenzenden Gebieten
2013 Der mittelalterliche Pilgerweg nach Rom
2014 Der mittelalterliche Pilgerweg Via Romea
2014 Radeln und Genießen im Fränkischen Weinland

Dank an alle, die mich auch bei der Erstellung meines vierten MTB-Tourenbuches unterstützt haben.
Alle Fotos und Grafiken: Jochen Heinke und Freunde

Die Rhön

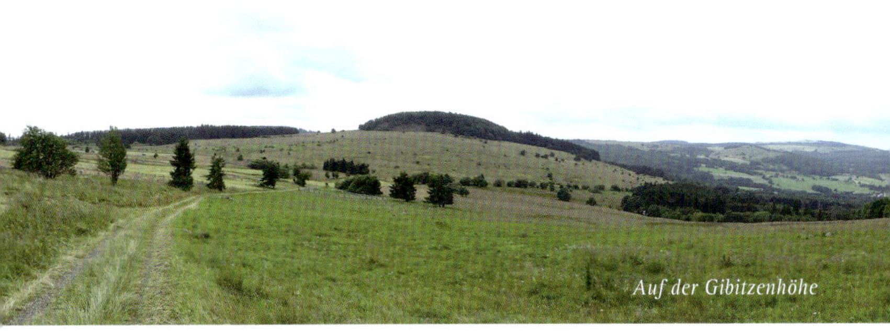
Auf der Gibitzenhöhe

Schon seit dem Mittelalter ist die Rhön politisch quasi dreigeteilt: Das Kloster Fulda, die Würzburger Fürstbischöfe sowie die Henneberger und ihre Nachfolger, die Wettiner, teilten sich über Jahrhunderte hindurch das Gebiet. Diese Dreiteilung besteht so auch immer noch: Heute sind es Hessen, Thüringen und Bayern.

Das Gebirge liegt in der Mitte Deutschlands und erstreckt sich in Nord-Süd-Richtung auf einer Länge von ca. 80 Kilometern von der Werra fast bis an den Main. Die Rhön ist gut über die Autobahnen A 7 und A 71 und mit zwei Bahnlinien zu erreichen.

Die Kulturlandschaft Rhön entstand durch Rodungen unserer Vorfahren. Die so entstandenen Heuwiesen und Hochweiden brachten ihr den Namen „Land der offenen Fernen" ein.

Seit 15 Jahren besitzt die Bayerische Rhön ein umfangreiches markiertes MTB-Routennetz mit einzelnen Abschnitten in Hessen. Zentrum des Mountainbike-Routennetzes sind das Kreuzberggebiet und die Lange Rhön zwischen Fladungen und Bischofsheim. Aus dem waldarmen Hochplateau erheben sich Berge bis zu einer Höhe von 950 m. Heuwiesen, Borstgrasheiden und Moore, dazwischen einzelne Bauminseln, prägen den Charakter der Hochrhön. Die Hänge sind mit Buchenwäldern bewachsen, die sich bis in die Tallagen erstrecken. Entwässert wird das Hochplateau durch z. T. tief eingeschnittene schluchtartige Bachläufe, durch deren Täler auch einige MTB-Routen verlaufen.

Auch im Süden des Gebietes – von Bischofsheim bis zur Kurstadt Bad Brückenau – lässt es sich gut biken. Von vielen Orten in der Südrhön geht es durch den „Salzforst" zum Kreuzberg, dem mit 928 m höchsten Berg der Bayerischen Rhön und in die „Schwarzen Berge" mit ihren typischen Hochweiden, die ein wenig an das Allgäu erinnern.

Das hessische Rhönvorland, auch „Kuppige Rhön“ genannt, ist durch viele Basaltkuppen und einzelne Weiler mit Weideviehhaltung geprägt. Hier ist man auf seiner Tour fast nie alleine, denn hier wird man genauestens von den Kühen und Weideochsen beäugt. Westlichster Punkt des markierten Routennetzes ist die sagenumwobene Milseburg vor den Toren Fuldas.
Keine markierten MTB-Routen gibt es im Thüringer Teil der Rhön. Als Bonus habe ich jedoch den GPS-Tracks, die man bekommen kann, wenn man dieses Buch kauft, die GPX-Daten dreier Touren beigefügt.

Der Weg ist das Ziel – Systematik und Beschilderung der MTB-Routen

Das Mountainbike-Netz in der Rhön besteht aus vielen einzelnen Routen, die Orte und markante Punkte miteinander verbinden und zumeist die Höhen überqueren. An allen diesen Knotenpunkten der MTB-Routen untereinander (manchmal auch mit den Radwanderwegen) – insgesamt mehr als 100 – stehen Hauptwegweiser, auf denen Ziel- und Entfernungsangaben sowie das Mountainbike-Symbol mit Blockpfeil enthalten sind. Durch diese selbsterklärende Beschilderung der Mountainbike-Routen in beide Richtungen ergeben sich vielfältige Kombinationsmöglichkeiten. Man kann so selbst seine Rundtouren planen und diese auch unterwegs noch problemlos verändern. Bei meinen Tourenbeschreibungen nutze ich in der Regel die auf den Wegweisern angegebenen Ziele.
Zwei Hauptrouten, **West- und Ostweg,** laufen in Nord-Süd-Nord-Richtung parallel über die Höhen sowie entlang der Berghänge der Langen Rhön. Sie beginnen im Norden am Berg Ellenbogen bzw. am Schwarzen Moor, führen nach Bischofsheim an der Rhön und von dort über den Kreuzberg zum Würzburger Haus in den Schwarzen Bergen nahe Bad Brückenau. Hier besteht der Anschluss an drei Routen, die das MTB-Netz von Bad Brückenau im Sinntal und der Autobahn A 7 her schließen. Ein Zweig des **Ostweges** führt vom Würzburger Haus auf den Höhen östlich des Sinntals bis nach Rieneck und auf dem Fahrradweg bis nach Gemünden am Main, wo sie an der dortigen Saalebrücke endet.

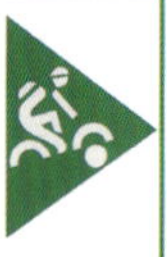

Der Spessart

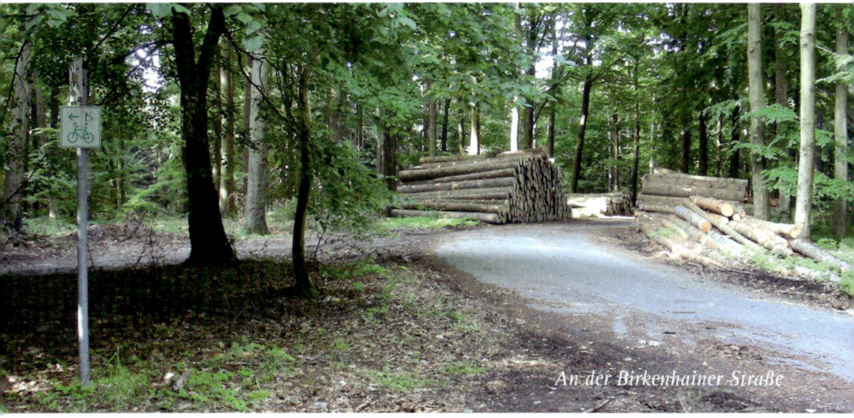
An der Birkenhainer Straße

Der Spessart wird im Jahre 839 als ein „forestum", ein königlicher Jagdbezirk, erstmals urkundlich erwähnt. Ein Großteil des Gebiets fiel um 980 an das Kollegiatstift Aschaffenburg, das wenig später im Erzstift Mainz aufging. Um 1260 versuchten die Grafen von Rieneck durch Siedlungs- und Burgenbau in den Jagdgründen des Erzstiftes Mainz Fuß zu fassen. Eine wichtige Rolle spielten dabei die lukrativen Handelswege, die den Spessart in alle Himmelsrichtungen durchquerten. Um 1271 war das Kräftemessen zugunsten des Mainzer Erzbischofs Werner von Eppstein entschieden. Der überwiegende Teil des Spessarts wurde „Mainzisch" und diente fortan den Fürstbischöfen hauptsächlich als Jagdgebiet und Wildpark.
Der Spessart galt früher als ein abgelegenes und wegen seines Waldreichtums nahezu undurchdringliches Gebiet. Tatsächlich aber ist er ein Mittelgebirge, das einst wie auch noch heute von bedeutenden Reise- und Handelsstraßen aus allen Himmelsrichtungen durchquert wurde. Dies hängt natürlich mit den damals bevorzugten Handels- und Reiseverbindungen zusammen – insbesondere der zwischen Frankfurt und Nürnberg – aber auch mit dem Lauf des Mains, der den Spessart auf drei Seiten umfließt und dabei das Mainviereck bildet.
Berühmt ist die Birkenhainer Straße – heute ein Freizeitweg für Wanderer und Mountainbiker – die aus dem Hanauer, später Frankfurter Raum kommend den Spessart diagonal durchquert und bei Gemünden den Main wieder erreicht. Bedeutend war auch die Poststraße, zwischen dem Main bei Lengfurt und Aschaffenburg einst Abschnitt auf dem Postexkurs Prag – Nürnberg – Würzburg – Frankfurt – Paris.

Der Spessart war jedoch auch, wenn man es so nennen will, eine Industrielandschaft. Zahlreiche Glashütten erzeugten bis weit in das 19. Jh. das bekannte und beliebte grüne Spessartglas. Noch heute kennt man die bevorzugten Plätze, an denen Köhler die für die Erzeugung des Glases notwendige Holzkohle herstellten und einige MTB-Routen führen an den einstigen Produktionsstätten vorbei.

Mountainbiking im Spessart

Viele der hier beschriebenen MTB-Routen führen durch die waldreichen ehemaligen Jagdgründe der Mainzer Erzbischöfe, die mit der Säkularisation der kirchlichen Besitztümer zu Beginn des 19. Jh. an ein Fürstenhaus fielen, das sie noch heute in Besitz hat. Aus dieser Zeit stammen die uralten Wälder, die im Sommer beim Biken reichlich Schatten spenden.
Die MTB-Routen des Bikewald Spessart verlaufen weitgehend auf Forst- und Flurwegen ohne extreme Steigungen und richten sich damit an Biker, die sich beim Tourenbiken oder beim Ausdauertraining gesund erholen und vitalisieren möchten. Einige der Bikewald Spessart Touren tangieren die südlichen Rhöner MTB-Routen, deren eine Hauptroute, der MTB-Ostweg, über Rieneck zum Main bei Gemünden führt.

Drei unterschiedliche Bikegebiete gibt es im Spessart:

Bikegebiet 1 um Frammersbach, Flörsbachtal, Lohr a. Main, Partenstein; Es sind 10 Routen mit 270 Streckenkilometern und etwa 6.000 Höhenmetern.

Das Bikegebiet 2 im Bereich von Burgsinn, Gräfendorf, Mittelsinn, Obersinn und Rieneck besteht aus 8 Routen und 256 Streckenkilometern sowie etwa 4.600 Höhenmetern.

Das Bikegebiet 3 in den Landkreisen Aschaffenburg und Main-Spessart wurde vom Autor ab dem Jahre 2010 konzipiert und beschildert. Vier Cross Country-Touren erschließen den westlichen Spessart von Nord nach Süd, vom Kahlgrund bis fast zum Main. Es sind 340 Streckenkilometer mit ca.

6.450 Höhenmetern. Die mit rund 150 km längste ist zugleich die Kombination der anderen drei, teils mit anderem Richtungsverlauf. Alle diese Routen sind Bestandteil eines fast den ganzen Spessart durchziehenden Radwegenetzes und sie sind mit den Fahrradwegweisern gemäß dem Beispiel beschildert. An den Knotenpunkten mit anderen Routen findet man die jeweiligen Ziel- und Entfernungsangaben und das farbige Routenlogo der CrossCountryRouten mit den Buchstaben A, B, C und D. Zwischen den Knotenpunkten wird der Verlauf der Route mit Richtungswegweisern angezeigt. Man hat also in Kombination mit der Tourenbeschreibung zusätzlich noch die Information, wo die Route zunächst hinführt und wie weit es dorthin ist.

Zwei weitere Tourenbeschreibungen im Spessart stützen sich nur auf die Fahrrad- und MTB-Wegweisung mit den Zielangaben: *Von Frammersbach durch das Aubachtal zur Wiesbütt und zur Bayerischen Schanz* und *Über die Höhen zwischen Sinntal und Jossatal.*

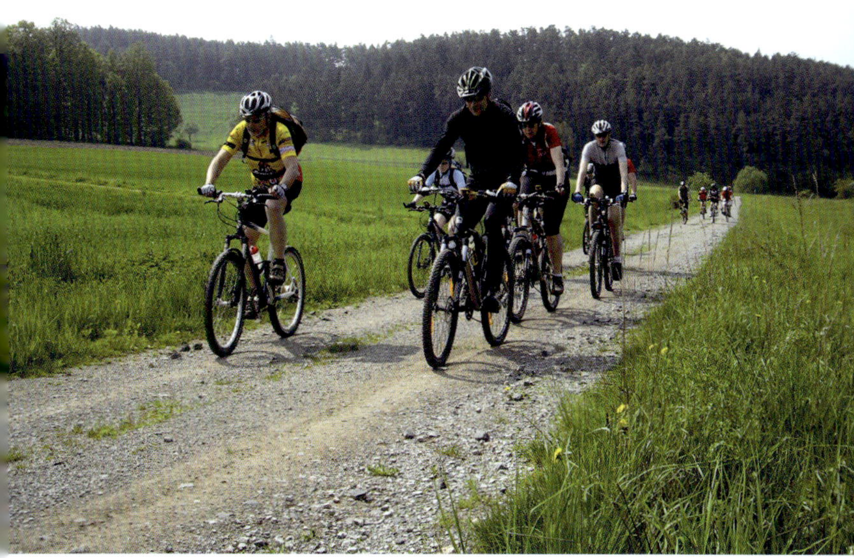

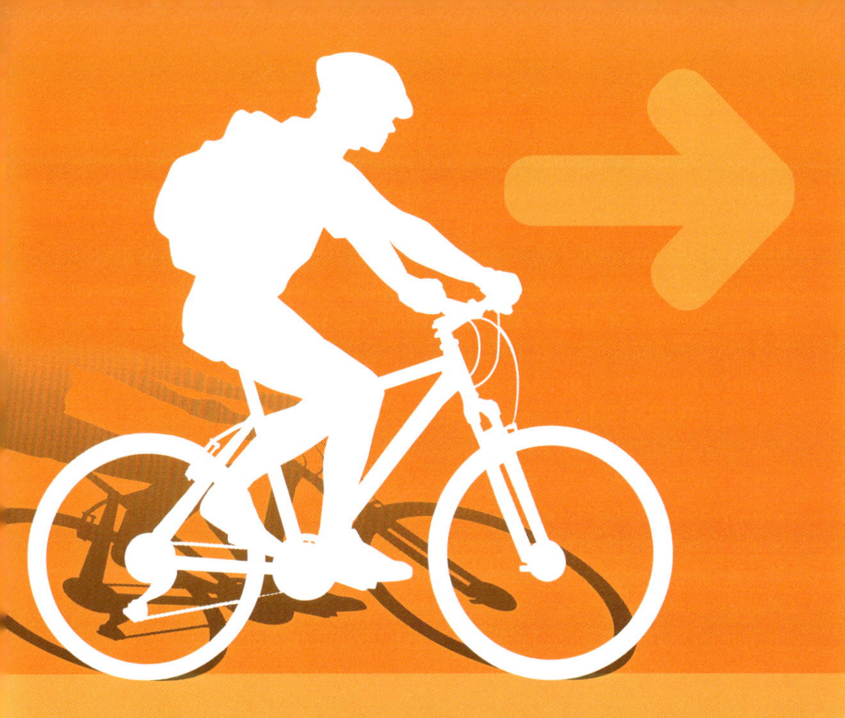

LongDistanceTrail:

Von Frankfurt durch den Spessart in die Rhön (270 km)

Mit dem Fahrrad zu wandern ist heute eine der beliebtesten Urlaubsbetätigungen in Deutschland. Eine Vielzahl von Radwanderrouten – Themenrouten und Flusstouren – sind gut beschrieben, touristisch sehr gut erschlossen und immer am Weg sind zahlreiche Orte mit ihren Sehenswürdigkeiten und Einkehrmöglichkeiten.
Mit dem Mountainbike wandern, die Mittelgebirge auf Waldwegen durchqueren, auf Naturwegen, aber auch auf Asphalt; das hat einen ganz anderen Reiz. Hier steht die Herausforderung durch das Gelände gleichauf mit dem Erleben der urbanen Landschaft. Denn trotz dichter Besiedelung findet man in Deutschland noch Strecken in den Mittelgebirgen, wo man höchstens mal an einem Waldparkplatz daran erinnert wird, dass es auch noch andere Fortbewegungsmittel als das Mountainbike gibt. Der *LongDistanceTrail* hat sehr lange Streckenabschnitte, wo man zwar hier und da auf ein Waldgasthaus trifft, sonst aber keinen einzigen Ort durchquert! Im Spessart ist es ein 40 km langer Abschnitt, in der Südrhön sind es 26 km, im Bereich der Langen Rhön 36 km, ohne jegliche Ortsdurchquerung, wo man nur ab und zu an einer Waldgaststätte oder einer Rhönklubhütte vorbeikommt. Was bei all diesen Beispielen natürlich nicht heißt, dass man ab und zu den Einwohnern eines 1-2 km abseits der Route liegenden Ortes freundlich zuwinken kann.
CrossCountry bedeutet nicht, querfeldein zu fahren. Es bedeutet vielmehr, dass man auf Wegen und Straßen durchs Land fährt, ohne sich an Bergen mit ihren teils kräftigen Steigungen zu stören oder an der Beschaffenheit der Wege. Hier finden sich alle Oberflächen: Vom mit Wurzeln bewachsenen Weg und vom steinigen Naturweg bis hin zum glatten festen Naturweg. Überwiegend sind es aber Schotterwege und natürlich, wie könnte es in unserer nach Vollendung strebenden Welt anders sein, eine Vielzahl von asphaltierten Wegen. CrossCountry wird deswegen mit dem Mountainbike oder einem entsprechenden 28-Zoll-Rad ausgeübt und man sollte schon Erfahrung mit nicht befestigten Wegen haben und auch eine gute Kondition mitbringen. Die Routen sind auch nur bedingt mit Gepäcktaschen auf einem Gepäckträger zu befahren. Am günstigsten ist es natürlich, man packt seine Sachen in einen ausreichend großen Rucksack.
Auf der 270 km langen Tour sind rund 4300 Höhenmeter (kumuliert) zu bewältigen. Es geht über Berge, die zu den höchsten der jeweiligen Gebirge zählen: Die Flörsbacher Höhe (531 m) im Spessart, in der Südrhön der Feuerberg (823 m) und der Kreuzberg (928 m), über den 926 m hohen Heidelstein und über die Hochfläche des Naturschutzgebietes Lange Rhön (> 800 m) und ganz am Ende der Tour über den mit 950 m höchsten Rhöner Gipfel: die Wasserkuppe. Es geht immer bergauf und bergab und manchmal geht es einem wie Till Eulenspiegel, der sich auch nicht freuen konnte, wenn es bergab ging: Weil er wusste, danach geht es gleich wieder hinauf.
Bei der Auswahl der Routenabschnitte habe ich mich von den zur Verfügung stehenden markierten Routen leiten lassen: Es sind im Spessart

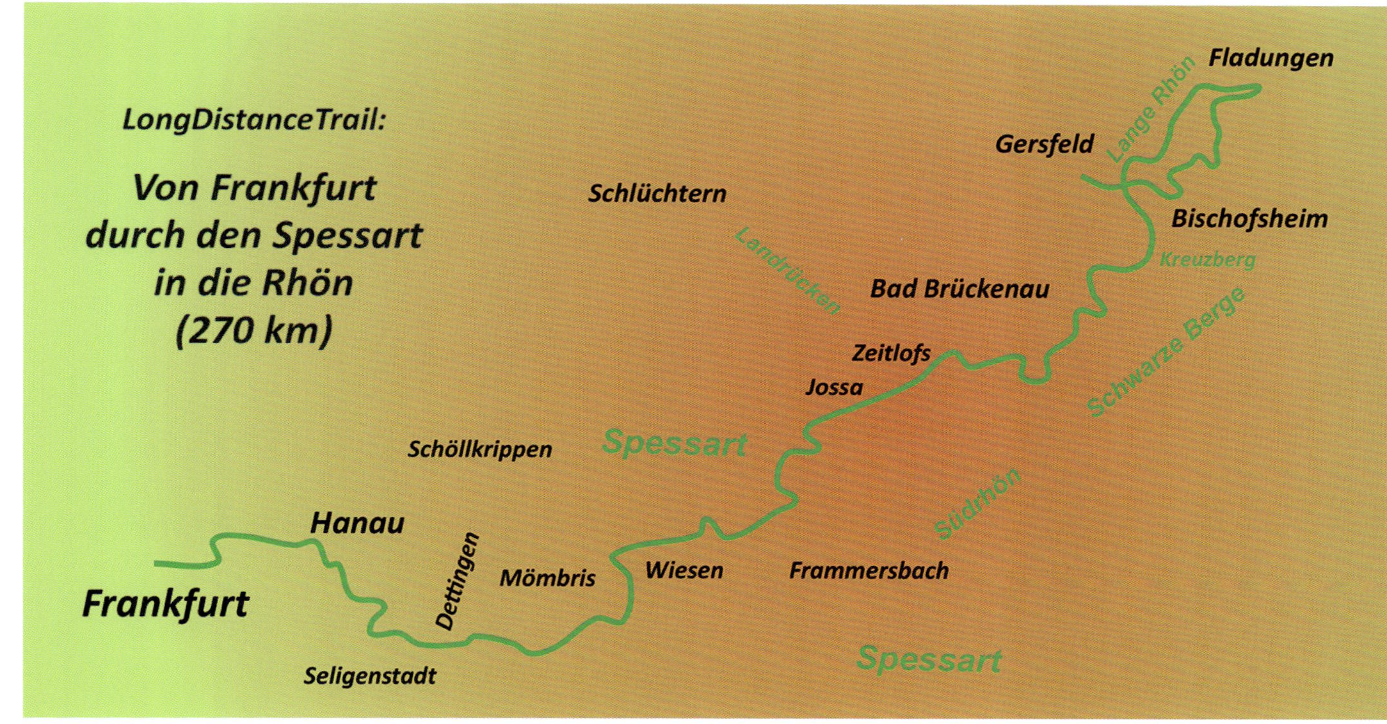
LongDistanceTrail:
Von Frankfurt
durch den Spessart
in die Rhön
(270 km)
Fladungen
Gersfeld
Lange Rhön
Bischofsheim
Kreuzberg
Schlüchtern
Landrücken
Bad Brückenau
Schwarze Berge
Zeitlofs
Jossa
Schöllkrippen
Spessart
Südrhön
Hanau
Dettingen
Mömbris
Wiesen
Frammersbach
Frankfurt
Seligenstadt
Spessart

die dort markierten Mountainbike-Routen des Bikewald Spessart und des Radwander-Routennetzes, die sich aber im dortigen Gelände kaum voneinander unterscheiden. In der Rhön sind es die als MTB-Routen markierten, in beide Richtungen befahrbaren und beschilderten Wege des *Rhöner Mountainbike-Routennetzes.*

Meine Tourenbeschreibung wird von dem GPS-Track gestützt – man kann es auch umgekehrt sehen. Auf jeden Fall empfehle ich, ein GPS-Gerät zu benutzen, es macht alles deutlich einfacher, insbesondere dann, wenn keine spezielle Fahrrad- oder MTB-Wegweisung vorhanden ist.

Trotz der Waldeinsamkeit gibt es am Weg Einkehr- und Übernachtungsmöglichkeiten. Im Spessart wird man sie in einem Gasthof oder an einem abseits der Route liegenden Ort finden. In der Rhön gibt es direkt an der Route Rhönklubhütten und Berggasthöfe.

Die Tour beginnt im Herzen der Großstadt Frankfurt am Main. Von Mainz kommend, verläuft hier der Mainradweg entlang des Sachsenhäuser Mainufers durch Frankfurt. Ihm folgt man einfach mainaufwärts in Richtung Spessart.

1. Abschnitt: Auf dem Mainradweg vom Frankfurter Mainufer nach Dettingen (40 km)

Wenn man mit der Bahn anreist, verlässt man den Hauptbahnhof am Hauptportal, hält sich dann rechts und fährt auf der Straße zum Main (ca. 800 m), der auf der Friedensbrücke überquert wird. Gleich danach geht es zweimal rechts und schon befindet man sich auf dem Mainradweg, dem man nun mainaufwärts folgt. Unter den Brücken Frankfurts geht es dann ohne Fahrradwegweisung hindurch, bis man vor der Gerbermühle auf den ersten Fahrradwegweiser trifft:

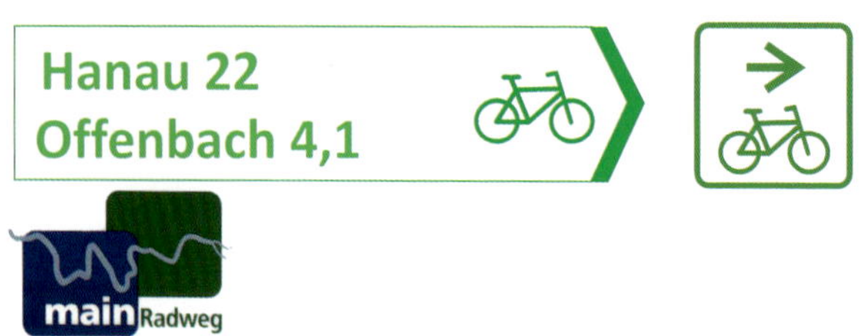

Solchen Wegweisern, natürlich mit jeweils anderen Ziel- und Entfernungsangaben, folgt man auf dem Abschnitt entlang des Mains und danach durch den Spessart vom Main bis in die Gegend von Bad Brückenau. Zunächst aber findet man die Zielangabe **Hanau** mit wechselnden Entfernungen auf den Wegweisern ab Frankfurt bis zur S-Bahn-Station *Hanau-Steinheim*

(S 8 und S 9), die ggf. auch ein alternativer Einstieg in die Tour sein kann. Ab dort gilt dann das Fernziel **Seligenstadt** und ab der Mainfähre in Seligenstadt das Fernziel **Aschaffenburg.**

Auf dem Mainradweg:

km 5,7 Offenbach, Karl-Ulrich-Brücke - 8,4 OF-Bürgel - 12,7 Mainfähre Rumpenheim - 15,5 Mainfähre Mühlheim - 18 Schleuse Dietesheim - 21,5 S-Bahn-Station HU-Steinheim - 25 Brücke Klein-Auheim - 28 Hainstadt - 29,5 Klein-Krotzenburg - 35,2 Fähre Seligenstadt

Angesichts des Spessarts, dessen Vorgebirge, der Hahnenkamm, sich bei Seligenstadt bereits jenseits des Mains zeigt, könnte man sich nun in einem der für ihre hervorragenden Eisspezialitäten bekannten Eissalons Seligenstadts niederlassen und anschließend eine kleine Stadtrundfahrt unternehmen. Denn da die Tour weitgehend abseits der großen Orte und durch schwach besiedeltes Gebiet führt, ist die Besichtigung der alten Stadt nun für längere Zeit das letzte Kulturerlebnis.

Stadtrundfahrt durch Seligenstadt

Bereits um das Jahr 100 n. Chr. existierte ein römisches Kastell auf dem Gebiet des heutigen Seligenstädter Marktplatzes und Teilen der heutigen Altstadt von Seligenstadt. Einhard, der Biograph Karls des Großen, erhielt 815 die fränkische Siedlung Obermulinheim von Ludwig dem Frommen als Schenkung und gründete dort ein Benediktinerkloster. Durch die aus Rom stammenden Gebeine der Märtyrer Petrus und Marcellinus wurde der Ort zu einem Ziel für Wallfahrer, von denen er seinen neuen Namen: Saligunstat – die glück- und heilbringende Stätte – erhielt. Ab 1175 sind die Stadtrechte verbürgt. Heute ist die um 830 erbaute Einhard-Basilika eine der eindrucksvollsten Basiliken mit karolingischer Bausubstanz nördlich der Alpen. Während von Einhards Klostergebäuden keine architektonischen Zeugnisse mehr erhalten sind, hat die Abteikirche mehr als tausend Jahre und die verschiedensten Bauphasen nahezu unversehrt überdauert. Der Hauptaltar bewahrt den Silberschrein mit den Reliquien der Märtyrer Petrus und Marcellinus.

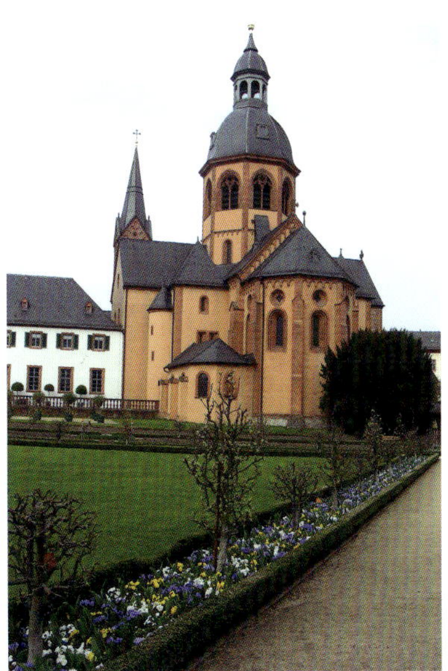

Einhards-Basilika in Seligenstadt

Am Mainufer liegen die Reste der einstigen staufischen Kaiserpfalz, die im Jahr 1187/88 als Jagd- oder Wohnschloss errichtet wurde. Nur die östliche Längsseite des Gebäudes blieb durch die Einbeziehung in die Stadtmauer erhalten.

Weiter auf der Route:

Von der Fähre geht es zunächst noch ein paar Kilometer mit dem Ziel **„Aschaffenburg"** am Main entlang weiter. Bei km 39,7 überquert man auf dem Steg den Main und befindet sich nun in Dettingen im Bayerischen Unterfranken.

2. Abschnitt: Von Dettingen am Main durch den Vorspessart zur Kahlquelle (45 km und 832 hm)

Gleich nach der Brücke gelangt man eine Radwegekreuzung und folgt dort der Beschilderung **Johannesberg/Rückersbach 13 km.** Der Radweg führt geradewegs auf den Vorspessart zu, den man hier *Hahnenkamm* nennt. Die Bahnstrecke wird unterquert und nach der Durchquerung eines Neubaugebietes gelangt man am Waldrand zum Wasserwerk (2,7 km).

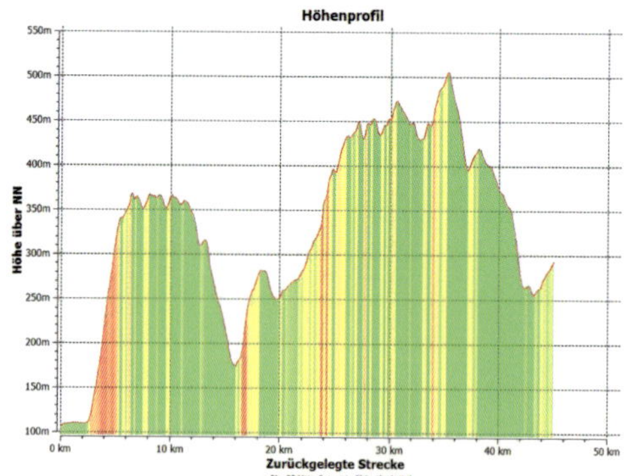

Hier geht es am Wegweiser mit den Zielen **Johannesberg-Rückersbach** weiter. Beinahe sofort beginnt eine längere Steigung auf Schotter, die erst kurz vor dem *Apfelweindorf Rückersbach* (Ü/E) nach 230 hm und gut 5 km endet.

Weiter ansteigend führt die Route nun um das Dorf herum und ermöglicht dabei einen bemerkenswerten Ausblick in die Rhein-Main Ebene bis zum Odenwald und zum Taunus. Da der weitere Weg auf dem Bergkamm verläuft, kann man ähnliche Ausblicke noch einige Kilometer länger genießen.

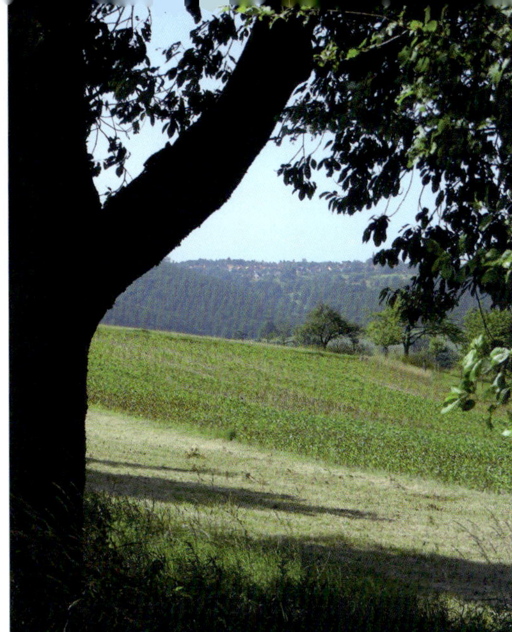

Blick auf Johannesberg

Am nächsten Wegweiser halten wir uns in Richtung **Sternberg** und dort (8,4 km) geht es wieder in Richtung **Johannesberg.** Dorthin führt ein Fahrradweg, der in **Oberafferberg** (9,7 km) in das Neubaugebiet und dann auf Nebenstraßen nach Johannesberg (E/Ü) führt.

Am Wegweiser bei km 11,3 biegt die Route von der Hauptstraße in Richtung **Sailauf/Wenighösbach** ab, verläuft ab dem Ortsende neben der Straße und biegt am Ortsanfang von Breunsberg (12,5 km) ins Feld ab. An die kurze Durchquerung eines Wohngebietes schließt sich eine etwas längere Fahrt auf der wenig befahrenen Kreisstraße AB 10 an.

In Wenighösbach bei km 15,4 zeigt der Wegweiser die Richtung **Hösbach/Rottenberg** an und bei km 16,1 geht es wieder weg von der Kreisstraße. Knappe 100 m steigt die Route nun bis zur Querung der Staatsstraße bei km 17,6 an.

Am dortigen Wegweiser geht es nun durch ein Golfplatzgelände in Richtung **Rottenberg,** das man schon von Weitem sieht. Doch tangiert die Route den Ort nur, denn sie biegt bei km 18,8 vom Radweg ab und führt auf Feldwegen nach Feldkahl (20,4 km), das in einer Senke liegt.

Ab der Ortsmitte steigt die Route gleich wieder 80 hm hinauf. Beim Wegweiser am *Klosterberg* (21,4 km) geht es Richtung **Schöllkrippen/Sommerkahl** über denselben. Dann jedoch, am nächsten Wegweiser bei km 23,2 geht es in Richtung **Heigenbrücken** und damit endlich in den Spessartwald: Zum *Engländer,* mit seinem alten Rasthaus am Eselsweg. In großen Schleifen schraubt sich der Weg durch den Buchenwald, passiert noch einen Abzweig, an dem es dann weiter Richtung **Heigenbrücken** geht. Das Gasthaus am *Engländer* liegt an der Spessart Hochstraße und wird nach gut 31 km erreicht.

Nur wenige Meter vom Gasthaus entfernt steht am Abzweig der Kreisstraße der linksweisende Wegweiser in Richtung **Kleinkahl/Kahlquelle,** der den nächsten Abschnitt der Tour angibt. Die Route biegt gleich danach von der Kreisstraße rechts ab und folgt nun in völliger Waldeinsamkeit den vom Gebirge vorgegebenen Windungen. Erst nach gut 10 km taucht wieder ein Dorf auf: Edelbach im Kahlgrund. Bei km 43,1 trifft die Route auf den Kahltal-Spessart Radweg und folgt ihm kahlaufwärts zum Weiler *Bamberger Mühle* (45 km), einem kleinen touristischen Zentrum unweit der Kahlquelle mit Möglichkeiten zur Einkehr und Übernachtung. Nur zweihundert Meter oberhalb des Weilers befindet sich die Kahlquelle.

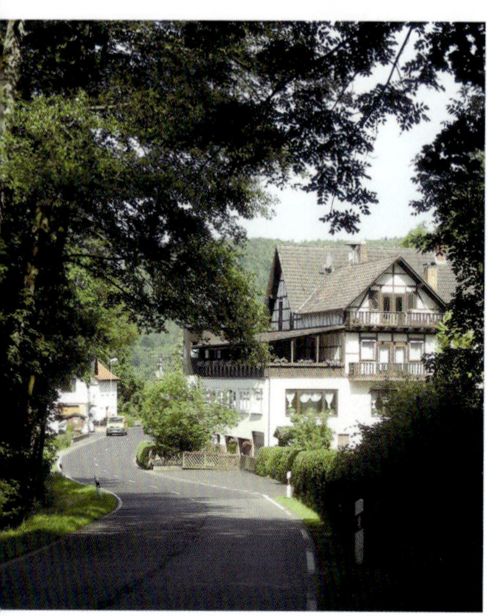

Bamberger Mühle

3. Abschnitt: Von der Kahlquelle zum Deutschen Fahrradmuseum Bad Brückenau (56 km und 812 hm)

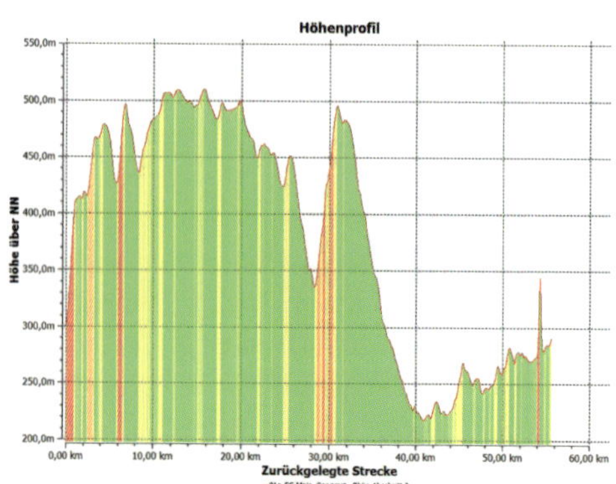

Von der Bamberger Mühle geht es zur *Kahlquelle*, wo auch gleich die Route mit den Zielen **Wiesen/Wiesbütt** links von der Straße abzweigt. Am darauf-

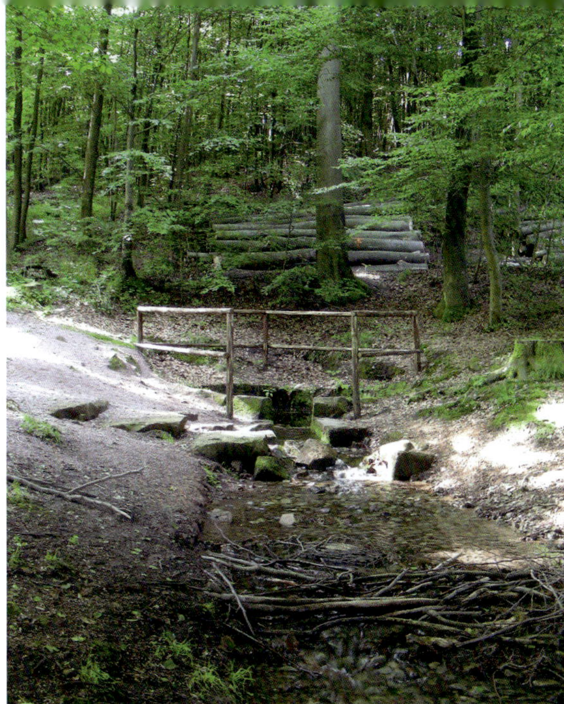

Eine der beiden Kahlquellen

folgenden Wegweiser (km 3,3) verzweigt sich die Route. Links mit dem Ziel **Birkenhainer Straße** zweigt sie zur Rhön und zum Thüringer Wald ab. *Der Weg rechts Richtung* **Wiesen** *(Ü/E > 2,5 km) führt mit einem kleinen Umweg ebenfalls zu Wiesbütt, wenn man am Wegweiser oberhalb von Wiesen in Richtung* **Frammersbach/Wiesbütt** *fährt.*
Wir aber fahren vom Wegweiser mit dem Zeichen E auf dem *Eselsweg* hinauf zum *Dr. Kihn-Platz*, (km 3,6) wo dieser auf die historische *Birkenhainer Straße*, heute ein Wanderweg, trifft. Dort folgt man dann den **Wanderzeichen E und B** auf den beiden alten Fuhrmannswegen bis zur Wiesbütt (km 5,8).
Ab dem Gasthof Wiesbütt mit Campingplatz an einem kleinen See und anschließendem Moor verläuft die Tour zunächst weiter auf den beiden Fuhrmannswegen. Alternativ auf der Straße bis zur Kreuzung mit der B 276 auf der L 2905 (8,4 km).
Dort verzweigen sich Eselsweg und Birkenhainer: Wir setzen unseren Weg mit dem **weißen B** auf der *Birkenhainer Straße* fort, die hier mit altem Namen *Weinstraße* heißt. Oberhalb von *Flörsbach* geht die Fahrt zum mit 508 m höchsten Punkt der Tour im Spessart, dicht unterhalb der *Flörsbacher Höhe* (531 m) vorbei.

Bei **km 17,2** trifft die Birkenhainer Straße auf den Radwanderweg *Spessart-Nordost-Passage* und auf eine MTB-Route des LK Main-Spessart mit

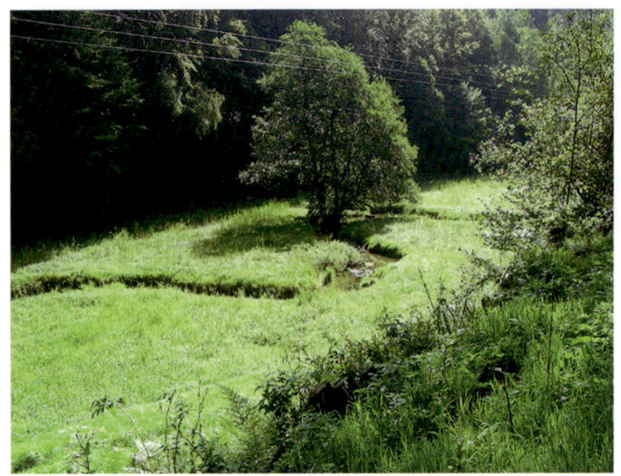

Mäander, ein Bach fließt durch das Tal bei Wiesen

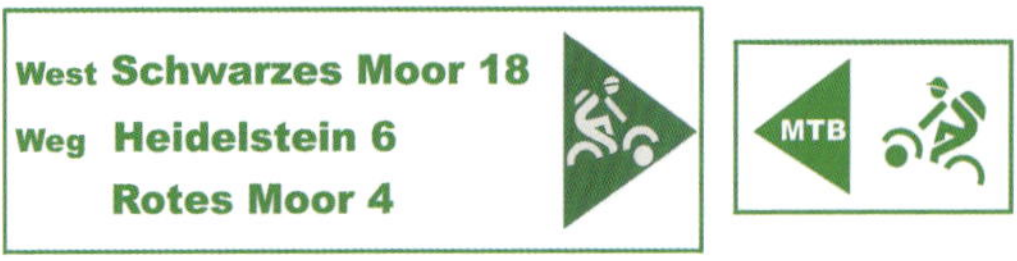

West Weg **Schwarzes Moor 18**
Heidelstein 6
Rotes Moor 4

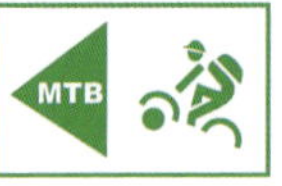

Beispielwegweiser

der Zielangabe **Jossa/Deutelbach** (ähnlich den obigen Beispielwegweisern), der wir auch an der nächsten Verzweigung (km 19,5) weiter folgen (die *Spessart-Nordost-Passage* biegt hier links ab). Unsere MTB-Route verläuft nun auf den Höhen zwischen Jossa und Sinn, vorbei am kleinen Weiler Deutelbach zum an der Str. 2303 gelegenen Forsthaus *Zieglerfeld* (28,3 km). Gleich darauf taucht die Route wieder in den dichten Wald ein.

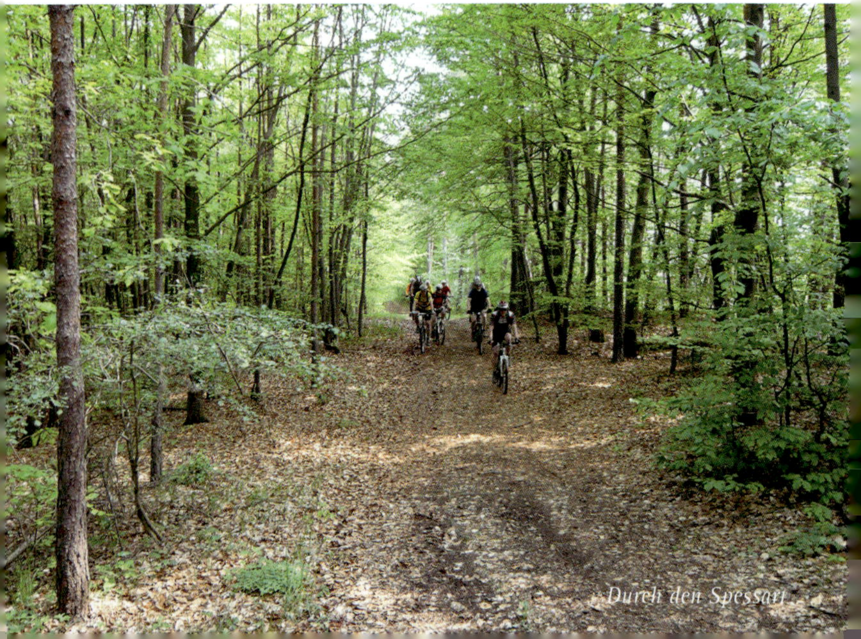

Durch den Spessart

Am nächsten Wegweiser fährt man weiter Richtung **Jossa.** Nach gut 8 km geht es dann links durch den *Steinbachsgrund* in der Nähe des Weilers *Emmerichsthal* (36,5 km) hinab ins Jossatal (km 40) nach *Jossa* (E/Ü). Die Route führt auf der Hauptstraße durch den Ort, dann aber in Sichtweite des imposanten Eisenbahnviaduktes (40,7 km) rechts auf einen Fahrradweg. Gleich nach der Unterquerung des Eisenbahnviadukts verlässt man den Radweg und überquert auf der kleinen Brücke die Sinn. Der Pfad führt durch eine Wiese, auf der im Frühjahr die geschützte Schachbrettblume blüht. Also bitte auf dem Weg bleiben!

Er mündet dann auf einen Fahrweg ein (41,1 km), dem man – zunächst noch ohne Zeichen – nach links folgt (sinntalaufwärts). Ab dem nächsten Wegweiser hält man sich an allen bis zum Staatsbad Brückenau folgenden an die Zielangabe **Bad Brückenau.**

Die Radroute passiert *Altengronau* (E/Ü) und führt nach *Zeitlofs* (E/Ü), wo sie zunächst auf der Hauptstraße (47,3 km) durch den Ort führt, am Ortsende am Fahrradwegweiser (km 47,7) jedoch rechts auf einen Asphaltweg abbiegt, der bald zu einem Naturweg wird. Oberhalb des Sinngrundes verläuft er am Hang entlang und durchquert *Eckarts* (km 53). Nach einem Kilometer, noch vor *Wernarz,* zweigt eine MTB-Route vom Sinntalradweg ab. Von dort bis zum Ortsteil *Staatsbad Brückenau* (E/Ü), wo das Deutsche Fahrradmuseum (km 55,7) beinahe direkt am Radweg liegt, ist es nur noch gut einen Kilometer. Bis nach *Bad Brückenau* (E/Ü) sind es auf dem Sinntal-Radweg noch weitere 5 km.

Staatsbad Brückenau

Die Wirkung des Wassers seiner fünf Quellen hat den Ruf Bad Brückenaus als Kurort begründet. Seit mehr als 250 Jahren wird die heilende Kraft des wichtigsten Naturheilmittels hier genutzt. Ein extrem niedriger Kochsalzgehalt und die hochwirksame Mineralisation sind die Grundlage für ein breites Spektrum von Indikationen und Anwendungen. Das wohlschmeckende Wasser der drei Quellen des Staatsbades wird von der Staatl. Mineralbrunnen AG in einem ökologisch orientierten Brunnenbetrieb abgefüllt und als Wernarzer Heilwasser, Staatl. Bad Brückenauer Heilwasser, König Ludwig I. Mineralwasser und Staatl. Bad Brückenauer Mineralwasser auch über die Region hinaus mit großem Erfolg vertrieben.

Seit 2004 befindet sich im ehemaligen Jugendstilhotel Villa Füglein in Bad Brückenau, Ortsteil Staatsbad, direkt am Radfernweg Rhön-Sinntal gelegen, das Deutsche Fahrradmuseum, Deutschlands umfangreichste und qualitativ hochwertigste Fahrradsammlung (Informationen unter Tel.: 09741/938253).

4. Abschnitt vom Staatsbad Brückenau durch die Südrhön und über den Kreuzberg nach Bischofsheim (43 km und 1309 hm)

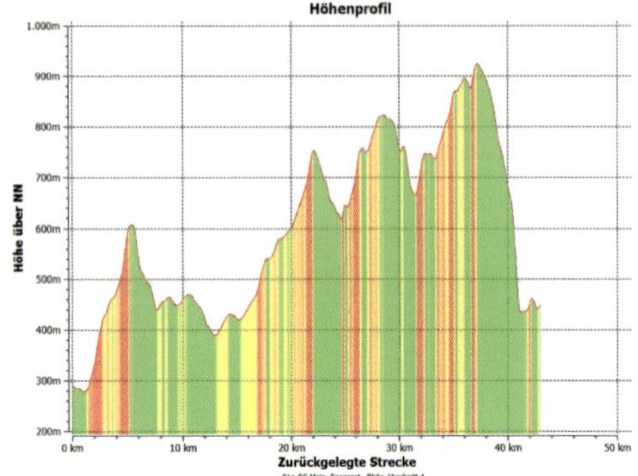

Nach dem Besuch des *Deutschen Fahrradmuseums* geht es zurück zum Wegweiser bei *Wernarz* (1,5 km) und dort mit den Wegweisern des Rhöner-MTB-Routennetzes und den Zielangaben **Weißenbach/Breitenbach/Dreistelz** auf der vom Sinntal-Radweg abzweigenden Mountainbike-Route weiter.

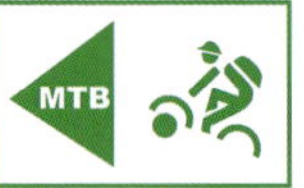

Beispiel-wegweiser

Ab hier bis zur Landesgrenze nach Thüringen verläuft die Tour ausschließlich auf den mit dem grünen Biker gekennzeichneten Wegen des *MTB-Routennetzes der Rhön.*

Die MTB-Route schraubt sich nun gut 250 m hinauf zum mit 880 m hohen Dreistelz. Bei km 4,6, kurz vor dem Abzweig zum Gipfel mit Aussichtsturm, trifft die MTB-Route auf den **MTB-Ostweg** und es geht mit Ziel **Würzburger Haus** links weiter.

Die Aufschriften **Ostweg** und **Würzburger Haus** finden wir nun auf allen Wegweisern bis Schondra. Vom Berg *Dreistelz* geht es durch den *Weiler Dreistelz* (km 6,3) zum Industriegebiet Buchrasen (Wegweiser km 7,6), durch *Breitenbach* nach *Mitgenfeld (Wegweiser bei km 10,8)* und durch den Weiler *Einraffshof* nach *Schondra* (E/Ü) (km 15).

Hier halten wir uns an die MTB-Route, die mit den Zielen **Berghaus Rhön/Schildeck** durch die südliche Rhön führt. Alternativ kann man auch dem *Ostweg* weiter folgen, der an der Autobahn-Raststätte Rhön vorbei nach *Geroda* und über die *Platzer Kuppe* zum Würzburger Haus führt (ca. 10 km).

Abstecher ca. 1 km: *Kurz nach Schondra führt die Route nun ganz nah am Geotop Lindenstumpf vorbei. Der Lindenstumpf ist ein geschütztes Geotop, das wie viele andere Basaltkuppen in der Rhön durch Vulkanismus gebildet worden ist. Durch einen Steinbruchbetrieb beim Bau der A 7 im Jahre 1965 wurde die Basaltkuppe aufgeschnitten, sodass ein kegelförmiger Förderschlot freigelegt wurde. Gut ausgebildete Basaltsäulen stehen radialstrahlig und steigen zur Mitte hin an, ähnlich wie bei einem Kohlenmeiler. Innerhalb von zwei Jahren wurden etwa 1,8 Millionen Tonnen Basalt abgebaut.*

Die Autobahn A 7 wird gequert und vorbei am Schildecker Berg mit der Burgruine Schildeck geht es zum Ort *Schildeck* (km 18). Am dortigen Wegweiser trifft man nun auf den MTB-Westweg, der auch wieder das Ziel Würzburger Haus enthält. Doch bis dorthin sind noch einmal 250 hm angesagt. Auf Asphalt fahren wir durch die schöne Weidelandschaft dorthin. Bei km 19,8 zweigt eine Route zum Berghaus Rhön ab, wo man ebenfalls einkehren und übernachten kann. Geradeaus geht es zum nächsten Wegweiser, an dem man links zum **Würzburger Haus** (km 22,2) einbiegt.
Das Würzburger Haus ist eine Berghütte des Rhönklubs, in der man übernachten und zum Essen und Trinken einkehren kann. (www.rhoenklub-wuerzburg.de).
Vom Würzburger Haus aus geht es weiter auf dem MTB-Westweg. An der Kreisstraße KG 45 bei km 25,5 biegen wir rechts ein und fahren auf ihr bis zum Basaltwerk (km 26). Dort treffen wir wieder auf den MTB-Ostweg, in den wir nun mit Ziel Kreuzberg/Kissinger Hütte nach links von der Straße einbiegen.
Die Kissinger Hütte (km 28,6) ist wohl die am schönsten gelegene Berghütte des Rhönklubs. Atemberaubend ist der Blick auf den scheinbar zum Greifen nahen Kreuzberg, über den die weitere Tour verläuft. Die Kissinger Hütte ist außer im November ganzjährig geöffnet. (www.rhoenklub.de/kissingerhuette).
Auf dem MTB-Westweg wird die Tour nun weiter fortgesetzt. Ab hier bis zum *Kreuzberg* findet man nun die Zielangabe Bischofsheim auf den Wegweisern. Beim Parkplatz am *Guckaspass* (km 31,6) wird die Straße überquert und zunächst auf einem Singletail führt die Route hinauf zum zweithöchsten Berg der Rhön. 260 hm sind es bis zum seinem Gipfel in 928 m Höhe. Doch davor liegt noch das *Kloster Kreuzberg,* das, wie wohl alle Bergklöster, mit selbstgebrautem Bier und regionalen Speisen aufwarten kann.
Der Kreuzberg gilt als heiliger Berg der Franken. Über 70 Fußwallfahrten ziehen jährlich „zum heiligen Kreuz“ hinauf. Ziele sind die Wallfahrtskirche, einer der ältesten (1710 erbauten) Kapellenkreuzwege Deutschlands und das im 17. Jhd. gegründete Franziskanerkloster. Das Kloster mit eigener Brauerei versorgt Körper und Geist und ist das beliebteste Ausflugsziel

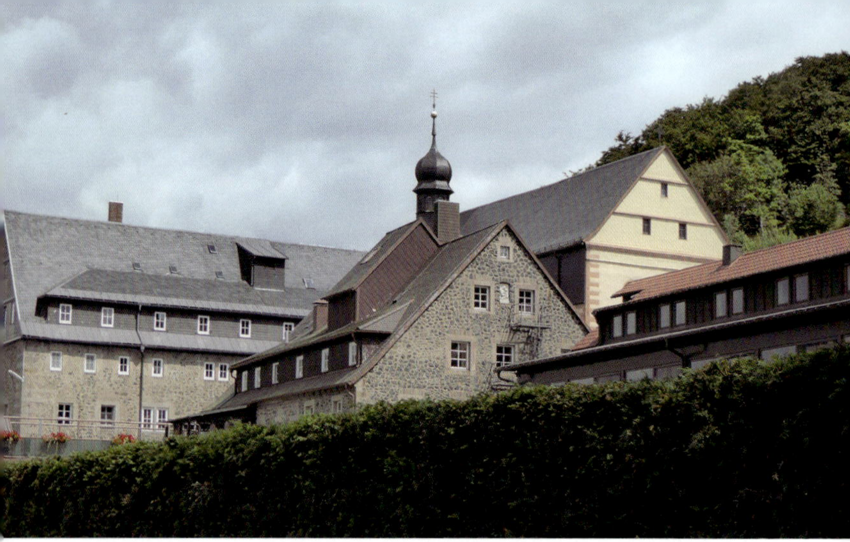

Der Kreuzberg gilt als heiliger Berg der Franken. Im Bild die Wallfahrtskirche und das im 17. Jh. gegründete Franziskanerkloster

der Region mit rund 600.000 Besuchern im Jahr. Es bietet auch Übernachtungsmöglichkeiten (www.kreuzbergbier.de).
Wer nach den Anstrengungen Entspannung sucht, findet sie im ältesten Gebäude auf dem Kreuzberg, dem Bruder-Franz-Haus. Dort wurde ein Ort der Begegnung und des Erlebens geschaffen. Dafür stehen zwei Räume mit insgesamt vier Meditations- und Ruhezonen zur Verfügung – gestaltet nach dem Sonnengesang, dessen Elemente dabei helfen, neue Kraft und Energie zu schöpfen (www.bruder-franz-haus.de).

Die weitere Tour führt uns nun über den Kreuzberggipfel: Wir fahren vom Biergarten des Klosters 200 m auf der Route zurück und folgen danach dem Wegweiser zum **Kreuzberggipfel** mit einer überwältigenden Rundumsicht vom Aussichtspunkt an den drei Kreuzen. Vom alles überragenden Sendemast werden die Programme des Bayerischen Rundfunks gesendet.
Vom Gipfel geht es auf einem Wiesenpfad weiter, danach auf einem alten Weg mit Basaltsteinen (glatt, schwierig, ggf. schieben) hinunter zu einer weiteren Berghütte des Rhönklubs, dem *Neustädter Haus* (km 39,5). Ein paar hundert Meter der Straße folgend würde man zum Startplatz des Rhöner Flowtrails gelangen (www-flowtrail-kreuzberg.de). So aber führt die Tour nun recht steil auf der alten Viehtrift mit Ziel **Haselbach** hinunter zum Bischofsheimer Marktplatz (E/Ü) (km 43).
Bischofsheim ist die westlichste Stadt des Kreises Rhön-Grabfeld, liegt am Fuße des Kreuzberges (928 m) und ist seit 1968 Erholungsort. Am Marktplatz mit seinen beiden sehr gut erhaltenen gußeisernen Brunnen aus dem 16. Jahrhundert laden die urigen Gasthäuser zum Verweilen ein.

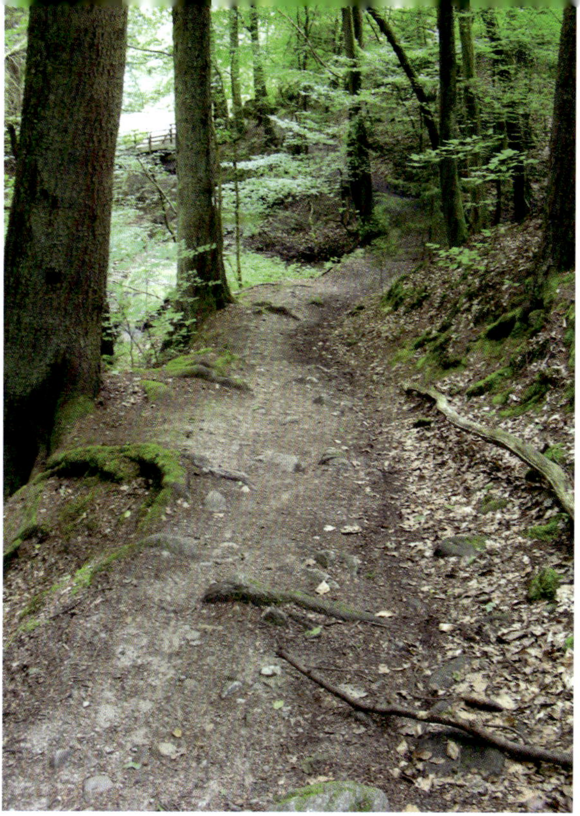

Singletrail im Kreuzberggebiet

Blick von der Hochrhön zum Thüringer Wald

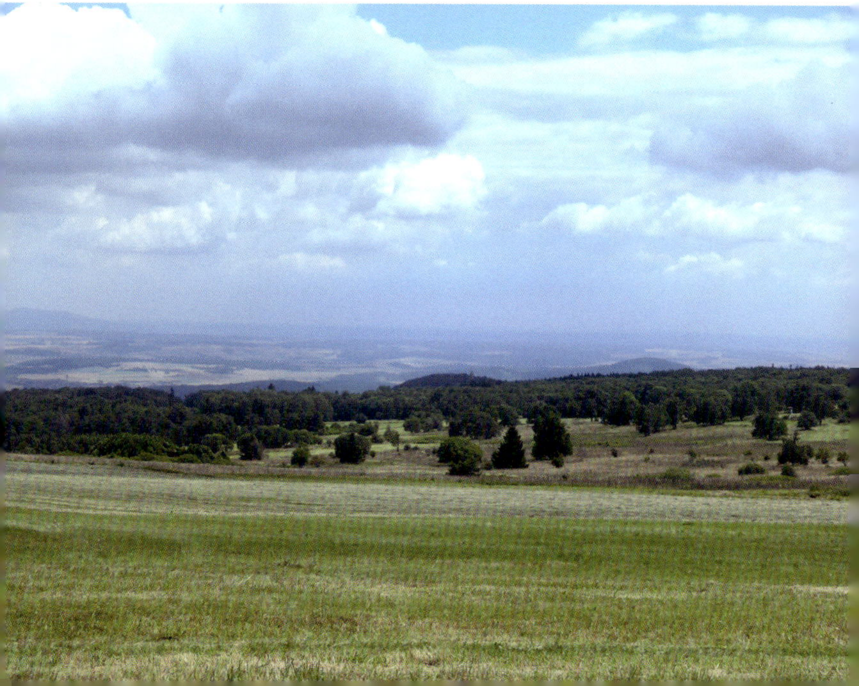

5. Abschnitt: Moor und mehr – Von Bischofsheim über die Lange Rhön zum Schwarzen Moor (31 km und 692 hm)

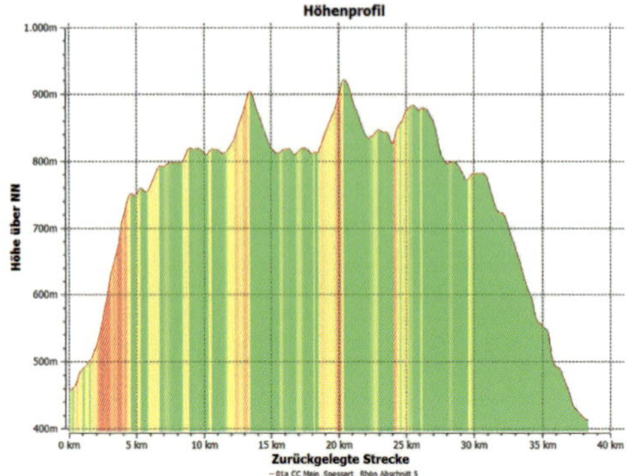

Die Tour wird am Bischofsheimer Marktplatz fortgesetzt. Es geht vom Marktplatz durch die Josefstraße zur Kreuzbergstraße; man biegt dort links und kurz darauf mit den Radwege- und MTB-Zeichen rechts in den Pfarrgrund ein und fährt auf dem Radweg in Richtung **Frankenheim.** Schon vor dem Bischofsheimer Ortsteil zweigt die MTB-Route rechts vom Radweg ab (km 1,7), führt nach der Unterquerung der Bundesstraße mit Ziel **Schwedenwall /Schwarzes Moor** zur Gibitzenhöhe hinauf.

Alternativ kann man auch auf dem MTB-Westweg mit der Zielangabe **Schwarzes Moor/Oberweißenbrunn** bleiben und fährt dann am Jugendzeltplatz bei Oberweißenbrunn mit Ziel **Schwarzes Moor** auf einer konditionell stark fordernden Route weiter auf dem Westweg über den Himmeldunkberg (888 m), einem der schönsten Aussichtsberge der Rhön.

Beim nächsten Wegweiser (km 5) treffen die beiden Routen wieder aufeinander und man folgt jetzt wieder dem Zeichen des MTB-Westweges Richtung **Schwarzes Moor.** Vorbei am Bodendenkmal Schwedenwall, einem Relikt aus der Zeit des Dreißigjährigen Krieges, geht es durch den gleichnamigen Parkplatz (km 6) und dort auf dem MTB-Westweg weiter Richtung **Schwarzes Moor/Rotes Moor** zum Roten Moor (km 9,2).

Das Rote und das Schwarze Moor

Ihre Entstehungsgeschichte begann etwa nach der letzten Eiszeit (vor ca. 13.000 Jahren), als sich bei feuchtkaltem Klima eine niedere Tundrenvegetation ausbreitete. In Mulden mit tonigem und daher wasserundurchlässigem Untergrund siedelten sich damals feuchtigkeitsliebende Pflanzen an, die sich nach ihrem Absterben nur ungenügend zersetzten und schließlich vertorften. Im Laufe der Jahrtausende wuchsen bei wechselnden Klimaperi-

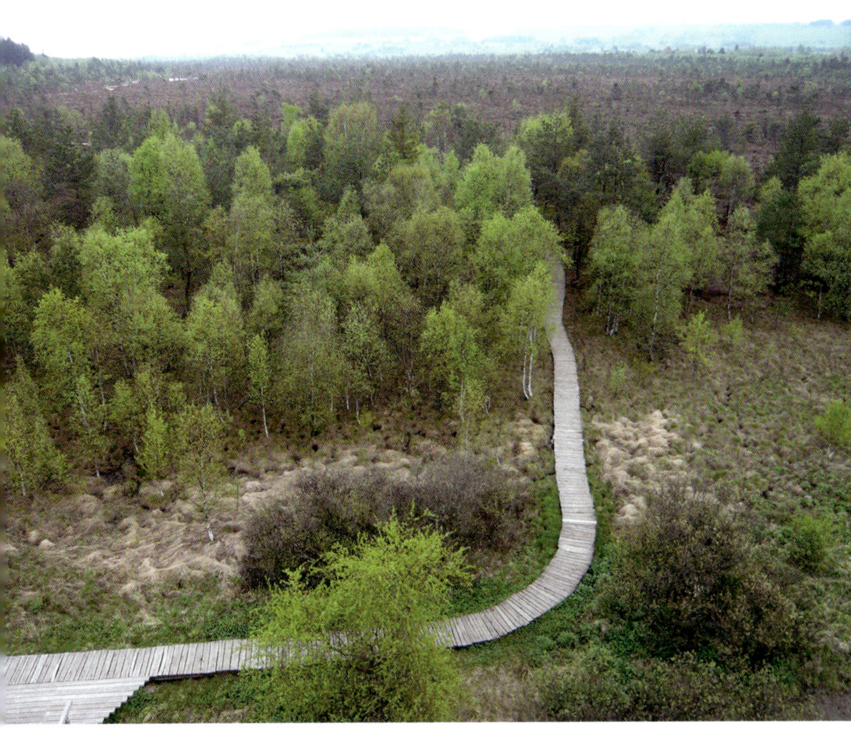

Bohlensteg im Schwarzen Moor

oden und unterschiedlichem Pflanzenbewuchs die Torfschichten verschieden schnell und bildeten schließlich ein immer stärker werdendes Polster, das selbst die Hänge der Mulden hinaufkroch und im zentralen Bereich eine uhrglasförmige Wölbung hervorrief. Diese ist beim Schwarzen Moor noch deutlich sichtbar, beim Roten Moor hingegen infolge der Torfgewinnung längst verschwunden. Von dieser Aufwölbung haben die sogenannten „Hochmoore" ihren Namen erhalten (offizielle Informationen). Ein Bohlensteg führt hindurch, sodass man das Moor auch von einer mitten im Moor gelegenen Aussichtsplattform von oben anschauen kann.

In der wenig wirtlichen Gegend des Roten Moores bestand um die Zeit des Dreißigjährigen Krieges das Dorf „Rotenmohr". In seinem knapp hundertjährigen Bestehen führten die Menschen ein entbehrungsreiches Dasein. Der Chronist berichtet: „es sey nie nichts gut's uf dem Moore, auch nichts darauf zu erlangen gewest." 1634 soll das Dorf durch die Schweden niedergebrannt worden sein.

Unsere Tour biegt vor dem Roten Moor mit Ziel **Schwarzes Moor** rechts ab und führt nach der Straßenüberquerung zum (Gast-)Haus am Roten Moor (km 10,1), dem zentralen Punkt im Loipenzentrum.
Nun steht der Abschnitt über den **Heidelstein** (926 m) an. Es sind noch gut 100 hm, die auf der holprigen Auffahrt zum Sendemast leicht zu bewältigen sind (km 11,4). Der Heidelstein gilt als einer der schönsten Aussichtsberge der Rhön.
Hier befinden wir uns nun im *Naturschutzgebiet Lange Rhön,* das mit dem Mountainbike nur auf den markierten MTB-Routen befahren werden darf.

Das Naturschutzgebiet Lange Rhön ist eine sehr sehens- und erhaltenswerte Kulturlandschaft auf den charakteristischen Hochflächen, deren eigenartiger Reiz sich erst auf den zweiten Blick erschließt und dem man sich dann kaum wieder entziehen kann. Seine Borstgrasrasen weisen bis zu 72 verschiedene Pflanzenarten auf. Für ihren Erhalt ist die alljährliche Mahd sehr wichtig. Auch der Erhalt des Birkhuhns ist als Leitart für die Lebensgemeinschaften von besonderer Bedeutung. Im Rahmen der wichtigsten Funktionskreise des Verhaltens (Feindvermeidung, Nahrungssuche, Ruhe und Mauser, Brut und Kükenaufzucht, Balz) werden vom Birkhuhn im Jahresverlauf unterschiedliche Biotypen genutzt. Großflächig zusammenhängendes, extensiv genutztes Mähgrünland mit inselartig verteilten Gehölzen bildet die Grundlage für die Erhaltung der Lebensgemeinschaft der Langen Rhön mit vielen vom Aussterben bedrohten Arten. Das Birkhuhn benötigt zudem mosaikartig verteilte, strukturreiche Brachen, Hochstaudenfluren und Zwergstrauchheiden (offizielle Informationen).

Eine asphaltierte Straße, auf der es sich nun wunderbar hinunterrollen lässt, führt vom Heidelsteingipfel eine Etage tiefer zum *Parkplatz Schornhecke* (km 13,3), von wo es auf dem **MTB-Westweg** weiter Richtung **Schwarzes Moor** geht. Ein Abschnitt auf einem Wiesenweg und einer auf Schotter führen zur Hochrhönstraße (km 19) und ein weiterer Wiesenweg neben der Straße zum Parkplatz am Schwarzen Moor (km 21,5).
Das Schwarze Moor (60 ha) ist das größte und bekannteste Moor der Rhön. Es hat die gleiche Entstehung wie das Rote Moor.

Die zur weiteren Orientierung notwendigen MTB-Wegweiser befinden sich etwas zurückgesetzt von der Straße in der Nähe der Bike-Unterstellboxen. Dort folgt man nun der Zielangabe **Fladungen/Schwedenwall.**
In der Nähe der Verkaufs- und Informationsstelle befinden sich **abschließbare Bikeboxen,** *in denen man seine Bikes und das Gepäck sicher verstauen kann, bevor man sich zu Fuß auf die etwa einstündige Exkursion durch das Moor begibt.*

Wer möchte, kann auch zur 1 km entfernten ehemaligen Deutsch-Deutschen Grenze fahren, wo neben dem DDR-Wachturm auch noch der Hunde-Laufgraben und ein Teil des Streckmetallzaunes zu sehen sind. Auch kann man dort ein paar Meter mit dem MTB auf dem holprigen DDR-Streifenweg fahren. Nur 800 m vom Parkplatz entfernt liegt der Berggasthof Sennhütte, der sich zur Übernachtung und Einkehr eignet. Wer in Fladungen übernachten möchte, folgt der MTB-Route mit Ziel Fladungen *dorthin (ca. 7 km ab dem MTB-Wegweiser am Parkplatz)*

6. Abschnitt: Vom Schwarzen Moor und über den MTB-Ostweg nach Gersfeld (53 km und 1170 hm)

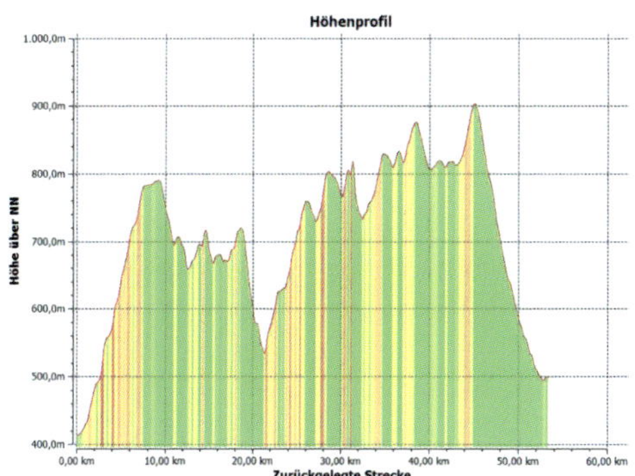

Die Tour wird in Fladungen oder am Parkplatz Schwarzes Moor (km 7,6) auf dem MTB-Ostweg fortgesetzt. Es geht zunächst ca. 1 km auf der Hochrhönstraße, dann links in einen Waldweg und an dessen Einmündung auf die Hauensteinstraße erneut links auf ihr weiter. Bei der Abfahrt entschädigt das tolle Panorama des Thüringer Waldes und der beiden Gleichberge sowie der Berge im Rhönvorland für den Asphaltanteil. Doch aufgepasst: In der ersten Kurve nach Eintritt der Straße in den Wald geht es rechts scharf hinein in einen Waldweg. Er führt in den wildromantischen Eisgraben, der im Sommer kein Wasser zu führen scheint. Doch das täuscht: Auf seinem Verlauf gibt es einige Stellen, wo er versickert, im Blockschuttbasalt unterirdisch weiterfließt und an anderen Stellen wieder hervortritt.
An der Eisgrabenbrücke geht es rechts und an der darauffolgenden Straße (km 13,2) erneut rechts.

Abstecher: Wenn man hier kurz links und dann rechts fährt, gelangt man nach ca. einem Kilometer zum Weiler Hillenberg (Einkehr) mit der Hildenburg.

Die Burg lag an einem wichtigen Rhönpass und war früher Sitz des Würzburger Amtsmannes. Sie soll schon im achten Jahrhundert erbaut worden sein. Ihren Namen soll sie einer edlen Frau namens Hiltiburg verdanken. Die Häuser des Weilers sind auf den Grundmauern der Burg, teilweise aus ihren Steinen, errichtet worden.

Zurück zur Route: Vom Eisgraben kommend folgt man weiter dem **MTB-Ostweg** nach rechts und biegt nach ca. 500 m links in den Waldweg ein. Durch eine Furt und nach einer schönen Abfahrt geht es zum Parkplatz Rother Kuppe (km 16,7) mit seinem sehr empfehlenswerten Aussichtsturm. Danach zunächst weiter auf der Straße, ab dem nächsten Parkplatz auf dem Weg neben der Straße bis zur Thüringer Hütte (km 18,2). Der **MTB-Wegweiser** befindet sich kurz nach der Hütte an einem Sträßchen, das zur Hochrhönstraße führt. Am Wegweiser folgen wir allerdings weiter dem **Ostweg** Richtung **Bischofsheim/Schweinfurter Haus,** der nun direkt zum Rhönklubhaus (km 20,3) führt. Weiter dem MTB-Ostweg folgend gelangt man in das Tal des Elsbaches und fährt im Tal hinauf zum Basaltsee (km 27,3). Dort durch das Gelände, am Kiosk vorbei und zur Straße, auf die man rechts einbiegt und ca. 1 km bergauf fährt. Dann geht es links in den Feldweg. Am übernächsten Wegweiser, nach der Überquerung der Hochrhönstraße bei km 35,6, verlässt man den Ostweg und fährt mit Ziel **Wasserkuppe/Gersfeld** geradeaus weiter. Die Route führt zum Haus am Roten Moor und anschließend am Roten Moor vorbei. An der Einmündung (km 40,4) folgt man der Zielbeschilderung **Wasserkuppe** und biegt rechts auf den Schotterweg ein. Er führt entlang des Roten Moores zur Wasserkuppenstraße, auf der die letzten beiden Kilometer bis zu den Parkplätzen des höchsten Berges der Rhön zurückgelegt werden. Von den Parkplätzen sind es jedoch noch rund 1000 m zum Denkmal auf dem Gipfel. Dorthin sollte man wegen des meist starken Besucherverkehrs sein Bike möglichst schieben.

Die Wasserkuppe

Sie ist mit 950 m der höchste Berg der Rhön und auch der am meisten besuchte. Das mag daran liegen, dass hier traditionell das Segelfliegen beheimatet ist – man spricht von der Wiege des Segelfliegens in Deutschland – oder am vielfältigen touristischen Angebot, das manchmal schon an einen Rummelplatz erinnert. Mittlerweile ist es auch ein Zentrum zum Drachenfliegen und Gleitschirmfliegen (Gleitschirmschule).
Die tolle Rundumsicht vom Gipfel und natürlich die in zahlreichen Hotels und Gaststätten mögliche Einkehr sowie die hier erhältlichen Rhön-Souvenirs und traditionellen Rhöner Lebensmittel sind für viele ein Anreiz, meist mit dem Auto hier hinauf zu fahren. Im Groenhoff-Haus, dem Sitz der hessischen Verwaltung des Biosphärenreservates, gibt es eine Ausstellung zum Naturschutz im Biosphärenreservat Rhön.

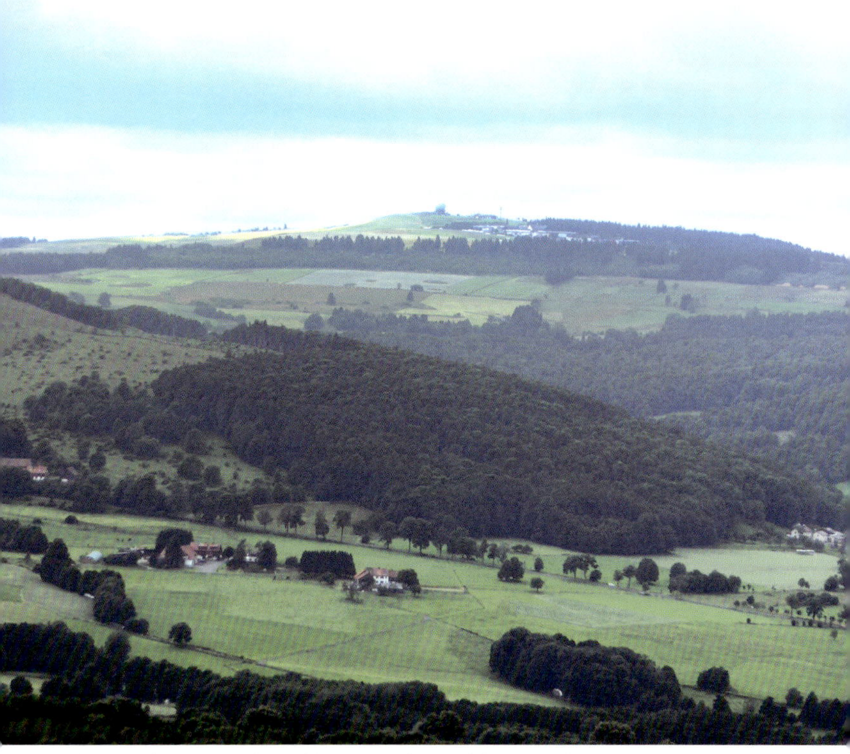

Blick aus dem Naturschutzgebiet Lange Rhön auf die Wasserkuppe

Von den Parkplätzen geht es auf der Straße zurück zur Fuldaquelle, wo der Fuldatalradweg von der Straße abzweigt. Er führt zunächst zum Gersfelder Ortsteil Obernhausen und danach auf einem sehr schönen Weg neben der noch schmalen Fulda hinunter nach Gersfeld. Ein paar Meter auf der Straße fahren, die Bundesstraße an der Ampel überqueren, und schon ist der Gersfelder Bahnhof in Sicht.

Von dort kann man mit dem RMV und der Rhönbahn nach Fulda und ab dem dortigen Hauptbahnhof mit dem Regionalexpress zurück in das Rhein-Main-Gebiet fahren.

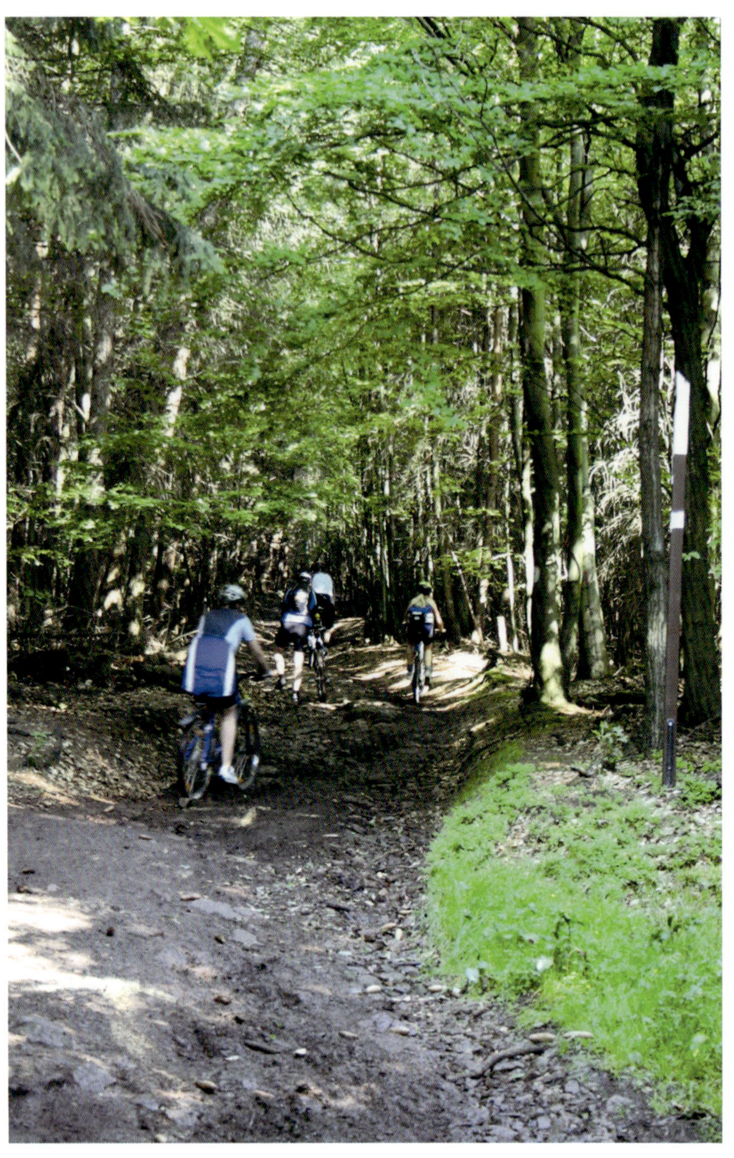

Auf einer alten Waldstraße am Kreuzberg

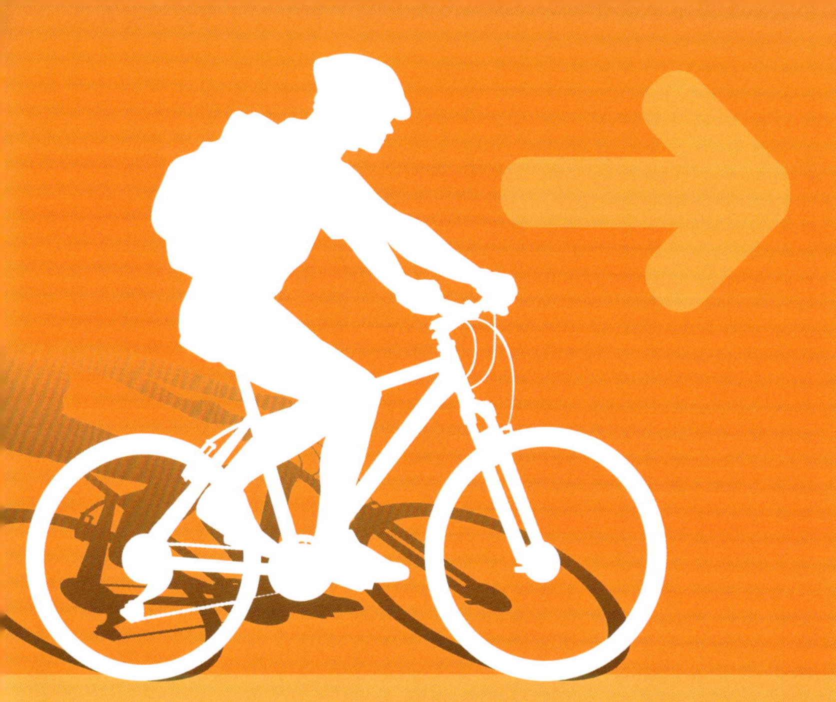

Von Gersfeld zum Kreuzberg

Startorte	Gersfeld, Bischofsheim
Länge Hinweg	Ca. 18 km
Länge Rückweg	14 km
Höhendifferenzen Hinweg	Ca. 720 m
Gefälle Rückweg	Ca. 510 m
Schwierigkeiten	starke Steigungen bei Rodenbach und auf der alten Kreuzbergstraße
Wegweisung	Mountainbike-Routennetz
Wege	Asphalt, Schotter, Naturwege, Fahrradwege
Einkehrmöglichkeiten	Kloster Kreuzberg
Karte	Public Press Mountainbike-Routenkarte Rhön

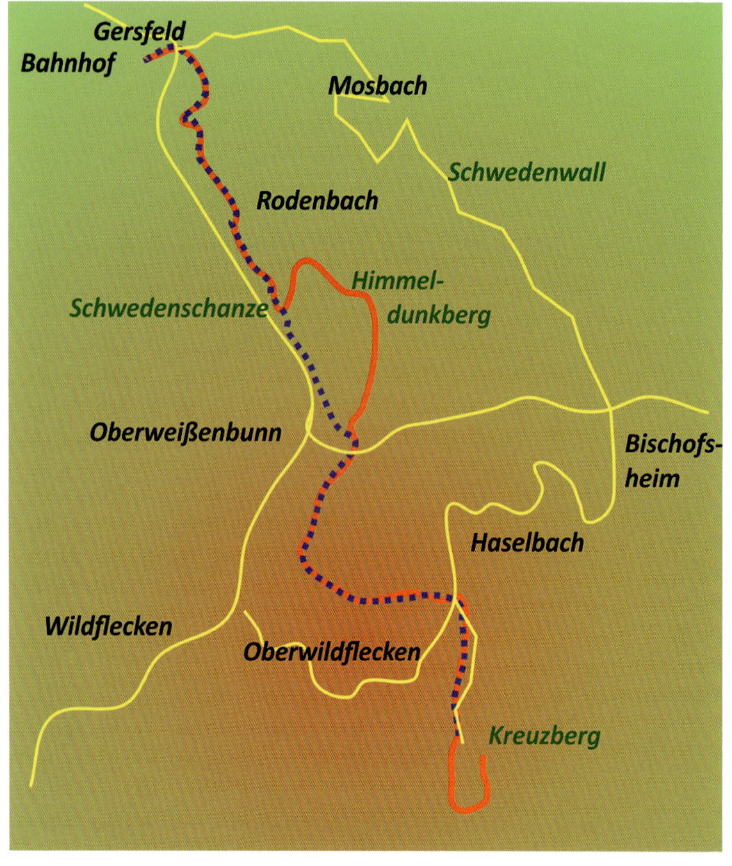

Wer es im Rhein-Main-Gebiet schafft, früh aus den Federn zu kommen, ist in gut zwei Stunden mit dem Rhein-Main-Verkehrsverbund in Gersfeld und hat dann noch genügend Zeit, diese Tagestour zu fahren. Ansonsten: Die Wirte in der Rhön freuen sich auch, wenn Sie bei ihnen übernachten. Eine Auswahl der radlerfreundlichen Betriebe ist im Serviceteil aufgelistet.

Man fährt vom Bahnhof in Gersfeld mit dem Zeichen des Radfernweges R 1 zunächst nach Gersfeld hinein. An der zweiten ampelgesteuerten Kreuzung geht es mit dem R 1 rechts ab und gleich danach mit dem R 1 Fahrradwegweiser und dem MTB-Wegweiser nach Rodenbach. Die Strecke nach Rodenbach ist zwar asphaltiert, doch geben ihre Steigungen schon einen kleinen Vorgeschmack auf die künftigen Strapazen. Rodenbach wird durchquert und es geht dann auf einem Radweg, der durch eine schöne Weidelandschaft führt, weiter. Der Weg mündet in den Parkplatz Schwedenschanze ein. Doch schon ca. 100 m zuvor zweigt die MTB-Route vom Radweg links ab und führt vorbei an der Brendquelle zum Himmeldunkberg. Dort steht eine Bank, auf der es sich nicht nur wegen der phantastischen Aussicht lohnt, eine Rast einzulegen.

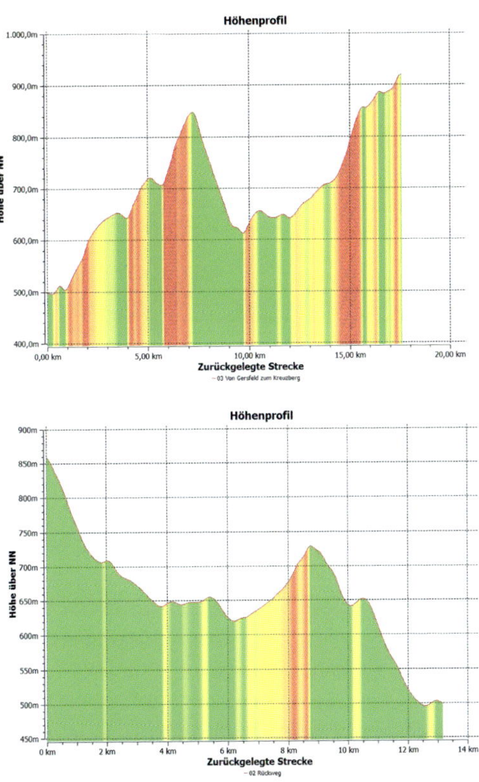

Wer will, fährt hier noch mal 50 Meter höher und hat dann vom 888 m hohen Gipfel des Himmeldunkberges ein grandioses Panorama vor Augen. Beeindruckend der Kreuzberg und der davor liegende Arnsberg. Die Ski-Abfahrten der beiden Berge sind selbst im Sommer zu erkennen. Die Berge ganz rechts gehören zum Dammersfeld-Gebiet, in dem schon viele Mountainbiker ihren Grundwehrdienst bei der Bundeswehr absolviert haben. Das Gebiet ist noch immer militärisches Sperrgebiet.

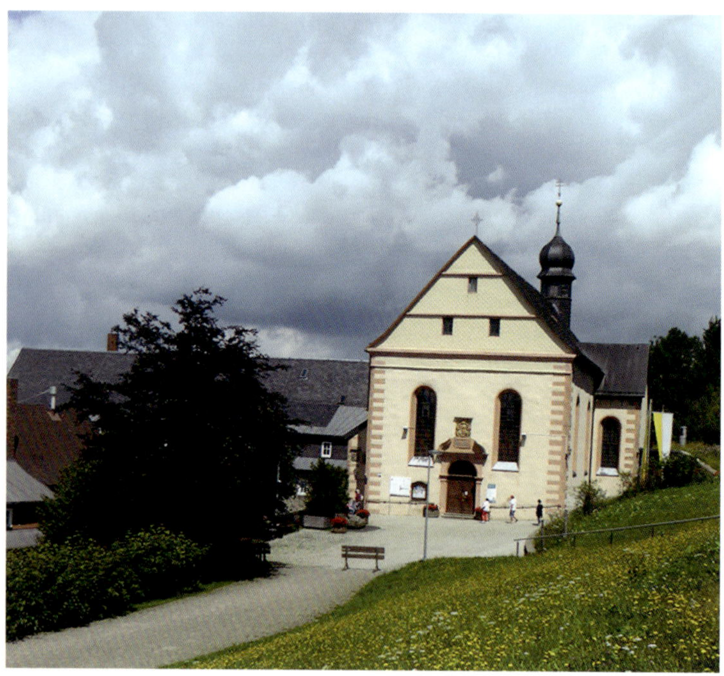

Kloster Kreuzberg

Vom Platz mit den Bänken führt die MTB-Route auf einem breiten Wiesenweg hinunter nach Oberweißenbrunn. Man trifft dort auf den Radfernweg Rhön-Sinntal und folgt ihm über Geigensteinstraße und Mühlgrund in Richtung **Bad Brückenau.** Unter der Umgehungsstraße hindurch geht es steil aus dem Ort hinaus in den Sattel zwischen Brend- und Sinntal. Ab Abzweig knapp zwei Kilometer nach dem Ortsende biegt der Radweg am Wegweiser scharf nach rechts ab, während die Mountainbike-Route zunächst geradeaus weiter führt, dann vor dem Wald links abbiegt und hinauf zum Sattel zwischen dem Arnsberg und dem Kreuzberg führt. Dort, noch vor der Straße, biegt die MTB-Route rechts ab und führt zunächst als Wiesenweg, dann als Naturweg, recht beschwerlich auf der alten Kreuzbergstraße hinauf zum Klosterbiergarten.

Zum Gipfel geht es, wenn man rechts (unterhalb) am Biergarten und am Kloster vorbeifährt und sich bei der nächsten Verzweigung am Wegweiser mit Ziel **Neustädter Haus/Gipfel** halblinks hält. Die Fahrstraße führt hinauf zum Gipfel mit seinen Kreuzen und einer weiteren tollen Aussicht über die Lange Rhön bis hin zur Wasserkuppe.
Die Freude am guten Kreuzbergbier wird nun nur durch die Gewissheit getrübt, dass man, um wieder nach Gersfeld zu gelangen, „höllische Strapazen“ auf sich nehmen muss, denn der Himmeldunkberg und der Berg Hohe Hölle liegen dazwischen.

Ein kleiner Tipp am Rande: *An Sonn- und Feiertagen verkehrt zwischen Kreuzberg und Gersfeld der Hochrhönbus, der einen Anhänger zum Transport der Fahrräder dabei hat. Wenn´s dann gar nicht mehr geht...*

Rückweg wie Hinweg bis Oberweißenbrunn. Dort der Beschilderung des Radweges nach **Fulda/Gersfeld** folgen. Er umgeht den Himmeldunkberg und führt über den Pass an der Schwedenschanze und über Rodenbach zurück zum Gersfelder Bahnhof.

Abendstimmung an den „Drei Kreuzen“ auf dem Gipfel des Kreuzbergs

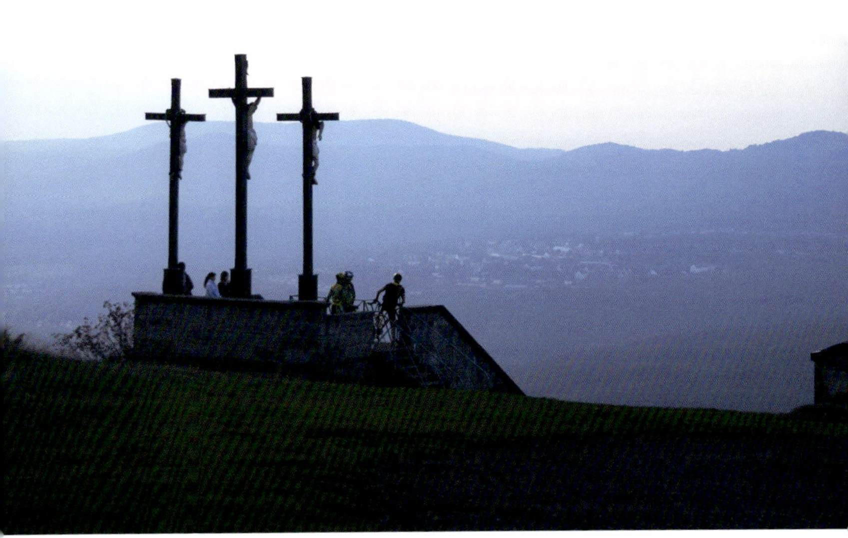

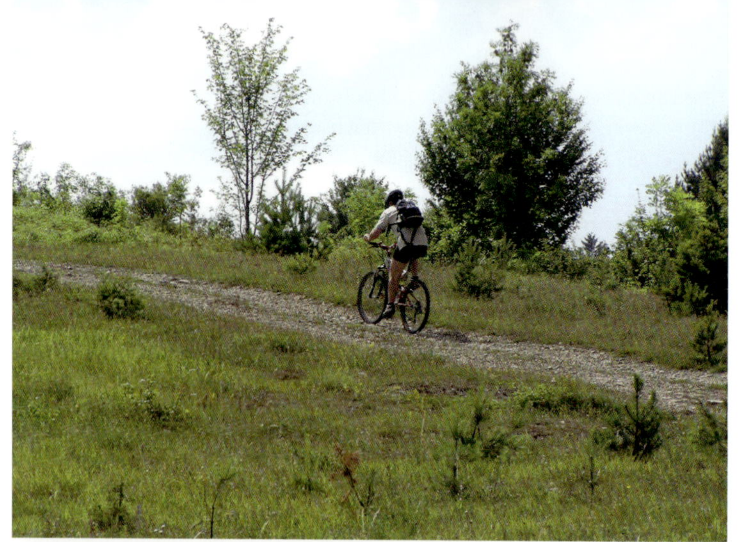

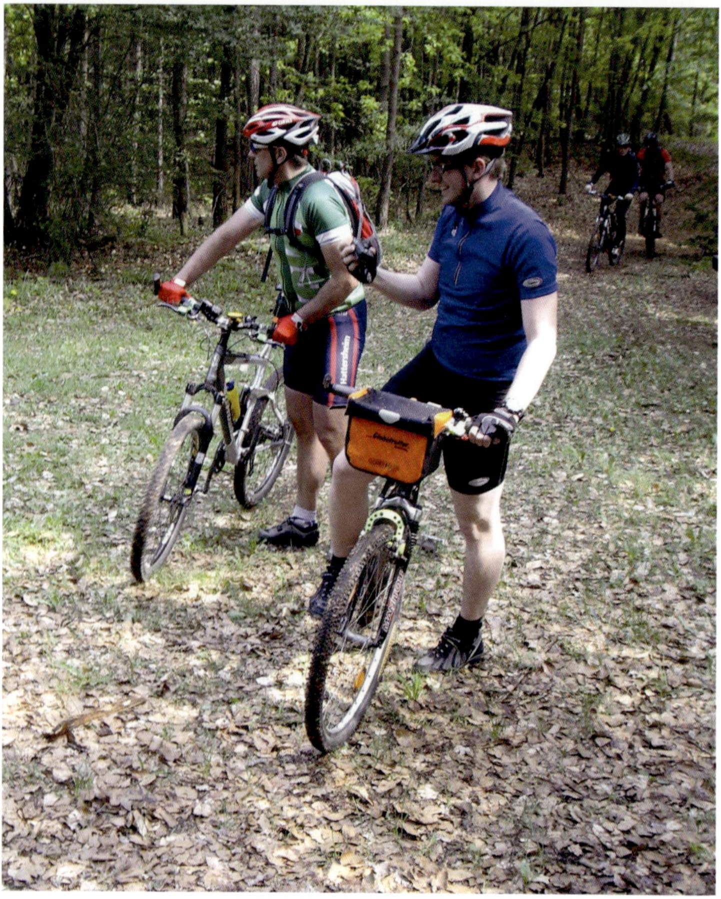

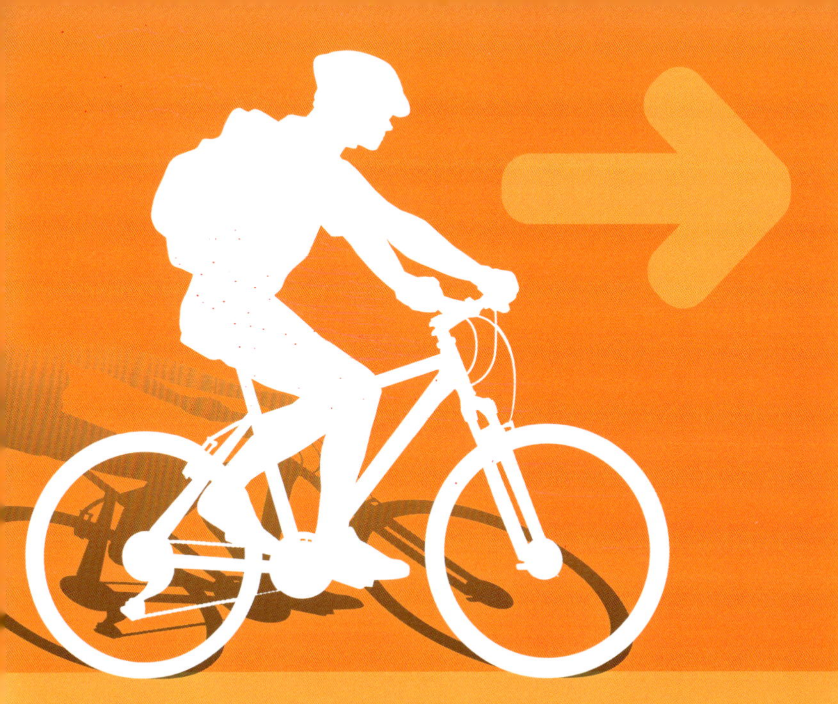

Von Berghütte zu Berghütte

Als die Rhön anfangs des 20 Jh. für den Tourismus erschlossen wurde, gelangte man meist nur mit dem Zug dorthin. Immerhin gab es bis in die 1960er Jahre noch vier Nebenbahnen, die bis an die Hochrhön heran fuhren. Zu Fuß und mit Rucksack bestieg man die Berge und übernachtete in einer der zahlreichen Berghütten. Heute ist das alles ein wenig anders: Es gibt nur noch die Bahn durch das obere Fuldatal oder die Rhöner Freizeitbusse. Und meist fährt man dann mit dem Auto zu einem Parkplatz und steigt dort auf sein Bike.

Aber auch die Hütten haben sich verändert: Es sind meist richtige Häuser mit allem, was auch Hotels oder Gasthäuser zu bieten haben. Aber noch mehr: Eine tolle Aussicht aus höherer Warte und nahezu unberührter Natur in die Rhöner Landschaft.

MTB-Netz Rhön-Nord *(Karte unten) mit den beiden Hauptwegen* **MTB-Ostweg rot** *und* **MTB-Westweg blau** *eingezeichnet. Braun sind die MTB-Routen und grün die Fahrradrouten.*

MTB-Netz Rhön-Süd *(Karte rechts) mit den beiden Hauptwegen* **MTB-Ostweg rot** *und* **MTB-Westweg blau** *eingezeichnet.*

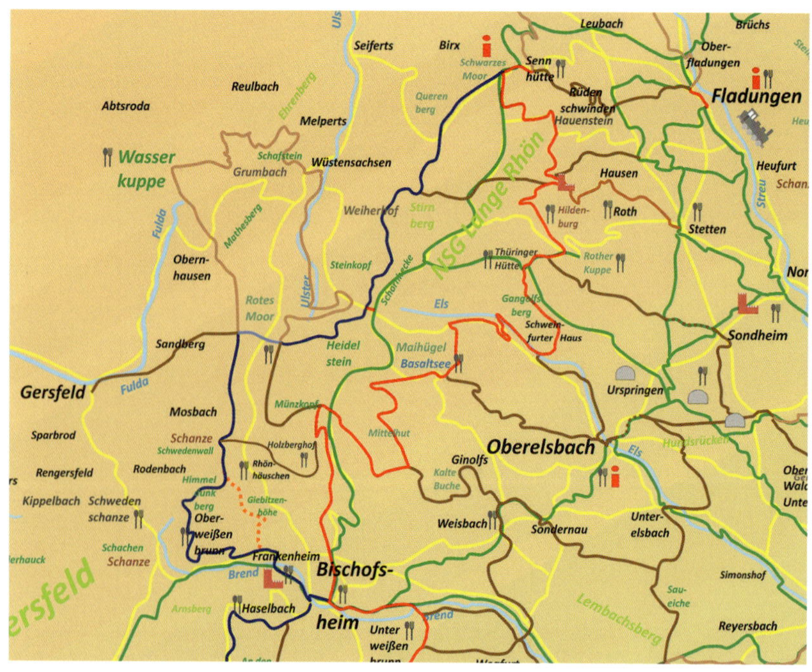

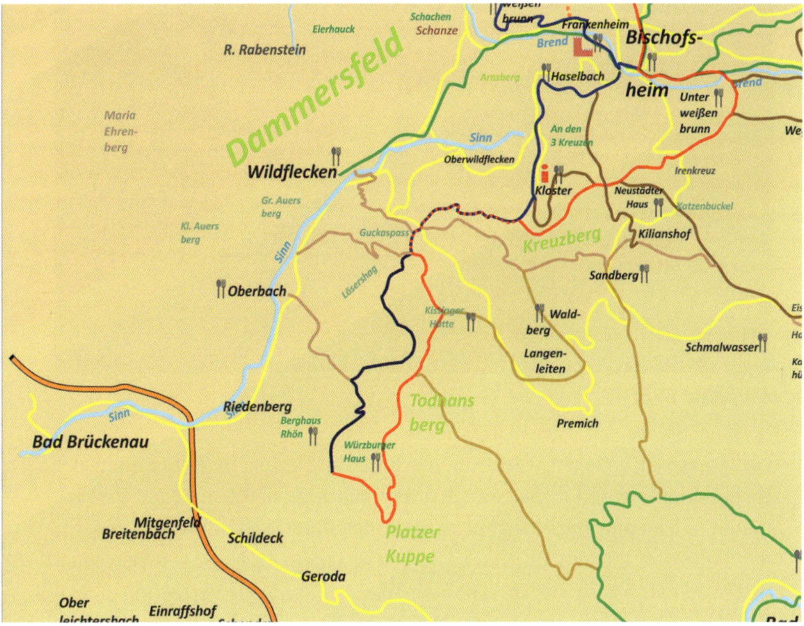

Seit mehr als 125 Jahren gibt es den Rhönklub und eine große Zahl seiner Zweigvereine besteht auch schon mehr als 100 Jahre. Wie auch beim Alpenverein, war es ein Ziel der Rhönklubmitglieder, die Rhön durch Wanderwege, aber auch Wanderhütten auf den schönsten Höhen für die Wanderer

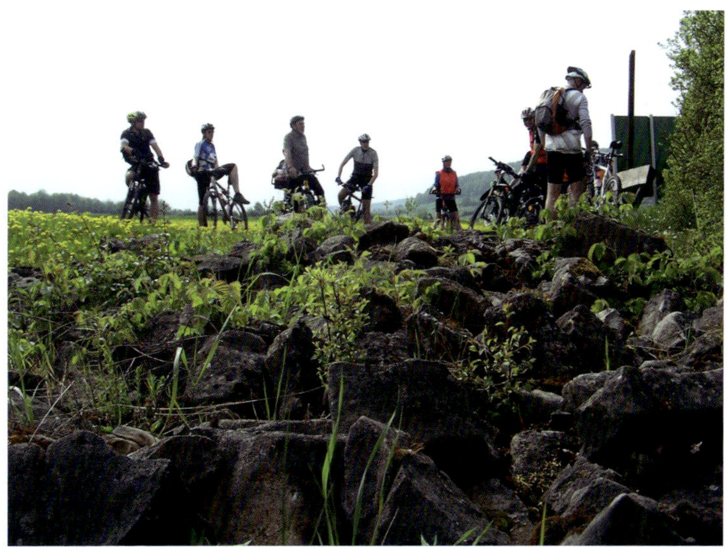

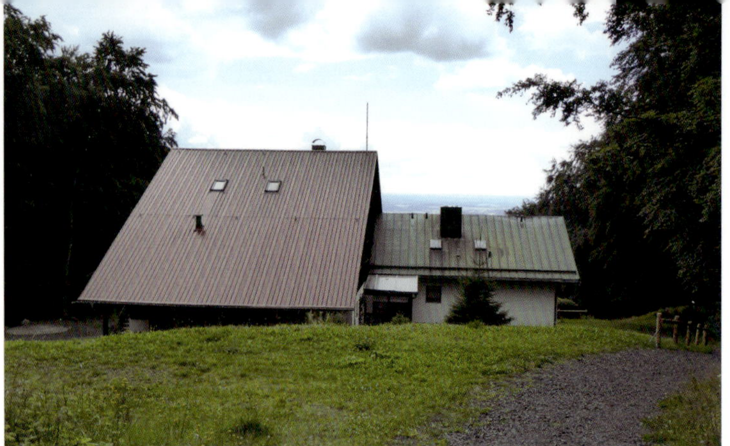

Neustädter Haus

zugänglich zu machen. Die Hütten wurden nach den Herkunftsorten der Zweigvereine benannt, die sie erbauten und noch heute betreuen und erhalten. Nicht alle Rhönklubhütten sind dauerhaft bewirtschaftet und für das Publikum zugänglich. Doch die bewirtschafteten Hütten stehen auch den Mountainbikern zur Einkehr oder Übernachtung zur Verfügung.

Bei der Konzeption des rhöner Mountainbike-Routennetzes wurden alle Rhönklubhütten und andere private Übernachtungs- und Gastronomiebetriebe auf den Höhen außerhalb der Ortschaften so einbezogen, dass sie auf MTB-Routen im Rahmen einer Tages- oder Halbtagestour mit dem MTB zu erreichen sind. Überwiegend liegen sie an den beiden Hauptrouten, dem MTB-Ostweg und dem MTB-Westweg.

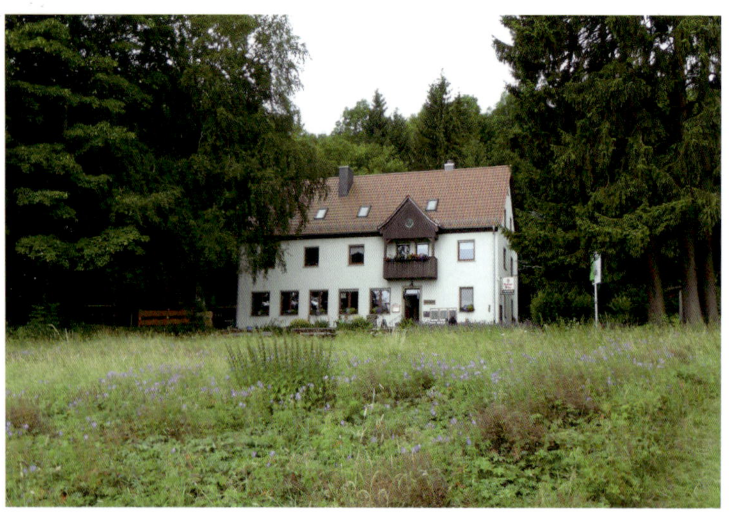

Schweinfurter Haus

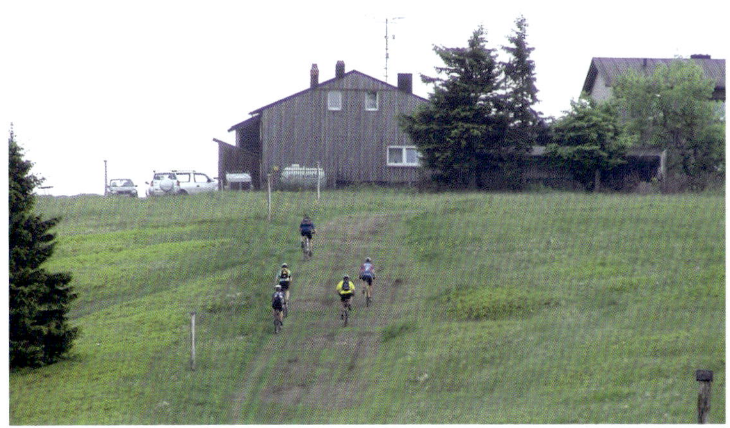

Kissinger Hütte

- U/E am Ellenbogen (Thüringen) das **Hotel Eisenacher Haus** Tel.: 036946 149915 und das **Thüringer Rhönhaus** (die MTB-Route dorthin ist unvollständig beschildert)
- In der Nähe des Schwarzen Moors (Ost- und Westweg) an der Route von Fladungen der **Bergasthof Sennhütte** (U/E), Tel.: 09778 91010 und am Parkplatz Schwarzes Moor der bewirtschaftete Kiosk
- Oberhalb von Roth am **MTB-Ostweg** der **Bergasthof Rother Kuppe** (U/E), Tel.: 9779 850235, E-Mail: rother-kuppe@freenet.de, das **RhönParkHotel** (U/E) und die **Thüringer Hütte** (E)
- Oberhalb von Oberelsbach am **MTB-Ostweg** die Rhönklubhütte **Schweinfurter Haus** (U/E), Tel. 09774 590, E-Mail: info@schweinfurterhaus.de

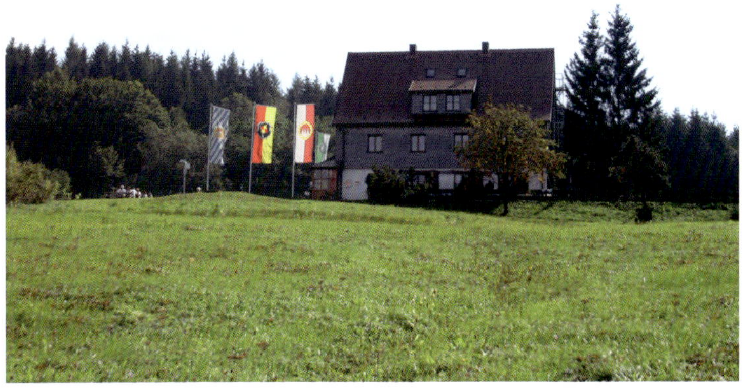

Würzburger Haus

- Am MTB-Ostweg liegt der Basaltsee mit dem Kiosk (Getränke und kleine Speisen)
- In der Nähe des Roten Moors liegt am MTB-Westweg das **Haus am Roten Moor** (Speisen und Getränke), Tel.: 09772 930517
- Etwas abseits des MTB-Westweges, in der Nähe des Parkplatzes Schwedenwall, an der B 278 liegt der **Gasthof Rhönhäuschen** (U/E)
- Oberhalb von Bischofsheim am MTB-Ostweg und der Route zum Parkplatz Schwedenwall liegt der **Holzberghof** (Einkehr, Übernachtung erst ab 2 Nächten).
- Auf der Wasserkuppe gibt es das **Hotel Peterchens Mondfahrt** und das **Hotel Deutscher Flieger** (U/E)

Übernachtung und Einkehr zwischen Bischofsheim und Bad Brückenau:

- Am MTB-Ostweg liegt das **Neustädter Haus** am Käulingsberg (U/E), Tel.: 09772 1220, E-Mail: info@neustaedterhaus.de
- Am MTB-Westweg befindet sich das Hospiz im **Kloster Kreuzberg** (U/E), Tel.: 09772 8510
- In der Nähe der MTB-Route vom Kreuzberggipfel zum **Neustädter Haus** steht die **Gemündner Hütte** (E)
- Am Ost- und am Westweg liegt die Kissinger Hütte auf dem Feuerberg (U/E), Tel.: 09701 286, E-Mail: kontakt@kissinger-huette.de
- Am MTB-Westweg liegt das **Würzburger Haus** (U/E), Tel.: 09749 230; und auf dem Farnsberg und etwas abseits der Route das **Berghaus Rhön** (U/E), Tel.: 09749 230, E-Mail: info@wuerzburger-haus.de
- Am MTB-Ostweg bei Oberleichtersbach befindet sich der **Berggasthof Dreistelz** (U/E)

Die kumulierten Höhenmeter auf den einzelnen Abschnitten:

MTB-Westweg Nord
vom Ellenbogen (Eisenacher Haus) bis Bischofsheim > 480 m
MTB-Westweg Süd
von Bischofsheim zum Würzburger Haus > 679 m
MTB-Ostweg Süd
vom Würzburger Haus nach Bischofsheim > 561 m
MTB-Ostweg Nord
von Bischofsheim zum Schwarzen Moor > 999 m

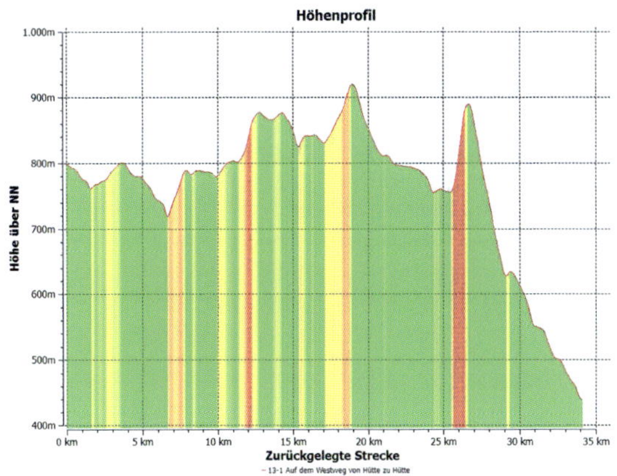
Höhenprofil
1.000m
900m
800m
700m
600m
500m
400m
Höhe über NN
0 km
5 km
10 km
15 km
20 km
25 km
30 km
35 km
Zurückgelegte Strecke
13-1 Auf dem Westweg von Hütte zu Hütte

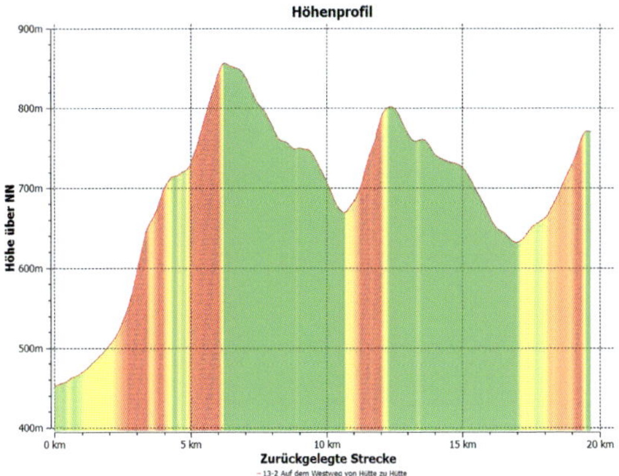
Höhenprofil
900m
800m
700m
600m
500m
400m
Höhe über NN
0 km
5 km
10 km
15 km
20 km
Zurückgelegte Strecke
13-2 Auf dem Westweg von Hütte zu Hütte

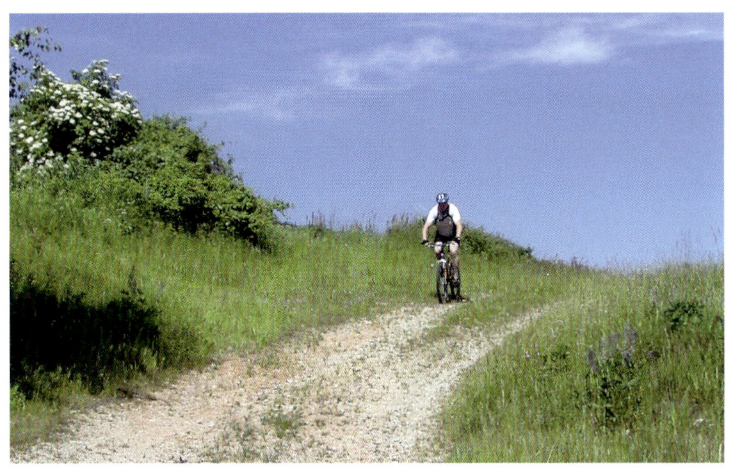

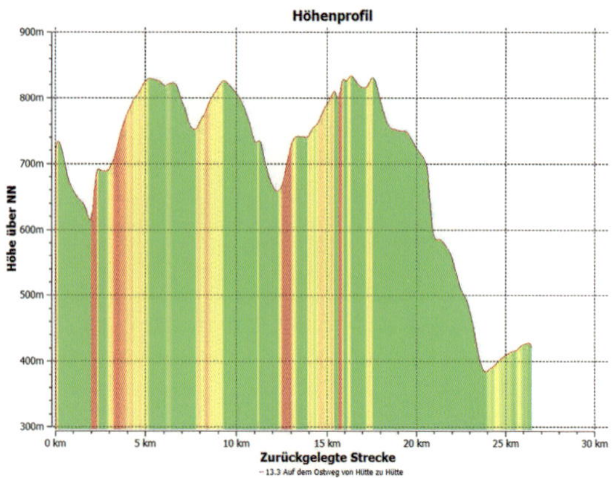
Höhenprofil
900m
800m
700m
600m
500m
400m
300m
Höhe über NN
0 km
5 km
10 km
15 km
20 km
25 km
30 km
Zurückgelegte Strecke
– 13.3 Auf dem Ostweg von Hütte zu Hütte

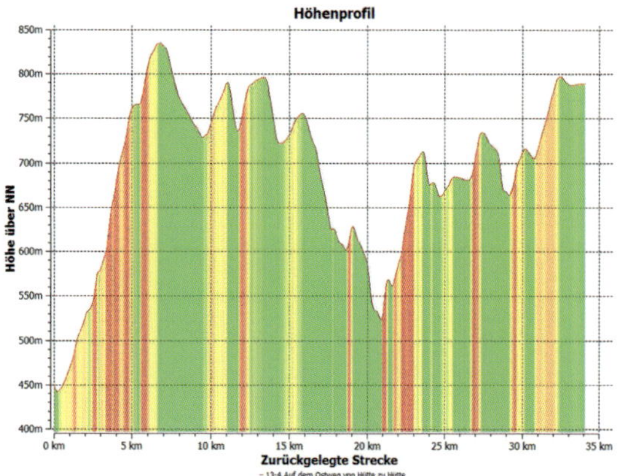
Höhenprofil
850m
800m
750m
700m
650m
600m
550m
500m
450m
400m
Höhe über NN
0 km
5 km
10 km
15 km
20 km
25 km
30 km
35 km
Zurückgelegte Strecke
– 13-4 Auf dem Ostweg von Hütte zu Hütte

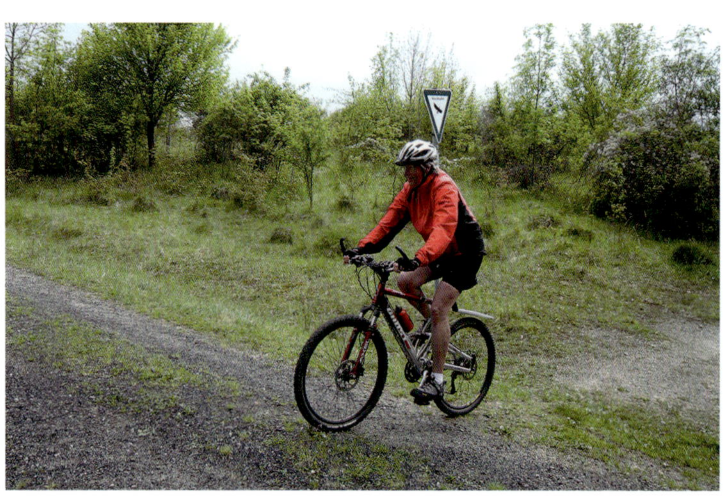

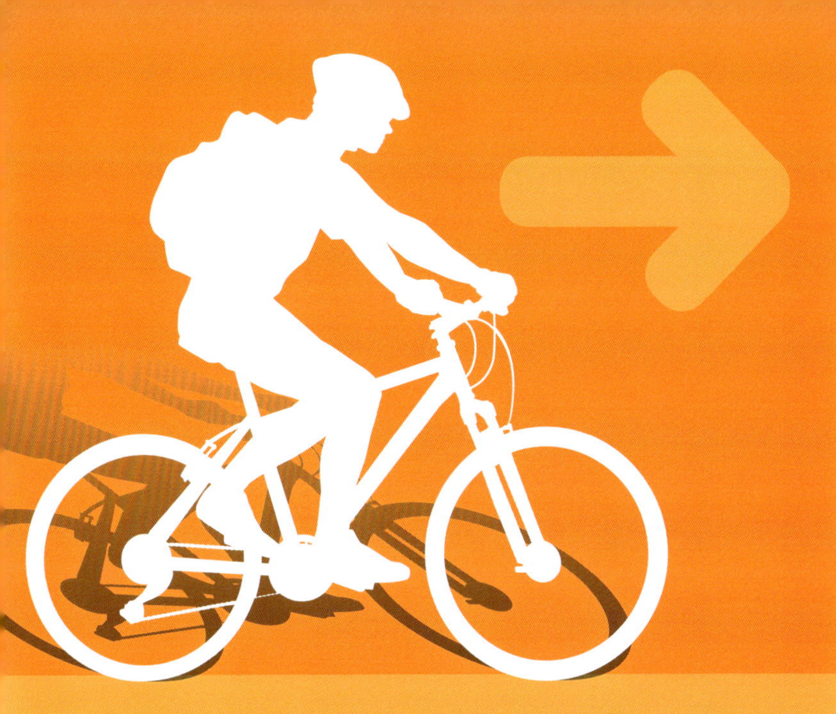

Vom Rhön Park Hotel durch die Lange Rhön

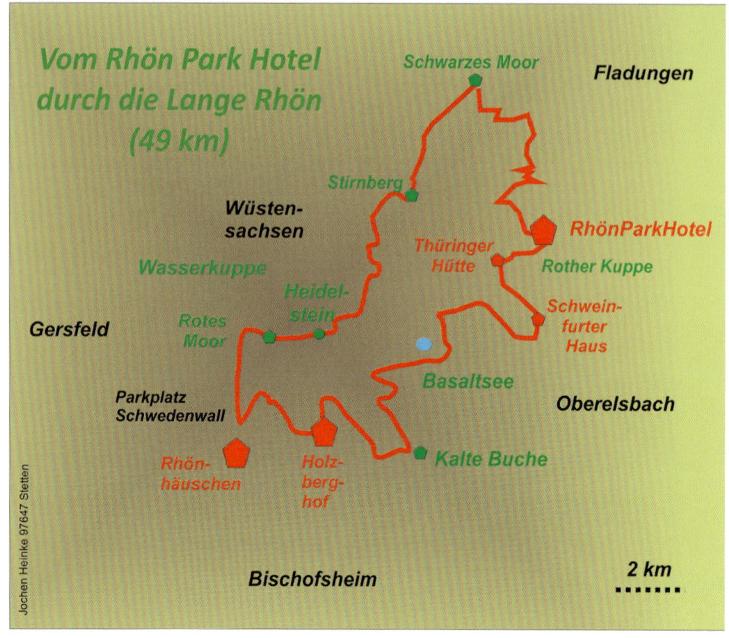

Im Naturschutzgebiet Lange Rhön war das Biken bis zum Jahre 2000 nicht erlaubt. Heute wird es – auch durch das Engagement des Autors – auf den markierten **MTB-Routen** gestattet. Gut so, denn man kann nun wieder mit dem Mountainbike durch eine einmalig schöne Landschaft mit grandiosen Fernblicken fahren. Doch bitte bleiben Sie auf den Touren **unbedingt auf den als MTB-Routen markierten Wegen** – denn nur auf ihnen ist im Naturschutzgebiet das Radfahren erlaubt.

Diese Tour verbindet auch das Schwarze und das Rote Moor, die – allerdings nur ohne Bike – auf schmalen Bohlenstegen durchquert werden können. Es geht auch durch die Täler zweier Wildbäche und vorbei an stillgelegten Basaltsteinbrüchen. Und es gibt zahlreiche Einkehrmöglichkeiten.
Die Lange Rhön in ihrer jetzigen Form ist eine Kunstlandschaft, durch Menschenhand geformt. Früher war sie überwiegend mit Laubwäldern bedeckt, in der Mehrzahl mit Buchen. Angeblich deshalb wurde die Rhön auch früher „Buchonia“ genannt. Vermutlich aber geht der Name auf das Keltische zurück und bedeutet „Waldgebirge“ (Gälisch Buchanan). Im Mittelalter gab es einige Glashütten und einen „Eisenhammer“ am Holzberghof, die alle zur Herstellung ihrer Produkte auf Holzkohle angewiesen waren. Durch zu starken Holzeinschlag entstanden im Laufe der Jahrhunderte die vielen Freiflächen, die für die Landwirtschaft der in den Tälern liegenden Ortschaften zu Weideland wurden. Es hatte sich die typische Rhönlandschaft

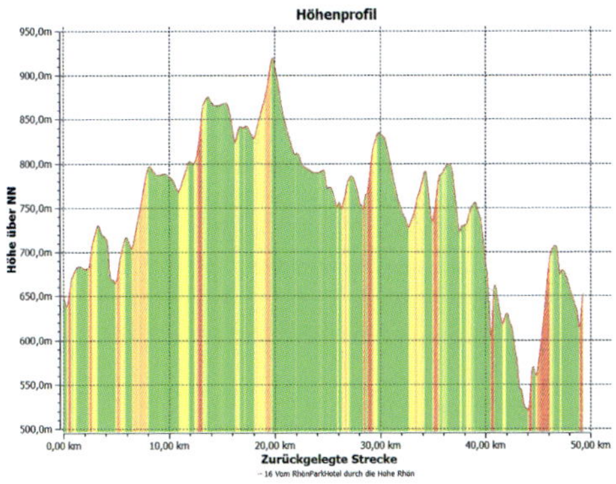

gebildet, die dem Gebirge den Beinamen „Land der weiten Fernen" gegeben hat. Die vielen freistehenden Büsche und Bäume konnten sich im Schutze der Steinhaufen ansiedeln, die während der Bewirtschaftung aufgelesen und aufgeschichtet worden sind. Nicht typisch für die Lange Rhön sind die Fichtenbestände, die insbesondere im „Dritten Reich" angepflanzt wurden. Obwohl der Mensch in der Kernzone des Biosphärenreservates eigentlich nicht eingreifen sollte, werden sie heute sukzessive gerodet. Ein weiterer Eingriff findet jedes Jahr zur Blüte der Lupinen statt. Die Pflanze ist ebenfalls in der Rhön nicht heimisch: Sie wurde als Bodenverbesserer ebenfalls im „Dritten Reich" gepflanzt und breitet sich heute rasant aus, wodurch viele heimische Pflanzenarten gefährdet sind.

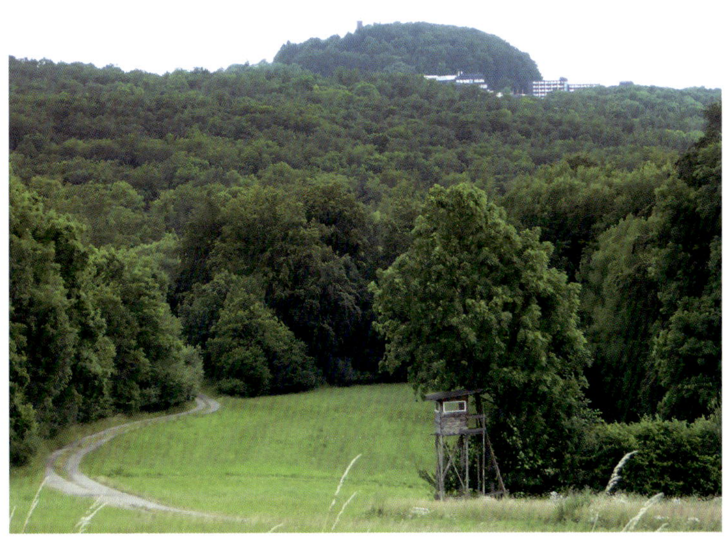

Der Weg zur Rother Kuppe und zum Rhön Park Hotel

Startort der Tourenbeschreibung	Am Parkplatz des RhönParkHotels
Alternative Startmöglichkeiten	Parkplätze Schwarzes Moor, Schornhecke, Rotes Moor, Schwedenwall, Basaltsee, Thüringer Hütte und Rother Kuppe
Streckenlänge	ca. 49 km
Kumulierte Höhendifferenzen	ca. 1068 m
Tiefster/höchster Punkt	512 m / 920 m
Anforderungen	Konditionell mittelschwere Tour
Wege	Überwiegend Feld-, Wald- und Wiesenwege; ca. 15 % Asphalt
Einkehr- und Übernachtungsmöglichkeiten	Imbiss am Schwarzen Moor, Haus am Roten Moor, Kiosk am Basaltsee, Schweinfurter Haus (Ü), Thüringer Hütte, Rother Kuppe (Ü), Hillenberg, Sennhütte (Ü)
Karte	Siehe Serviceteil
Markierungen	Mountainbike-Routennetz

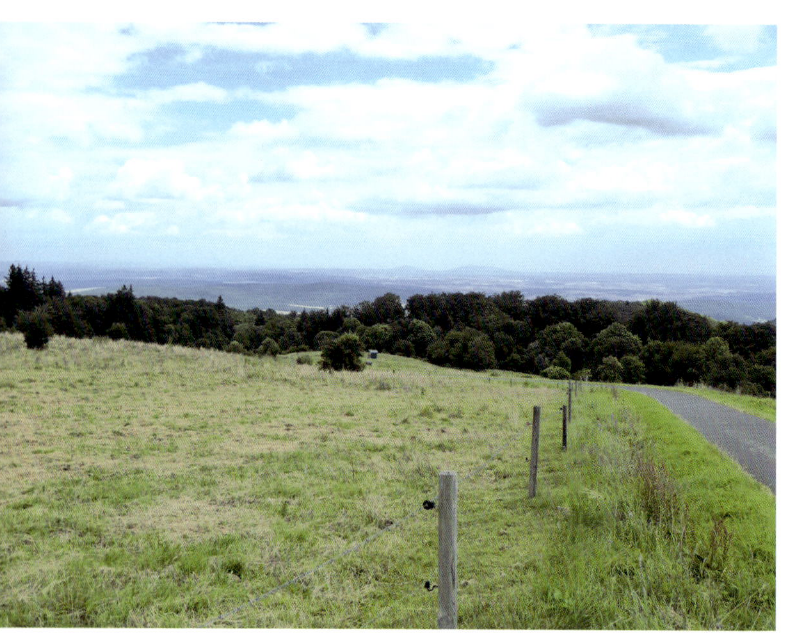

Blick von der Hochrhön zum Thüringer Wald

km	Standort	Ziel auf den Wegweisern
0	Rhönparkhotel	auf der Zufahrtsstraße zur Kreisstraße, dort links einbiegen,
0,7	Kreisstraße	zum Parkplatz Rother Kuppe
1	Abzweig des MTB-Ostweges	rechts der MTB-Route in Ri. Schwarzes Moor folgen
3	Furt durch den Reupersgraben (Stettbach)	weiter auf der Route
4,1	Einmündung auf den Wirtschaftsweg	rechts weiter Ri. Schwarzes Moor
4,4	Verzweigung	links weiter Ri. Schwarzes Moor
5,1	Verzweigung Eisgrabenbrücke	links weiter Ri. Schwarzes Moor

Über eine Katastrophe im Jahre 1834 berichtet ein Zeitzeuge:

„Am 26. Juli 1834 früh 10 Uhr bemerkte man, dass eine schwere Gewitterwolke sich ganz auf das Rhöngebirge niedergelassen hatte. Um halb 12 Uhr fielen, nach Aussage eines alten Hirten, auf der Rhöne sehr große Schlossen (Hagelkörner), und die Wolken haben sich nicht sowohl ergossen als ausgeschüttet. Um 12 Uhr fing das Wasser im Eisgraben an zu wachsen. Um halb 1 Uhr kam der Strom aus dem Eisgraben 6 Schuh hoch hervor, führte eine unzählige Menge von 6 bis 20 Zentner schweren Wackensteinen mit sich und stürzte sich auf das Oertchen Hausen vor der Rhöne. Die Wackensteine füllten in einer Zeit von 10 Minuten das Flußbett in Hausen, worauf das Wasser schrankenlos durch zwei Drittheile des Dorfes alles verwüstete. Entwurzelte starke Baumstämme, ungeheure Wackensteine durchbrachen die Wohnhäuser, stießen Schweineställe um, rissen Scheunen darnieder, tödteten eine Frau mit ihrem Kinde, höhlten die Straße zu Gruben aus, und überführten Gärten und Wiesen, die auf lange Zeit öde und wüst bleiben müssen. Ja, wäre der lange, sich bis zum Gipfel der Rhöngebirge aufwärts ziehend und mehr einem engen Tahle gleichende, Eisgraben nicht mit mehreren tausend großen Buchenstämmen und schönen Stangen bewachsen gewesen, so wäre Hausen nunmehr ein schauerlicher Steinhügel, und kein Mensch wäre zu retten gewesen. Diese Bäume, die sämmtlich ausgerissen oder doch sehr beschädigt sind, haben die Wuth des Wassers und der Steine in so weit gemindert, dass das Unglück nicht himmelschreiend geworden ist.

km	Standort	Ziel auf den Wegweisern
6,7	Hauensteinstraße	links weiter Ri. Schwarzes Moor
8	Rhönhof	100 m danach rechts in den Waldweg einbiegen
9	Hochrhönstraße	rechts einbiegen

<table>
<tr><th>km</th><th>Standort</th><th>Ziel auf den Wegweisern</th></tr>
<tr><td>10</td><td>(P) Schwarzes Moor (786) (E/Ü)</td><td>weiter auf dem MTB-Westweg Ri. Bischofsheim;</td></tr>
<tr><td colspan="3">Beim Kiosk befinden sich abschließbare Fahrradboxen zum sicheren Einstellen der Fahrräder während der empfehlenswerten Besichtigung des Schwarzen Moors auf dem Bohlensteg (Rundweg) oder vom Aussichtsturm aus.</td></tr>
<tr><td>12,1</td><td>Straßenquerung (804)</td><td>MTB-Westweg Ri. Bischofsheim</td></tr>
<tr><td>13,9</td><td>Nähe Stirnberg (878)</td><td>MTB-Westweg Ri. Bischofsheim</td></tr>
<tr><td>14,4</td><td>Verzweigung (864)</td><td>MTB-Westweg Ri. Bischofsheim</td></tr>
<tr><td>18,3</td><td>Einfahrt Parkplatz Schornhecke (829)</td><td>MTB-Westweg Ri. Bischofsheim</td></tr>
<tr><td>20</td><td>Heidelstein (921)</td><td>weiter auf der MTB-Route</td></tr>
<tr><td>21,1</td><td>Verzweigung</td><td>MTB-Westweg Ri. Bischofsheim</td></tr>
<tr><td>21,4</td><td>Haus am Roten Moor (Einkehr, Parken)</td><td>weiter auf der Route;
über die Straße</td></tr>
<tr><td>22</td><td>Aussichtspunkt Rotes Moor (806)</td><td>weiter auf der Route</td></tr>
<tr><td>22,3</td><td>Verzweigung</td><td>MTB-Westweg Ri. Bischofsheim</td></tr>
<tr><td>24,9</td><td>Nähe Parkplatz Schwedenwall (795)</td><td>links weiter auf der MTB-Route Ri. Holzberghof</td></tr>
<tr><td colspan="3">Der Weg rechts führt zum Parkplatz Schwedenwall, dem idealen Einstieg für Mountainbiker aus dem hessischen Bereich (Gersfeld) oder Franken (Bischofsheim)</td></tr>
<tr><td>25,8</td><td>Straßenquerung</td><td>geradeaus weiter auf der MTB-Route; 800 m auf der Straße rechts befindet sich die Gaststätte Rhönhäuschen.</td></tr>
<tr><td>28,6</td><td>Holzberghof (726) (E/Ü)</td><td>MTB-Ostweg Ri. Schwarzes Moor</td></tr>
<tr><td colspan="3">Im Jahre 1502 bestand auf dem Holzberg eine Eisenschmelze, in der in der Rhön im Tagebau gefördertes Eisenerz zu Gusseisen verarbeitet wurde. Die Eisenschmelze gehörte den Freiherrn von Thüngen. Später stand auf dem Holzberg auch ein Eisenhammer das Gußeisen in Schmiedeeisen umarbeitete. Zwischen 1512 und 1591 wurde auf dem Holzberg eine Glashütte betrieben. Die Glasherstellung scheint einige Jahrzehnte in Blüte gestanden zu haben. Eisenschmelzen und Glashütten waren früher die größten Holzfresser, denn sie wurden mit Holzkohle betrieben. Die kahlen Flächen der Hochrhön sind das Ergebnis ihres Wirkens</td></tr>
</table>

km	Standort	Ziel auf den Wegweisern
29,4	Verzweigung	MTB-Ostweg Ri. Schwarzes Moor
29,7	Querung der Hochrhönstraße	geradeaus weiter auf der MTB-Route
32,8	Verzweigung Nähe Kalte Buche (724) (kalt = hoch gelegen)	MTB-Ostweg Ri. Schwarzes Moor; rechts geht es zum Aussichtspunkt Kalte Buche (700 m)
36,9	Einmündung auf die Straße	rechts mit der MTB-Route weiter
37,7	Abzweig	links in den Parkplatz
37,9	Kiosk am Basaltsee (E)	geradeaus weiter
38,1	Verzweigung Basaltsee (725)	MTB-Ostweg Ri. Schwarzes Moor
38,4	Verzweigung (732)	geradeaus weiter auf dem MTB-Ostweg Ri. Schwarzes Moor
39,6	Einmündung auf die Straße bei einem Haus	weiter auf der MTB-Route
40,1	Abzweig Elsbachsteg (687)	weiter auf der Straße oder alternativ ohne Markierung über den Steg (schwer) oder mit der Markierung
41,4	Abzweig von der Straße	links in den Waldweg
42,2	Elsbachbrücke (524)	rechts talwärts
43,8	Verzweigung	links auf dem MTB-Ostweg Ri. Schwarzes Moor
44,7	Schweinfurter Haus (559) (E/Ü)	weiter auf der MTB-Route
47	Thüringer Hütte (700) (E)	MTB-Ostweg Ri. Schwarzes Moor
47,9	Wegweiser am Parkplatz Steinkopf	rechts MTB-Route Ri. Sondheim
48,6	Abzweig zum RhönPark Hotel	links einbiegen und zum Hotel fahren
Ende der Tour nach 49 km beim Hotel		

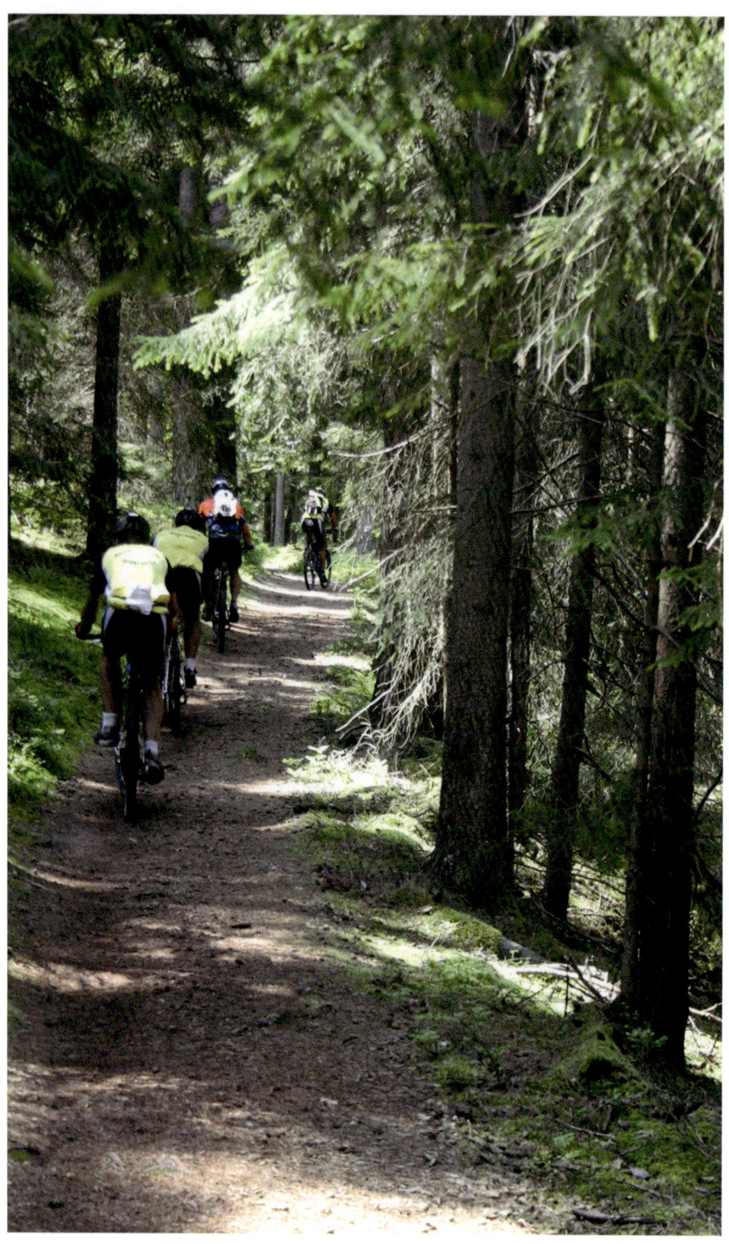

Auf dem Weg zum Holzberghof

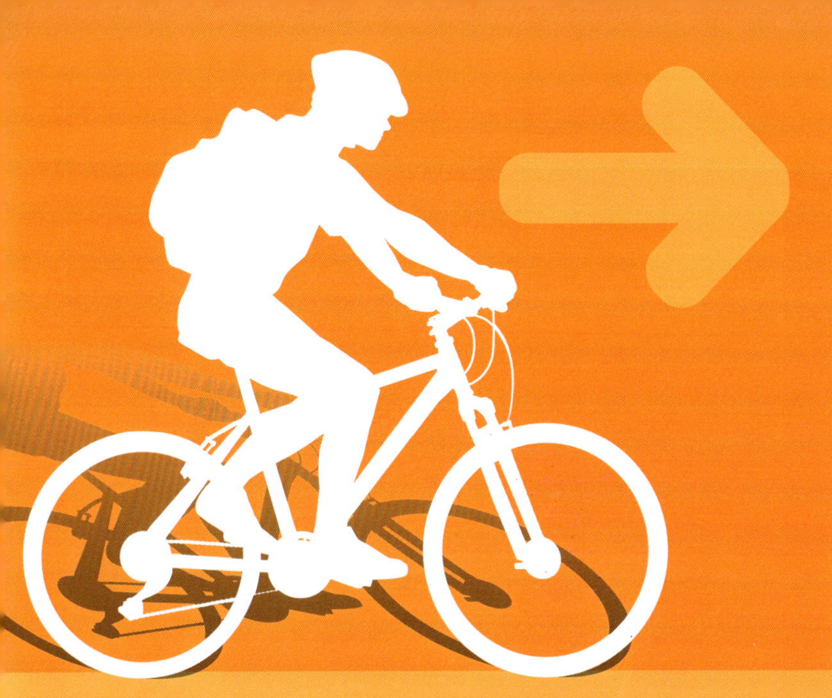

Eine teuflische Tour

Startorte	Bischofsheim und Oberelsbach
Länge	34 km
Höhendifferenzen	ca. 700 m
Schwierigkeiten	starke Steigungen im Schwarzbachtal
Wegweisung	Mountainbike-Routennetz
Wege	Schotterwege, Natur- und Wiesenwege, Asphalt
Einkehrmöglichkeiten	Holzberghof, Kiosk am Basaltsee
Karte	Public Press Mountainbike-Routenkarte Rhön

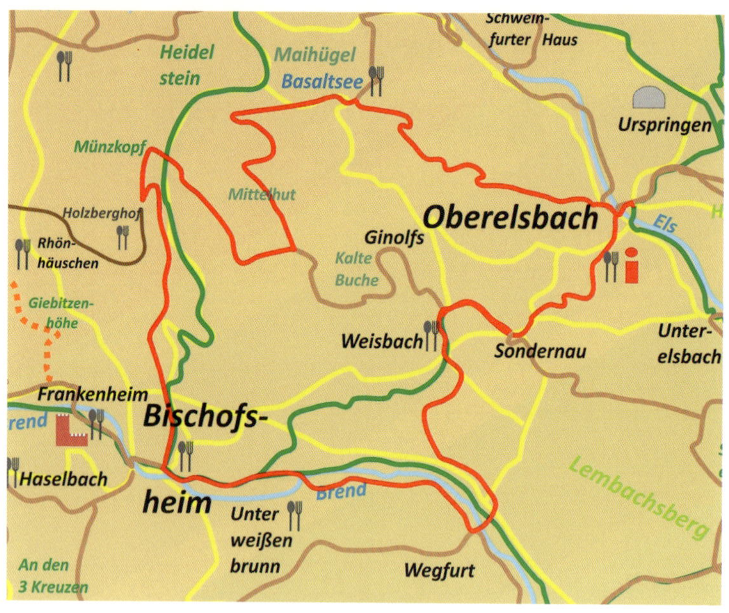

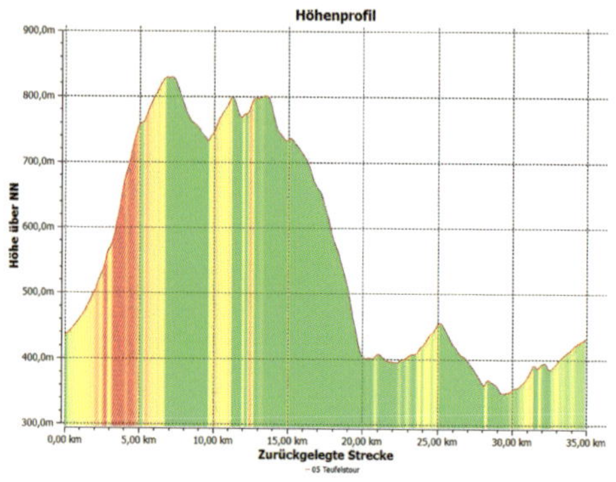

In einer tiefen Schlucht fließt der Schwarzbach dahin. An einer Stelle stürzt er etwa fünf Meter hinunter. Dieser Wasserfall wird im Volksmund Teufelsmühle genannt. Vor vielen, vielen Jahren wurde im Krieg eine einsame Mühle irgendwo in Deutschland ausgeplündert und niedergebrannt. Der Müller hatte seine Familie im Stich gelassen, war geflohen und musste von Ferne beobachten, wie der Söldnerhaufen sein Weib und seine Kinder wegführte. Da er in seiner Heimat nun nichts mehr verloren hatte, machte er sich auf den Weg, durchwanderte ein schönes Stück Welt und kam so in die Rhön. Er rastete eines Tages an der Stelle, die man heute „Teufelsmühle" nennt, auf einem großen Basaltfelsen. Der Platz gefiel ihm so gut, dass er vor sich hin murmelte: „Wenn es hier Wasser gäbe, würde ich mir eine Mühle bauen, und wenn mir der Teufel dazu helfen müsste!" Sogleich war der Böse zur Stelle, versprach die Wünsche des Müllers zu erfüllen und verlangte als Gegenleistung die Seele des Menschen, der sich als nächster auf dem Basaltfelsen niedersetzen würde. Der Müller überlegte sich das Geschäft lange. Dann schlug er doch ein, aber nur unter der Bedingung, dass ihm der Teufel auch Weib und Kinder herbeischaffe. Dieser verlangte für die

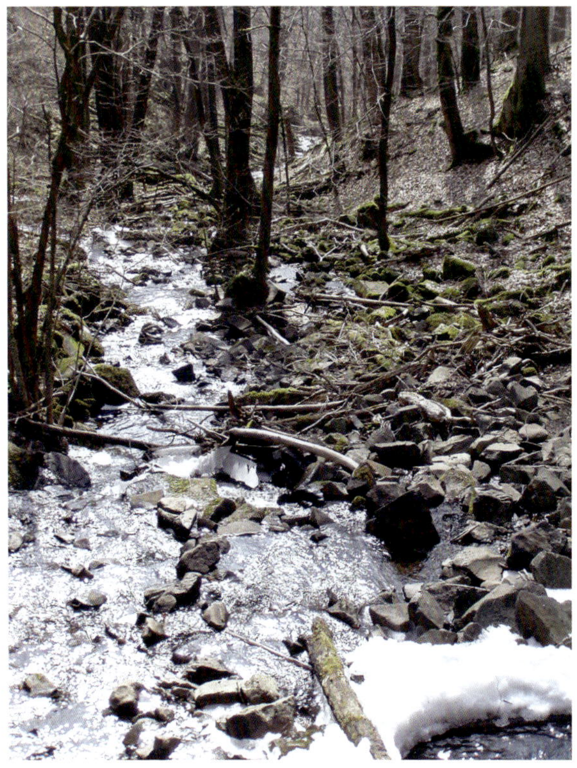
Der Schwarzbach

Erfüllung des zweiten Wunsches noch die Seele des zweiten Menschen, der auf dem Stein säße. Auch damit war der Müller zufrieden. Am nächsten Morgen stand die Mühle fertig da. Der Teufel hatte mit seinen Gehilfen auch das Wasser der Schwarzbach hergeleitet. Es fiel an der Felswand herab und trieb das Mühlrad. In der Mühle fand der Müller dann auch Weib und Kinder und begann fröhlich, sich einzurichten. Eines schönen Tages erschien der Teufel in der Mühle und erinnerte den Müller an sein Versprechen. Der lachte ihn aus und sprach: ‚Du hast dich ja selbst um deinen Lohn betrogen. Der Stein, auf dem ich damals ruhte, ist von dem kleinen Teich, den du am Fuße der Felswand geschaffen hast, vollkommen überschwemmt, und nie wieder wird eine lebende Seele auf ihm ausruhen.“ Die Mühle ist verschwunden, aber noch immer stürzt das Wasser an der Felswand herunter, und der Teufel fährt nachts zornig dort auf und nieder und ärgert sich über seine Dummheit.

Die Auffahrt von Bischofsheim zum Holzberghof durch das Tal des Schwarzbaches ist wildromantisch. Kein Wunder, dass der Volksmund sich dazu eine Geschichte ausgedacht hat. Da die Fahrstrecke nur des Tags zu befahren ist, haben wir natürlich keine Chance, den zornigen Teufel zu sehen.

km	Standort	Ziel auf den Wegweisern
0	Zentralparkplatz Bischofsheim	MTB-Ostweg Ri. Schwarzes Moor
1,5	Basaltwerk	
2,3	Bachquerung	
5,4	Holzberghof	MTB-Ostweg Ri. Schwarzes Moor

Wir starten am Zentralparkplatz in Bischofsheim und fahren auf dem **MTB-Ostweg mit Ziel Schwarzes Moor** auf der leicht ansteigenden Bauersbergstraße in Richtung Hochrhönstraße. Nach der Unterquerung der Bundesstraße 279 führt der Weg an einem Betonwerk vorbei. Am Grünlagerplatz geht es in den Wald und kurz darauf wird der Schwarzbach überquert. Und dann geht es gleich mächtig zur Sache, denn noch rund 300 m Höhe sind bis zum Holzberghof zu überwinden. Und wehe, jemand kommt auf den Gedanken, den Teufel um Hilfe zu bitten! Steigung und Wegebeschaffenheit fordern unsere volle Aufmerksamkeit. Wir sollten trotzdem ab und zu einmal anhalten und die Romantik des wilden Tales genießen und die Stelle ansehen, wo der Teufel die Mühle errichtet hat.
An der Einmündung auf die Zufahrtsstraße zum Holzberghof biegen wir links ein.

Im Jahre 1502 gab es auf dem Holzberg eine Eisenschmelze, wo in der Rhön im Tagebau gefördertes Eisenerz zu Gusseisen geschmolzen wurde. Später stand hier auch ein Eisenhammer. 1512 bis 1591 wurde hier auch eine Glashütte betrieben. Zeitweise gab es noch ein Zweigwerk in der Nähe des Heidelsteines. Die Glasherstellung scheint einige Jahrzehnte in Blüte gestanden zu haben. Über dem Seiteneingang des Gebäudes zeigen die Jahreszahl 1614 und das Wappen des Würzburger Fürstbischofs Julius Echter die Zeit der Erbauung und den Erbauer des Jagdschlosses an. Nach vielen Besitzwechseln erhielt es 1910 seine zwei Türmchen, die ihm sein heutiges Aussehen geben.

Nach der obligatorischen Verschnaufpause geht es oberhalb des Gebäudes auf dem **MTB-Ostweg Richtung Schwarzes Moor** weiter; die Hochrhönstraße wird überquert und wir gelangen danach auf das Bauersbergplateau. Nach einem Wäldchen steht links eine Hinweistafel, die über die Bedeutung des Bauersplateaus als Weide für die Landwirtschaft in der Rhön informiert (Mittelhut). Vielleicht weidet hier auch die Rhönschafherde der Ginolfser Weidegemeinschaft, die maßgeblichen Anteil daran hat, dass das Rhönschaf nicht ausgestorben ist, sich vielmehr einer zunehmenden Beliebtheit erfreut und zum neuen Wahrzeichen der Rhön geworden ist.

Auf dem breiten Schotterweg kommt man ganz schön in Fahrt. Wo die Route nach einem weiteren kleinen Wäldchen in einen Schotterweg einmündet, biegen wir zunächst rechts ab und fahren zu einem freistehenden

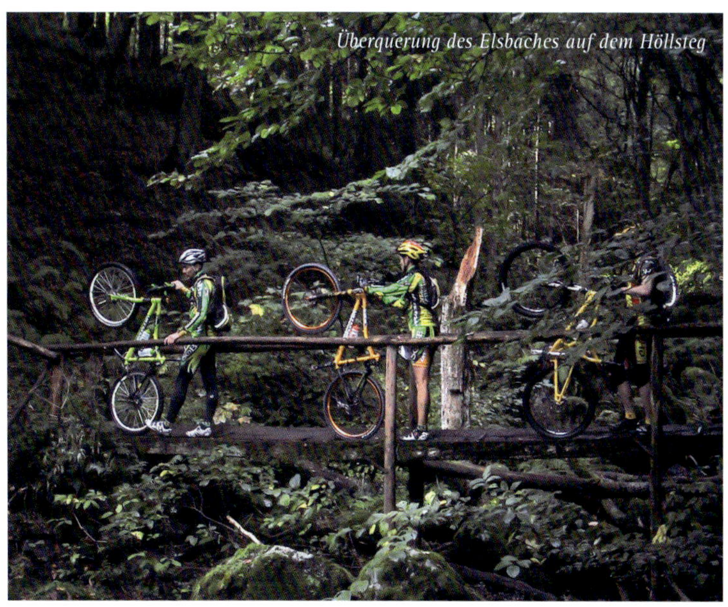

Überquerung des Elsbaches auf dem Höllsteg

Gebäude, wo sich abseits des Weges die sogenannte Kalte Buche befindet. Von der Buche ist heute nichts mehr zu sehen, aber die Aussicht von dort oben, von dem kleinen Basaltküppel, ist sehr schön. „Kalte Buche" bedeutet übrigens „hochgelegene Buche".

Es geht dann wieder hinunter zum Haus und zunächst auf dem gleichen Weg bis zum Abzweig zurück. Dort fährt man nun auf dem **MTB-Ostweg weiter Richtung Schwarzes Moor.** Auf den nächsten Kilometern macht das MTB-Fahren besonderen Spaß: Man fährt nun auf einem Wiesenweg. Vor dem Basaltsee muss wieder einmal die Straße genutzt werden, doch dann geht es durch einen Parkplatz zum dortigen Kiosk.

Das Gebiet wurde früher „Steinernes Meer" genannt. Es war eines der schönsten der ganzen Rhön: Hier traten fünf- und sechskantige Basaltsäulen in Mengen zutage. Leider wurden diese, obwohl in einem Naturschutzgebiet gelegen, in den 50er Jahren abgebaut. Einige wenige Basaltsäulen kann man noch im Steinbruch am hinteren Ende des Sees sehen. Das selbst für die Rhön ungewöhnlich große Vorkommen der Basaltsäulen hat immer schon die Phantasie der Menschen angeregt und sich in einigen Sagen niedergeschlagen, in denen die Menschen sich die Entstehung des Gebietes erklärten. Natürlich hat darin auch hier der Teufel seine Hand im Spiel gehabt.

Wie das Steinerne Haus entstanden ist

Vor langer Zeit lebte in Oberelsbach ein junger Mann, der liebte ein schönes Mädchen. Aber die beiden hatten keine Hoffnung, jemals zusammenzukommen, denn sie waren beide arm und hatten „nichts zu Felde und nichts im Dorfe" (kein Grundbesitz und auch kein Haus). Einmal arbeitete der Bursche auf der Hohen Rhön und dachte wie immer an sein Schicksal. Da murmelte er vor sich hin: „Da baue der Teufel ein Haus!" Kaum hatte er es gesagt, stand der Höllenfürst auch schon vor ihm und fragte nach seinem Begehr: „Reich will ich sein, und ein großes steinernes Haus möchte ich besitzen", forderte der junge Mann. Der Teufel versprach auch, alles über Nacht beizuschaffen. Aber eine Bedingung stelle er: „In dem Haus dürft ihr nicht beten und nie den Namen Gottes nennen! Fluchen dagegen könnt ihr nach Herzenslust." Der Bursche schlug ein und versprach alles. Schon am nächsten Tag stand oben auf der Höhe ein herrliches steinernes Haus und alles, was dazugehörte. Nun konnte das junge Paar heiraten, und am Hochzeitstag zogen sie in das neue große Haus. Die junge Frau öffnete die Schränke und die Truhen und bewunderte die herrlichen Rhöner Trachten, die dort lagen. „Nur ein Taler fehlt mit dem Bild der Gottesmutter", bemerkte die junge Frau, und das brachte sie auf den Gedanken, wie sie Gott dankbar sein müssten für das schöne, große Haus. „Lass uns niederknien und Gott danken für all unseren Reichtum", forderte sie. Der Bräutigam dachte nicht an sein Versprechen. Als sie niederknieten und das Kreuzzeichen machten, durchzuckte ein schrecklicher Blitz das Haus, aus dem Boden schlugen die Flammen hoch, vor lauter Qualm war nichts mehr zu sehen, und ein fürchterlicher Schwefeldampf erfüllte das Haus. Unter Donnern und Krachen stürzten Wände und Decken ein, und bald war von dem prächtigen Bauwerk nichts mehr zu sehen als die Säulen, aus denen es der Teufel erbaut hatte. Und seither nennen die Menschen den Platz „Steinernes Haus". Dem jungen Paar aber konnte der Teufel nichts anhaben. Denn wer betet, der kann nicht verlorengehen. Die Eheleute lebten von da an in einer kleinen Lehmhütte – arm, aber zufrieden.

km	Standort	Ziel auf den Wegweisern
5,4	Holzberghof	MTB-Ostweg Ri. Schwarzes Moor
6,4	Verzweigung	MTB-Ostweg Ri. Schwarzes Moor
7,3	Mittelhut am Bauersberg	
9,6	Abzwg. zur Kalten Buche	Abstecher Ri. Weisbach, dann zurück zur
10,6	Verzweigung	und weiter auf dem MTB-Ostweg Ri. Schwarzes Moor
14,8	Basaltsee 1	Links weiter auf dem MTB-Ostweg Ri. Schwarzes Moor

Die Route führt am Kiosk weiter zu einem weiteren Parkplatz, wo der nächste MTB-Wegweiser steht. Hier geht es mit dem MTB-Ostweg links und nach 500 m an einem weiteren Wegweiser mit Ziel Oberelsbach rechts weiter. Holprig ist die Fahrt hinunter nach Oberelsbach, bei der man 330 hm verliert.

km	Standort	Ziel auf den Wegweisern
15,1	Basaltsee 2	Rechts auf der MTB-Route nach Oberelsbach am Haus der Langen Rhön trifft man auf den Rhönradweg, auf dem es zurück nach Bischofsheim geht.
20,5	Oberelsbach Haus der Langen Rhön	Rhönradweg Ri. Bischofsheim
26,8	Weisbach Abzwg. der MTB-Route	MTB-Route nach Wegfurt
29,2	Wegfurt B 279	Weiter auf der MTB-Route
32,6	Unterweißenbrunn	Weiter auf dem Radweg
35	**Bischofsheim**	

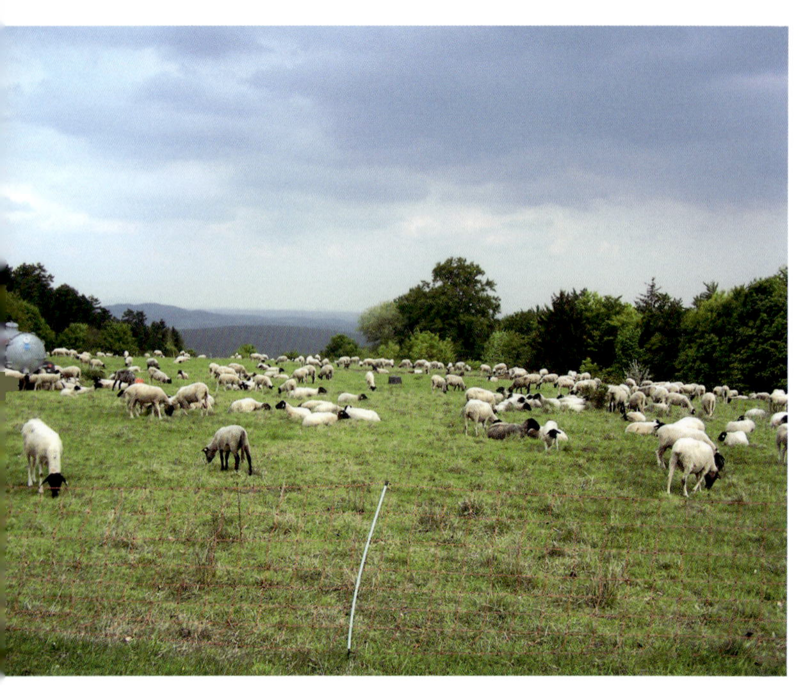

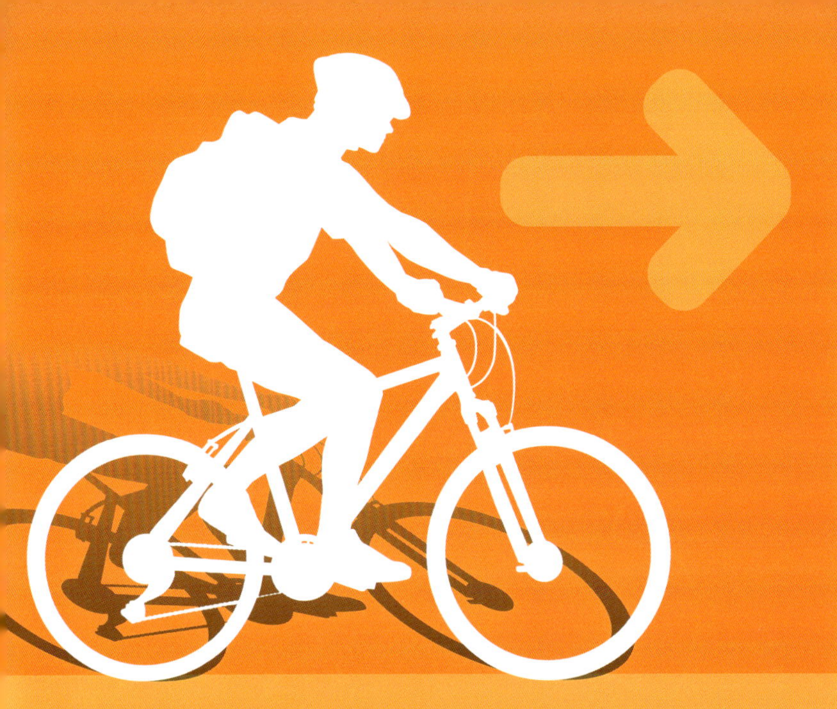

Zur Heuernte auf die Lange Rhön

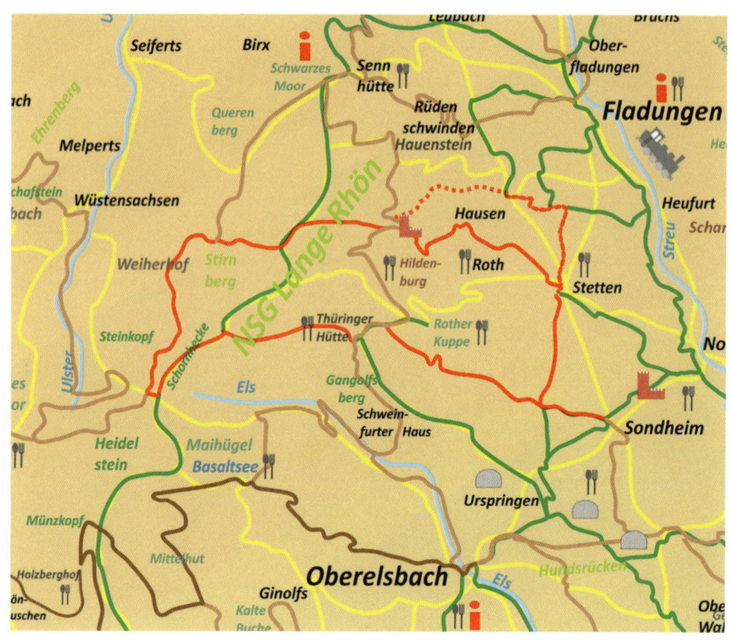

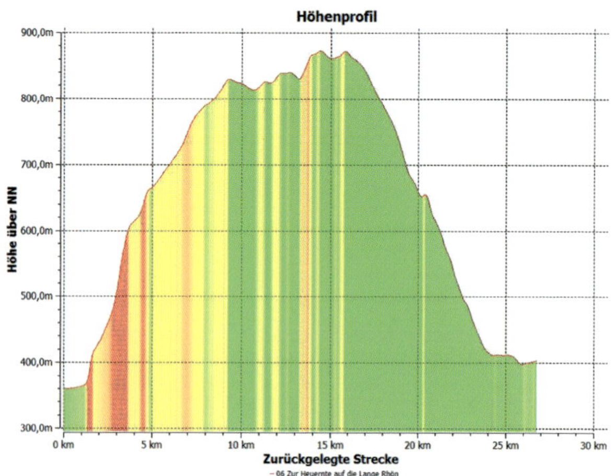

Die weiten Wiesen der Langen Rhön, Heufelder genannt, dienten über Jahrhunderte nur der Heuernte. Durch Gesetz war festgelegt, dass mit ihr erst nach Kiliani (8. Juli) begonnen werden durfte. Wer trotzdem vor dem Beginn der Heuernte mit einem Fuhrwerk auf der Hochrhön erwischt wurde, hatte eine empfindliche Geldstrafe zu bezahlen. Erst nach dem Mittagsgottesdienst an Kiliani durften die Familien, mit Sensen, Heugabeln *und Rechen „bewaffnet", hinauf auf die Lange Rhön. Trotz der schweren Arbeit galt die Heuernte als ein Erlebnis, denn man brach für ein paar Tage aus dem gewohnten Leben aus, übernachtete in Zelten und ernährte sich von Brot, Schinken und Schwartenmagen. Bereits vor Sonnenaufgang wurde mit dem Mähen begonnen. Die Arbeit wurde durch die unebenen und mit Basaltbrocken übersäten Felder zu einer mühsamen Angelegenheit. Wenn die Sonne aufging, wurde das Mähen beendet und das Gras auf den großen Flächen zusammengerecht.*

Wenn Sie das Glück haben, während der Heuernte in der Rhön Urlaub zu machen, werden Sie feststellen, dass auch hier sich vieles geändert hat: Schon vor Kiliani wird damit begonnen, das Heu mittels moderner Maschinen, wie auch anderswo, einzufahren. Allerdings gibt es heute wieder Beschränkungen bei der Mahd: Sie sind freiwillig bzw. werden finanziell vergütet: Um manchen Pflanzen- und Gräserarten das Überleben zu sichern, darf in bestimmten Gebieten nur zu einer festgesetzten Zeit und auch manchmal nicht in jedem Jahr gemäht werden. Leider hat sich in den letzten Jahren eine für die weiten Hochflächen gefährliche Situation ergeben. Die in den 1930er Jahren in der Rhön angepflanzte lilafarbene Lupine breitet sich gegenwärtig stark aus und nimmt den heimischen Pflanzen den Lebensraum.

Startorte	Sondheim v. d. Rhön, Roth und alle zwischen Bischofsheim und Fladungen am Fernradweg Rhön-Sinntal-Streutal liegenden Ortschaften
Länge	ca. 31 km
Höhendifferenzen	ca. 560 m
Schwierigkeiten	Schotterwege, einige Natur- und Wiesenwege, Asphalt
Wegweisung	Wegweisung Rhöner MTB-Routennetz
Wege	Schotterwege, einige Natur- und Wiesenwege, Asphalt
Einkehrmöglichkeiten unterwegs	Thüringer Hütte, Rother Kuppe, Hillenberg
Karte	PublicPress MTB-Routenkarte Rhön

Ausgangspunkt unserer Tour ist der Platz an der Bahrabrücke in Sondheim v. d. Rhön. Dort befindet sich ein MTB-Zielwegweiser, dem man in **Richtung Wüstensachsen 18 km/Thüringer Hütte 5 km** folgt. Auf den ersten Kilometern fahren wir, von Hecken gesäumt, durch Felder in ein reizvolles Tal. In dem auf beiden Seiten durch hohen Buchenwald begrenzten Wiesengrund

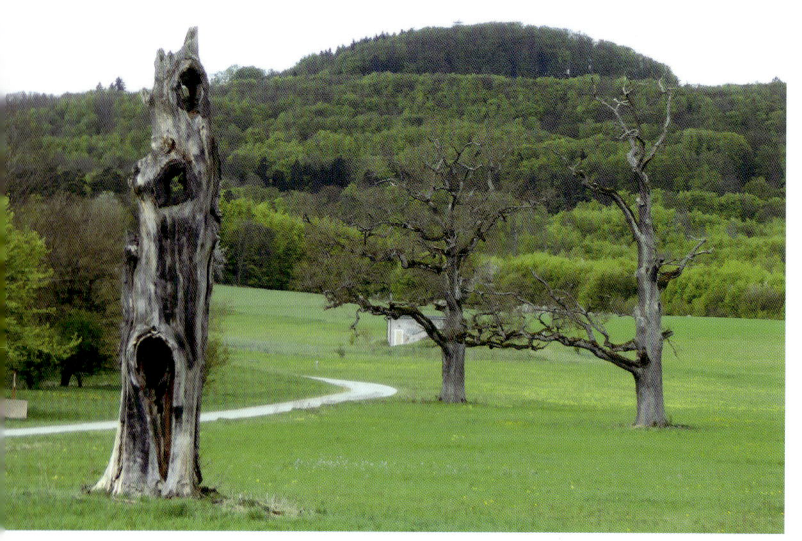

stehen einige sehr alte Eichen, von denen die meisten leider in den letzen Jahren abgestorben sind. Es wirkt jetzt wie eine Art Monument Valley. Einer der Gründe für die Schönheit der Rhön ist ihr Laubwaldreichtum, der hier, am Südosthang der Hohen Rhön, besonders stark ausgeprägt ist.
Vor uns sehen wir den markanten Buckel der Rother Kuppe und an seiner Flanke das Rhön-Park-Hotel. Etwa 500 m nachdem wir in den Wald gelangt sind, wird der Weg steiler. Bis zum Abzweig zum Rhön-Park-Hotel sind auf einem knappen Kilometer ca. 110 Höhenmeter zu bewältigen. Doch danach wird es bis zur Einmündung auf die Straße wieder gemütlicher. Wir biegen dann an einem Parkplatz (MTB-Wegweiser Richtung **Thüringer Hütte**) links auf den Fußweg (alternativ die wenig befahrene Straße) ein und fahren bis zur Thüringer Hütte. Knappe 400 hm liegen nun hinter uns. An der Stelle der Thüringer Hütte stand früher das Haus des „Höhlmannes“, des Wächters der uralten Grenzbefestigung, der Höhl:

Die Höhl oder auch Häl genannte Landwehr ist Teil einer Grenzbefestigung. Sie bestand aus einem Wall, der auf beiden Seiten einen bis zu sechs Meter breiten und bis vier Meter tiefen Graben hatte und der mit Bäumen und Gebüsch dicht bewachsen war. Im Volksmund wurde sie deshalb auch „Gebück“ genannt. Insbesondere die stacheligen Büsche erschwerten ein unbefugtes Durchdringen der Landwehr. Im Bereich der Hochrhön ist sie noch an mehreren Stellen erhalten.

Wenige Meter Richtung Hochrhön nach der Thüringer Hütte sehen wir die Hinweistafel auf das „archäologische Objekt“ und schauen uns kurz das an, was noch von der Höhl übrig geblieben ist. Bei der Weiterfahrt erfreuen wir uns dann am Anblick der schönen lilafarbenen Flächen der Langen Rhön. Je nach Jahreszeit werden sie von den Weideröschen – oder aber den Lupinen – so schön eingefärbt.

Eine schöne, aber schädliche Blume

Heute wird das Gras zwar nicht mehr mit der Hand gemäht, doch die Sense ist doch noch nicht außer Gebrauch: Die für die Rhön eigentlich standortfremden Lupinen verbreiten sich ungeheuer schnell. Jede Lupinenstaude entwickelt ca. 2.000 Samenkapseln, welche sie dann im Umkreis von drei bis vier Metern ausstreut. Aus einer Staude werden somit im kommenden Jahr viele neue. Durch diese Entwicklung entstehen ganze Lupinenfelder, die vielen anderen schützenswerten Pflanzen den Lebensraum nehmen. Denn die Lupine ist ein Stickstoffsammler. Sie reichert den Boden mit Stickstoff an und aus mageren Standorten werden dadurch „fette". Die von Naturfreunden geliebten bunten Wiesenmatten der Hochrhön mit v.a. Arnika, Türkenbundlilien, Silberdisteln und Trollblumen in der offenen Wiesenlandschaft der Langen Rhön drohen also zu Gunsten einer einzigen „schönen" Pflanze zu verschwinden. Freiwillige mähen deswegen unter Anleitung des Biosphärenreservates mit Sensen große Flächen, bevor die Pflanze ihre Samen ausstreuen kann. Ein Kampf wie gegen Windmühlenflügel.

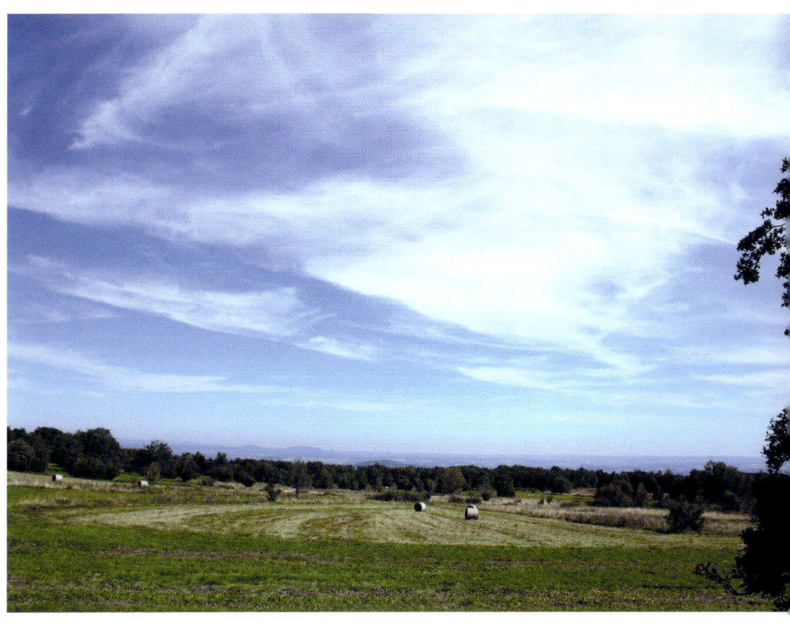

Ab der Thüringer Hütte verläuft die Route mit Ziel Wüstensachsen bis zum Parkplatz Schornhecke auf Asphalt. Auf dem Weg zur Schornhecke geht es nun durch eine der schönsten Landschaften der Rhön. Die Lange Rhön wirkt hier teilweise wie eine Parklandschaft. Der Eindruck entsteht durch die vielen freistehenden Hecken und Bäume, die ihr Dasein den aufgelesenen und aufgeschichteten Basaltsteinen verdanken, in deren Schutz sie ungestört heranwachsen konnten. An der Einmündung auf die Hochrhönstraße biegen wir links ab und fahren auf ihr bis zur nächsten Kreuzung, wo wir uns rechts in Richtung Wüstensachsen orientieren. Kurz darauf ist die Einfahrt des Parkplatzes Schornhecke erreicht. Am Eingang des Parkplatzes steht links an der Straße der Wegweiser mit dem Mountainbike-Symbol. Wir halten uns nun an die Mountainbike-Beschilderung des **MTB-Westweges Schwarzes Moor 8,5 km.**

Der nächste Streckenabschnitt verläuft durch das Naturschutzgebiet Lange Rhön. Hier herrscht Wegegebot für Mountainbiker. Das bedeutet, dass Mountainbiker sich strikt an die ausgewiesenen MTB-Routen zu halten haben. So steht es in dem entsprechenden Bescheid der Naturschutzbehörde, durch den das Befahren der Langen Rhön mit Fahrrädern erst möglich wurde. Neben der Rücksicht auf die Natur müssen die Mountainbiker nun auf den gemeinsamen Abschnitten der Wege auch noch den Vorrang der Wanderer beachten. Bitte bei der Vorbeifahrt an Wanderern oder Wandergruppen unbedingt die Geschwindigkeit verringern!
Es geht durch den Parkplatz Schornhecke und nach dem Wäldchen über eine Wiese. Der Weg führt links um den Stirnberg herum, zunächst in ein kleines Tal, dann wieder an der Flanke des Stirnberges hinauf zu einem Rastplatz mit Bänken.
Wenn wir Glück haben, ist die Bank am Rastplatz unterhalb des Stirnberges noch frei. Bei trockenem Wetter ist es allerdings vorzuziehen, die Räder noch 200 m auf dem Wanderweg in Richtung Schwarzes Moor zu schieben oder sie am Rastplatz anzuschließen. Von dort hat man dann nicht nur einen tollen Blick auf die nördliche Kuppenrhön, auch hessisches Kegelspiel genannt, sondern auch auf den höchsten Berg der Rhön, die Wasserkuppe, den man entspannt in dem dichten buschigen Gras der Hochrhön liegend genießen kann. Wir sehen die Wasserkuppe von ihrer Nordostseite und blicken direkt auf die Hangars der zahlreichen Segelflieger. Hier stand die Wiege der Segelfliegerei in Deutschland. Auch die sagenumwobene Milseburg ist von hier aus an ihrem markanten Profil, dem Basaltbuckel, deutlich zu erkennen.
Ab dem Rastplatz geht es mit der MTB-Route weiter. Nach 100 Metern gelangt man an eine Verzweigung und folgt hier der Wegweisung Richtung **Stetten 8,5 km/Hillenberg 4,5 km,** die geradeaus weiter führt. Der Weg führt über die Hochfläche des „Hohen Polsters", einer der höchsten Stellen der

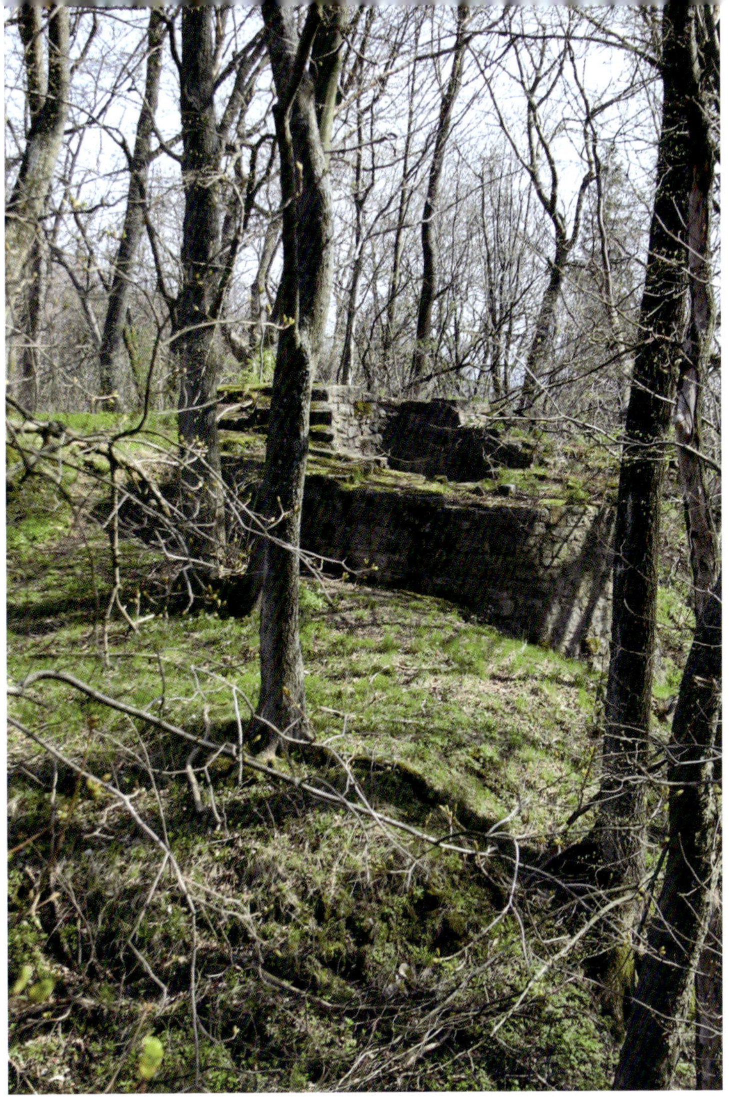

Reste der Ruine Hildenburg

Langen Rhön. Hier sollten wir bei guter Fernsicht anhalten und den Blick auf die östlichen Gebiete der Rhön genießen. Bis zum Steigerwald und bei besonders guter Fernsicht bis nach Coburg reicht von hier der Blick. Besonders beeindruckend ist der Blick auch auf den Thüringer Wald, der sich nahezu am gesamten Horizont ausbreitet: Vom Großen Inselsberg bis zum Großen Beerberg reicht der Blick. Bei guter Fernsicht sind sogar die an seinem Hang liegenden Orte zu erkennen. Links des Weges blickt man auf das Schwarze Moor.

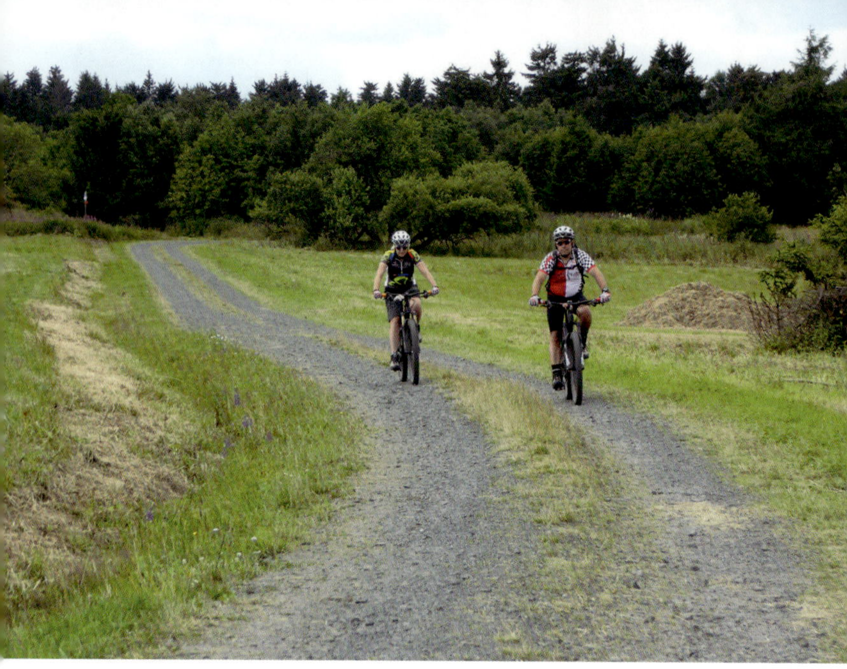

Am Hohen Polster im Naturschutzgebiet Rhön

An der Hochrhönstraße hält man sich links und biegt nach ca. 300 m rechts auf das zum Weiler Hillenberg führende Sträßchen ein. An dieser Stelle, im heutigen nicht standortgerechten Nadelwald, befand sich einst das Dorf Dietzenwinden, das im Dreißigjährigen Krieg wüst gefallen war.

Aus einer Urkunde des 16. Jahrhunderts

...die Wustungen belangendt ist eine hinder dem Haus hillenberg, Ditz Winne genannt. Soll vor langen Jaren ein Dörflein gewesen und die Straßen nach dem Stift Fulda und dem Hessenland gangen. Aber jetzt unwegsam auch durch Gewesser zerrissen und verfeudet. Das Baufeld zum Hause Hillenberg gehörig und gezogen worden.

Am übernächsten Wegweiser (vor dem Abzweig nach Hillenberg) folgt man dem Ziel **Stetten 5 km/Roth 4,4 km,** fährt zunächst nach Hillenberg mit seiner Burgruine und dem Gasthaus (E).
Viel ist von der einst mächtigen Burganlage nicht mehr zu sehen. Sie diente den Bauern aus Hausen, die sich hier oben ansiedelten, als Steinbruch für ihre Häuser.
Dann geht es zurück bis zum letzten Haus, nach dem die MTB-Route rechts nach Stetten abzweigt. Beim dortigen Schützenhaus trifft man auf die Fahrradroute und folgt dieser am Fahrradwegweiser am Platz beim Gasthaus Zur Linde zurück nach Sondheim.

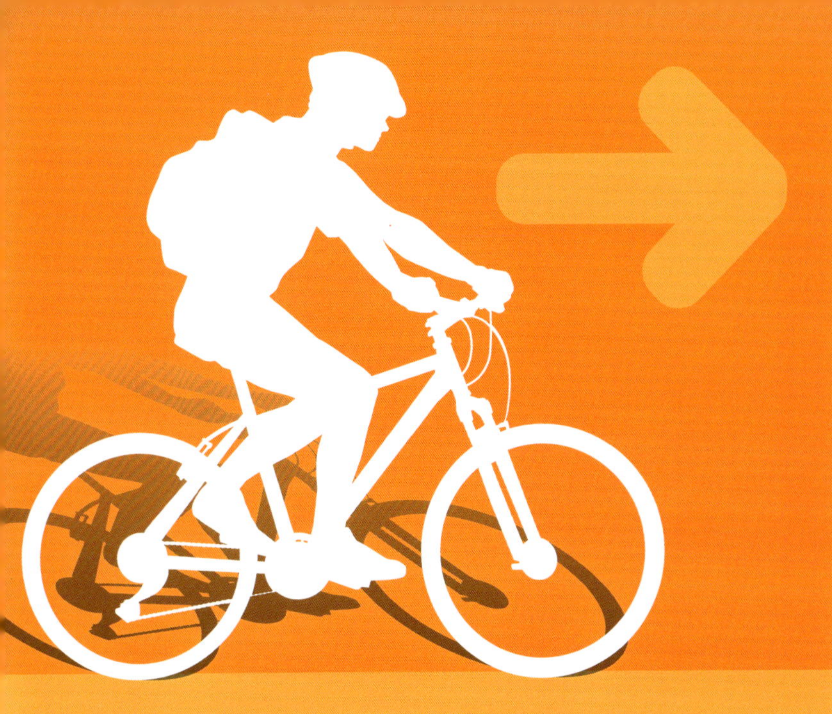

Von Poppenhausen zum Roten Moor und über die Wasserkuppe zurück

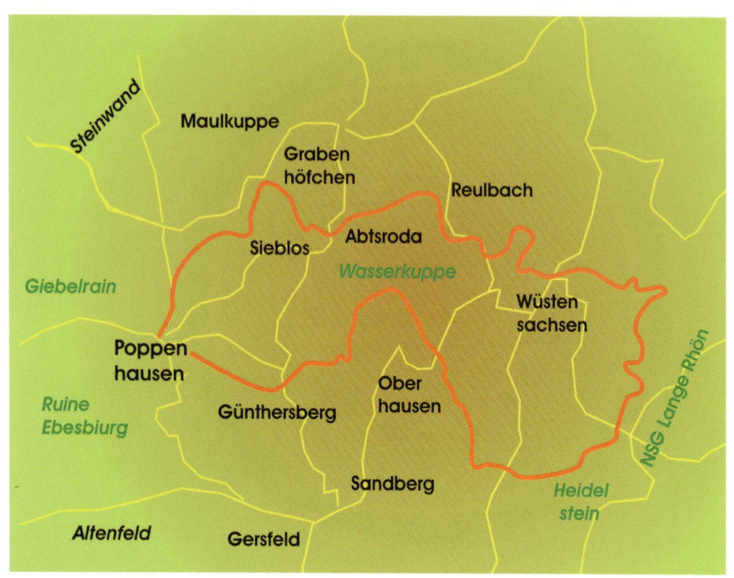

Startort der Tourenbeschreibung	Poppenhausen
Streckenlänge	ca. 42 km
Kumulierte Höhendifferenzen	ca. 1050 m
Anforderungen	starke Steigungen
Wege	überwiegend Wirtschaftswege, vereinzelt Wiesenwege
Asphaltanteil	ca. 11,5 km
Einkehr- und Übernachtungsmöglichkeiten	Grabenhöfchen, Haus am Roten Moor, Wasserkuppe, Guckaisee
Karte	Fritsch Radwanderkarte Natur- und Biosphärenreservat Rhön 1:50.000 mit Mountainbike-Routen
Wegweisung	Mountainbike-Routennetz und Radwanderouten

Poppenhausen an der Wasserkuppe spielt im Reigen der sportiven Rhöner Orte von jeher eine besondere Rolle: Segelfliegen, Klettern und Ski fahren haben hier eine lange Tradition. Seit wenigen Jahren ist der Ort an das markierte Rhöner MTB-Routennetz angeschlossen und bildet quasi dessen westlichen Vorposten in Hessen. Es wurde nicht nur deswegen schnell ein beliebter Ausgangsort für Mountainbike-Touren rund um die Wasserkuppe.

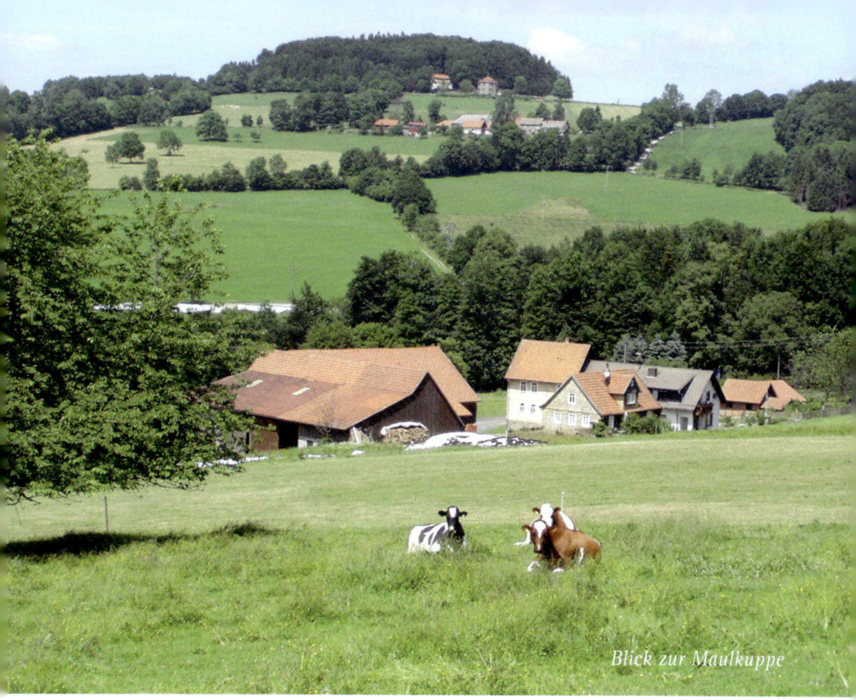

Blick zur Maulkuppe

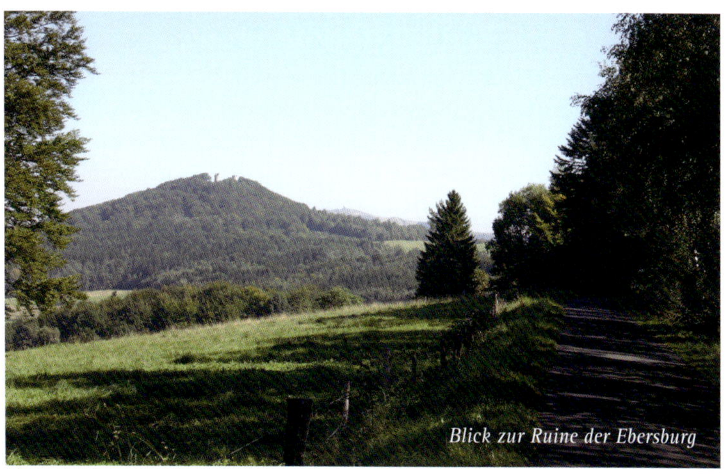

Blick zur Ruine der Ebersburg

Rund um Poppenhausen gibt es viele reizvolle Wege, die durch die schöne Landschaft am Westhang der Wasserkuppe verlaufen. Auf den Weiden stehen im Sommer viele Rinderherden.

Die Tour passiert zunächst den Bauernhof Gensler. Es ist einer der Bio-Pionierbetriebe in der Rhön mit einem breiten Angebot von regionalen Lebens-

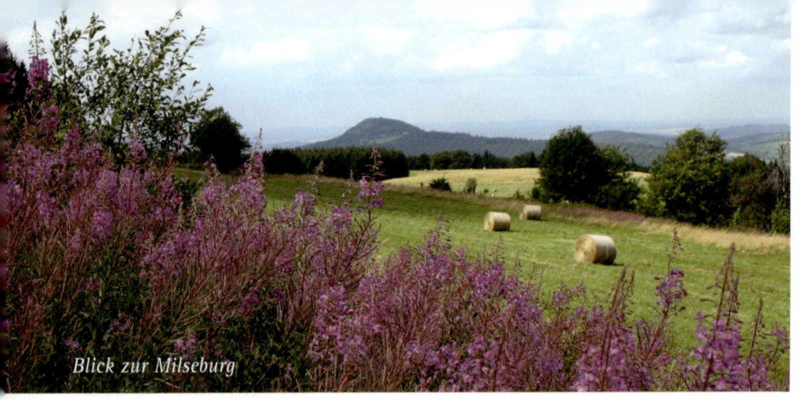
Blick zur Milseburg

mitteln, insbesondere Bauernbrot und Kuchen. Aber auch Käse, Fleisch und Wurst von Erzeugern aus der Umgebung. Nach dem Pass am Grabenhöfchen führt die Route über den Weiherberg. Dort führt ein Abstecher (nicht als MTB-Route beschildert) zur Enzianhütte (Einkehr) mit einem tollen Blick in die hessische Kuppenrhön. Von Abtsroda geht es nach Reulbach und Wüstensachsen, wo der steile Anstieg zum Stirnberg beginnt. Auf dem MTB-Westweg fährt man nun zum 926 m hohen Heidelstein, vorbei am Roten Moor zum mit 950 m höchsten Rhönberg, der Wasserkuppe. Die MTB-Route führt am kugeligen Radom vorbei. Einst gab es drei solcher Objekte, in denen sich im Kalten Krieg zum Osten hin ausgerichtete Radarschirme befanden. Sie wurden zum Wahrzeichen oder Erkennungszeichen der Wasserkuppe, weswegen sich Protest erhob, als man alle drei abbauen wollte. Der Kompromiss sah dann vor, wenigstens eines stehen zu lassen. Danach beginnt die lange Abfahrt hinunter, die zunächst zum Guckaisee führt, dann nach der Überquerung des Hochrhönrings auf einem Schotterweg zurück nach Poppenhausen verläuft. Wer nicht die gesamte Tour fahren möchte, kann diese bei Reulbach verkürzen. Sie ist dann nur noch 24 km lang.

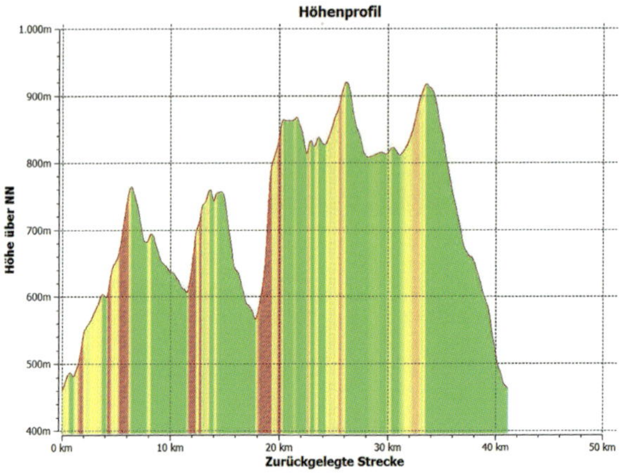

km	Standort	Zielangabe auf dem Wegweiser
0	Rathaus	sb dort zunächst mit dem Ziel Wüstensachsen 18,5 km
0,3	Abzweig	weiter Ri. Wüstensachsen
1,5	Verzweigung im OT Hohensteg	Bauernhof Gensler weiter Ri. Wüstensachsen
4,2	Verzweigung	weiter Ri. Wüstensachsen
5,6	Grabenhöfchen	weiter Ri. Wüstensachsen über den Weiherberg
6,5	Weiherberg	Abstecher (600 m) zur Enzianhütte möglich
8,1	Abtsroda	weiter Ri. Wüstensachsen
11,6	Reulbach	weiter Ri. Wüstensachsen
12,9	Verzweigung	Die MTB-Route führt links weiter in Ri. Wüstensachsen. Wenn man hier kurz rechts fährt, zweigt links ein Weg ab, der als Fahrradroute beschildert ist und der direkt zur Wasserkuppe führt.
17,5	Wüstensachsen Nähe Kirche	am MTB-Wegweiser weiter Ri. Fladungen
20,4	Verzweigung	Abstecher geradeaus bis zum Rastplatz am Stirnberg (100 m) mit sehr schöner Aussicht oder gleich rechts auf den MTB-Westweg Ri. Bischofsheim einbiegen
24,4	Parkplatz Schornhecke	weiter auf dem Westweg zum Heidelstein
26,4	Heidelstein	weiter auf dem Westweg
27,4	Verzweigung	Westweg Rotes Moor
27,6	Haus am Roten Moor	Einkehr
28,2	Rotes Moor	Aussichtspunkt
28,5	Verzweigung	weiter Ri. Wasserkuppe
31,4	Querung der Bundesstraße	geradeaus weiter auf der Straße zur Wasserkuppe

33,3	Wasserkuppe, Wegweiser in der Nähe der Tourist-Info	weiter Ri. Poppenhausen 7,5 km
37	Abzweig zum Guckaisee (E)	weiter auf der MTB-Route Ri. Poppenhausen
37,8	Günthersberg	Querung der Kreisstraße; geradeaus weiter in Feldweg
38	Verzweigung	halbrechts halten
	Abzweig zum Guckaisee (E)	weiter auf der MTB-Route Ri. Poppenhausen
37,8	Günthersberg	Querung der Kreisstraße; geradeaus weiter in Feldweg
38	Verzweigung	halbrechts halten
41,2	**Rathaus in Poppenhausen**	Ende der Tour

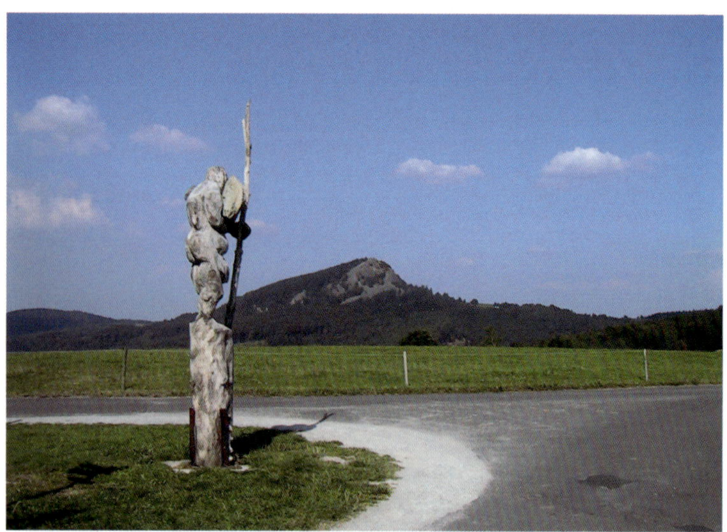

Der Riese Mils blickt auf die von ihm geschaffene Milseburg

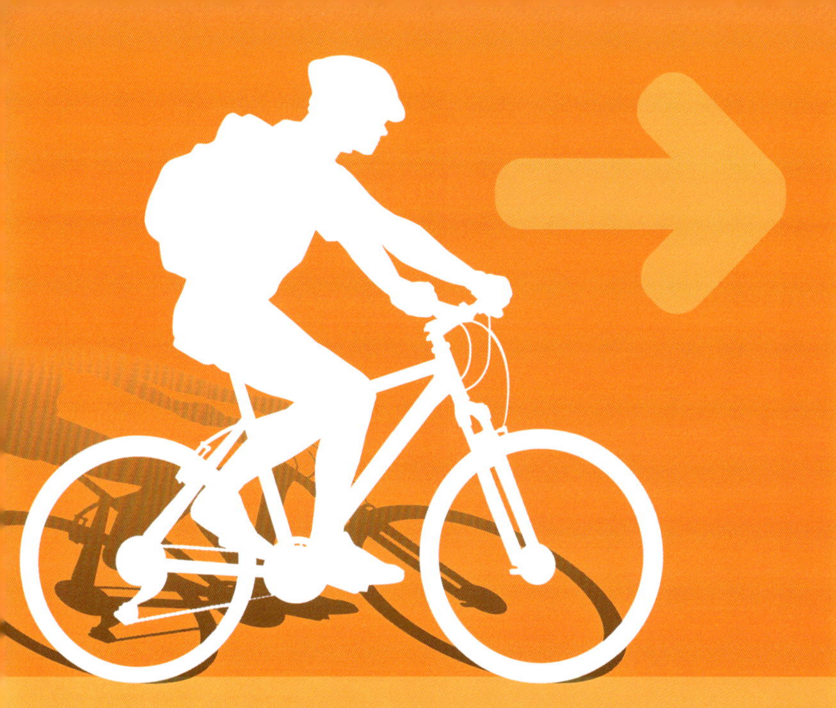

Durch die Südrhön

Startort	Rathausplatz Wildflecken
Länge	ca. 50 km
Höchster/tiefster Punkt	915 / 344 m
Schwierigkeiten	konditionell fordernde schwere MTB-Tour
Wegweisung	Mountainbike-Routennetz
Wege	Rad-, Feld- und Waldwege und vereinzelt Single-Trails
Einkehr unterwegs	Kreuzberg, Neustädter Haus, Sandberg, Würzburger Haus, Berghaus Rhön, Kissinger Hütte, Oberbach, Wildflecken
Karte	PublicPress MTB-Karte Rhön
Wegweisung	Mountainbike-Routennetz und Radwanderouten

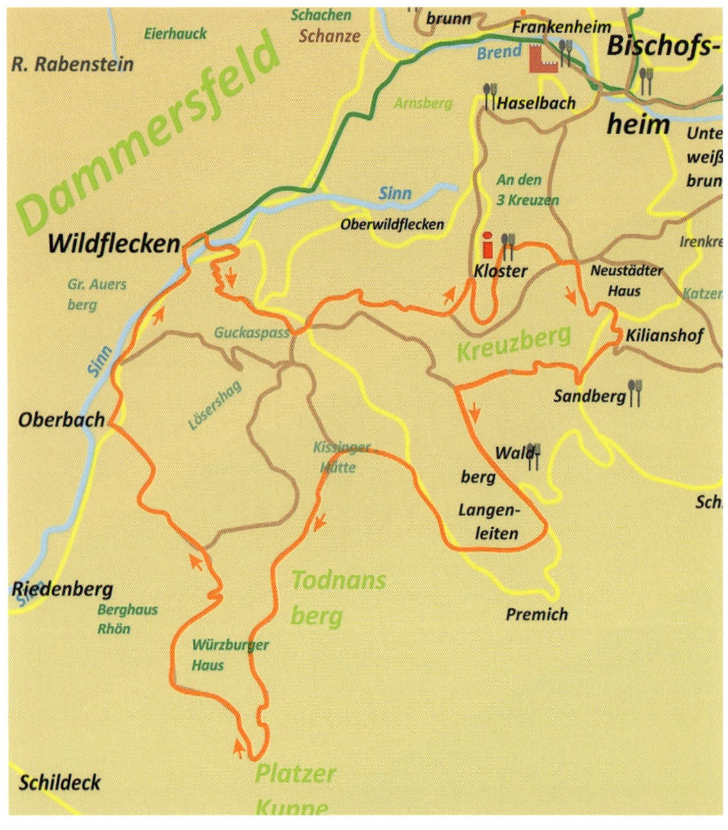

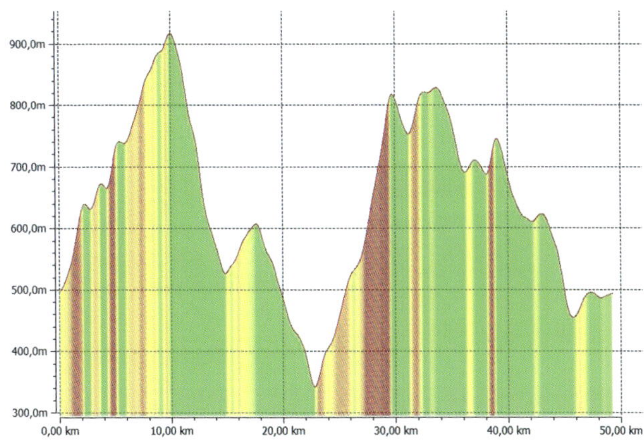

Natur- und Landschaftserlebnis

Die Tour führt durch eine Landschaft mit besonderen naturräumlichen Kulturlandschaftselementen wie den artenreichen Bergwiesen (Storchschnabel-Goldhaferwiesen) mit Lesesteinwällen und Hutebuchen, Basaltblockmeeren, dem Naturwaldreservat „Lösershag“ mit Lehrpfad und einer vielfältigen Flora und Fauna (Trollblume, Schwarzstorch, Rotmilan, Silberdistel).

Einkehr und Ausblicke

Zahlreiche Berghütten laden zur Einkehr ein. Besonders an der Kissinger Hütte am Feuerberg hat man bei der Einkehr eines der schönsten Panoramen vor Augen.

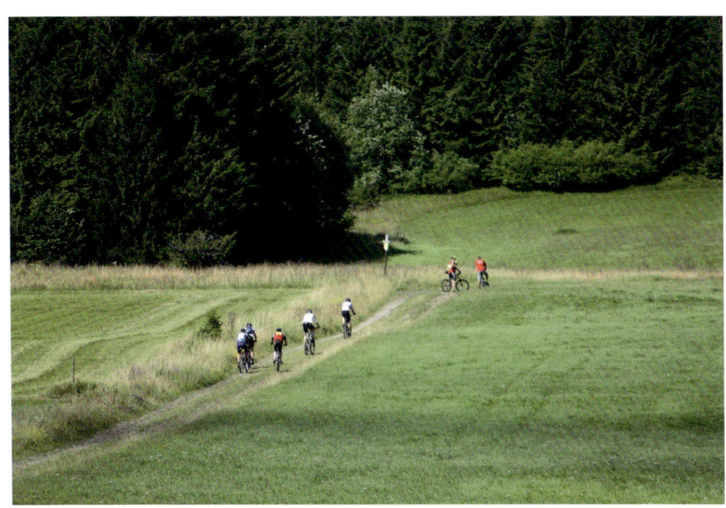

Während man vom Kreuzberggipfel in die westliche und nördliche Rhön blickt, fährt man auf dem letzten Abschnitt der MTB-Route ab dem Würzburger Haus auf einem aussichtsreichen Weg wie auf einem Balkon oberhalb des Sinntals mit atemberaubenden Blicken zum Dammersfeld.

Informationen am Ende des Weges

Kurz vor dem Ende des Weges befindet sich das Informationszentrum Haus der Schwarzen Berge mit Tourist-Information sowie Informationen zur Rhön, zu regionalen Lebensmitteln und zu Rhöner Brauchtum.

km	Standort	Zielangabe auf dem Wegweiser
Die Tour mit beginnt dem Ziel Kreuzberg/Kissinger Hütte am Rathausplatz in Wildflecken (km 0). Man fährt rechts auf die Hauptstraße, biegt dann links in die Bahnhofstraße ein, folgt dann weiter der MTB-Route, unterquert dabei die Staatsstraße und fährt dann auf dem Feldweg bergan.		
4,3	Wegweiser	weiter Ri. Kreuzberg
4,8	Parkplatz Guckaspass	weiter Ri. Kreuzberg
5		rechts auf dem Singletrail weiter
7,9	Wegweiser	links Ri. Kreuzberg
8,6	Kreuzberg Süd	geradeaus geht es zum Bruder Franz Haus

Als heiliger Berg der Franken gilt der Kreuzberg in der Bayerischen Rhön. Über 70 Fußwallfahrten ziehen jährlich „zum Heiligen Kreuz“ hinauf. Ziele sind die Wallfahrtskirche, einer der ältesten (1710 erbauten) Kapellenkreuzwege Deutschlands und das Franziskanerkloster.

Zwischen 1681–1692 errichteten die Franziskaner die heutige Wallfahrtskirche zusammen mit einem Kloster auf dem Kreuzberg. Seit dieser Zeit ist der Kreuzberg ein viel besuchter Wallfahrtsort. Jährlich führen Wallfahrten, die von vielen Orten ausgehen, zum Kreuzberg. Durch die dadurch nötig gewordene Verpflegungspflicht erhielten die Mönche auch die Erlaubnis, Bier auszuschenken. Das Kloster ist das beliebteste Ausflugsziel der Region mit rund 600.000 Besuchern im Jahr. Im ältesten Gebäude auf dem Kreuzberg wurde mit dem Bruder-Franz-Haus ein weiterer Ort der Begegnung und des Erlebens geschaffen. Zentrum des Hauses bildet die Ausstellung „Franz von Assisi und Gottes Schöpfung“, deren Schwerpunkt in der Vermittlung der Gedankenwelt des heiligen Franz und der Franziskanischen Gemeinschaft liegt.

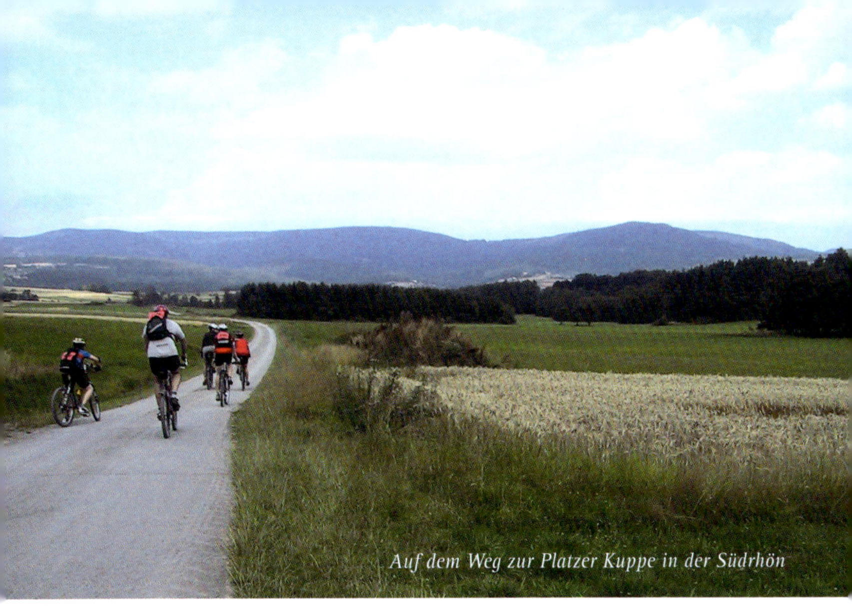

Auf dem Weg zur Platzer Kuppe in der Südrhön

<table>
<tr><td>8,6</td><td>Kreuzberg Süd</td><td>rechts geht es weiter zum Kreuzbergipfel</td></tr>
<tr><td>10,4</td><td>Kreuzberggipfel</td><td>weiter auf dem Wiesenweg mit dem MTB-Zeichen</td></tr>
<tr><td>11,8</td><td>Abzweig zum Gemündner Haus (Einkehr)</td><td>weiter auf der MTB-Route</td></tr>
<tr><td>12,3</td><td>Wegweiser</td><td>weiter Ri. Neustädter Haus</td></tr>
<tr><td>12,6</td><td>Neustädter Haus (Einkehr)</td><td>weiter Ri. Steinach/ Sandberg</td></tr>
<tr><td colspan="3">Das Rhönklubhaus steht an einer alten Kreuzung der Fuhrmannswege durch den Salzforst. Aus allen Himmelsrichtungen trafen hier im Sattel zwischen Kreuzberg und Käulingsberg die Wege zusammen. In einer frühen Karte des Kreuzberggebietes ist am Großen Aschberg eine „Kalte Herberg“ eingezeichnet, bei der es sich möglicherweise um den Vorläufer des Neustädter Hauses handeln könnte. „Kalt“ bedeutete im frühen Sprachgebrauch auch „hochgelegen“.</td></tr>
<tr><td>12,9</td><td>Verzweigung</td><td>weiter Ri. Steinach/Sandberg</td></tr>
<tr><td>15,1</td><td>Verzweigung Kilianshof</td><td>weiter Ri. Steinach/Sandberg</td></tr>
<tr><td>16,1</td><td>Verzweigung Sandberg Nord</td><td>rechts weiter auf dem Feldweg Ri. Wildflecken/Guckaspass</td></tr>
<tr><td>18,5</td><td>Verzweigung</td><td>links weiter Ri. Aschach/Waldberg</td></tr>
<tr><td>21,3</td><td>Waldberg Ortsmitte (Kirche)</td><td>weiter auf der MTB-Route</td></tr>
</table>

Die sogenannten Walddörfer Sandberg, Waldberg und Langenleiten in der Südrhön entstanden in einer späten Siedlungsphase im 17. Jahrhundert in dem damals noch riesigen Salzforst, der den Würzburger Erzbischöfen gehörte. Die Uransiedler in Waldberg waren Bauern aus Premich. Zehn Siedler, deren Namen urkundlich belegt sind, zogen auf den „Waltberg" und begannen mit dem Roden. 531 Morgen Land wurden zur Rodung ausgegeben.		
23,4	Verzweigung	weiter Ri. Kissinger Hütte. Die Route führt nun wieder bergan, vorbei an
26,7	Langenleiten	und dann auf schönen Waldwegen hinauf zur Rhönklubhütte
30	Kissinger Hütte (Einkehr)	weiter auf dem MTB-Ostweg Ri. **Würzburger Haus**
Die Kissinger Hütte liegt aussichtsreich auf dem 829 m hohen Feuerberg. Nur ein kleiner Wald verwehrt den 360° Rundumblick rund um die Kissinger Hütte. Weit reicht der Blick nach Nordwesten zur Wasserkuppe mit dem Radom, dem Himmeldunkberg; dahinter der Heidelstein mit seinem Sendemast. Beeindruckend auch der zum Greifen nahe Kreuzberg, der mit seinem Sendemast und dem Kloster gut erkennbar ist. Am Abend sieht man die Lichter von Bad Neustadt und Umgebung. Tel. 09701 286		
31,8	Querung der Staatsstraße beim Basaltwerk	weiter auf dem MTB-Ostweg Ri. Würzburger Haus; auf Asphaltwegen durch eine offene Weide- und Heckenlandschaft führt die Route nun zur
36,4	Platzer Kuppe	an der Verzweigung weiter auf dem MTB-Ostweg Ri. Würzburger Haus
38,6	Verzweigung	rechts weiter auf dem MTB-Ostweg Ri. Würzburger Haus
39,4	Parkplatz	Würzburger Haus (Einkehr); weiter auf dem MTB-Westweg Ri. Bischofsheim
Von dort hat man eine herrliche Aussicht ins Sinntal nach Wildflecken, zum großen und kleinen Auersberg, zur Wasserkuppe und zum Kreuzberg. Das Würzburger Karl-Straub-Haus ist ganzjährig täglich ab 10.00 Uhr geöffnet (Mittwoch Ruhetag) und verfügt über 13 Zwei- und Mehrbettzimmer. Insgesamt 39 Betten und 6 Etagenduschen. Tel. 09749 230, E-Mail: info@würzburger-haus.de		

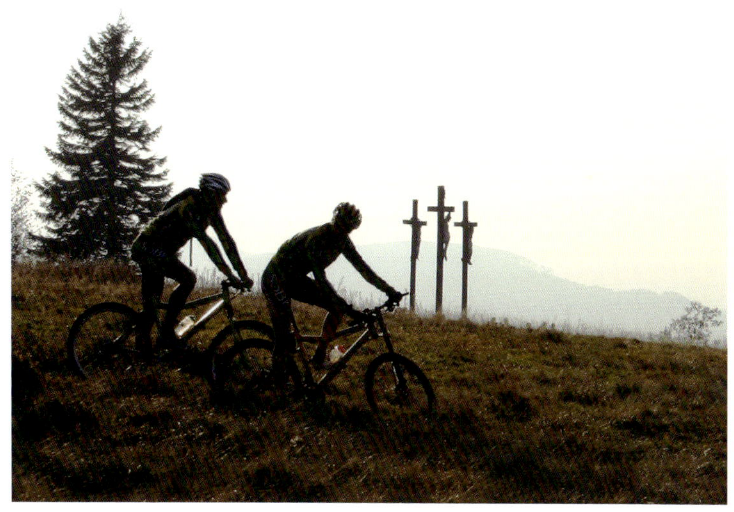

Abends bei den drei Kreuzen auf dem Kreuzberg

<table>
<tr><td>41,9</td><td>Abzweig nach Oberbach</td><td>links einbiegen</td></tr>
<tr><td>45,6</td><td colspan="2">Informationszentrum Haus der Schwarzen Berge in Oberbach (Einkehr); es hat drei Funktionen:

Umweltbildung (u.a. Ausstellung im Haus und in den Außenanlagen, nebst umweltpädagogischem Begleitprogramm, Seminarräume),

Tourist-Information und

Regionalwarenladen nebst Cafeteria.

Der Ausstellungsraum gibt Auskunft über die Geschichte der Region und erlaubt einen Einblick in die Artenvielfalt der Bergwiesen und die Entstehung der Kulturlandschaft Rhön. Unterstützt werden die inhaltlichen Aussagen durch großformatige Schautafeln und optisch/akustische anschauliche Ausstellungselementen

weiter mit Ziel Bischofsheim/Wildflecken auf dem Rfw. Rhön-Sinntal durch den Ort.</td></tr>
<tr><td>45,5</td><td>Beginn des Radweges</td><td>dem Fahrradzeichen folgen</td></tr>
<tr><td>48</td><td>Ende des Radweges</td><td>weiter dem Fahrradzeichen folgen und zurück nach</td></tr>
<tr><td>50,4</td><td>Wildflecken fahren</td><td>Ende der Tour am Rathausplatz</td></tr>
</table>

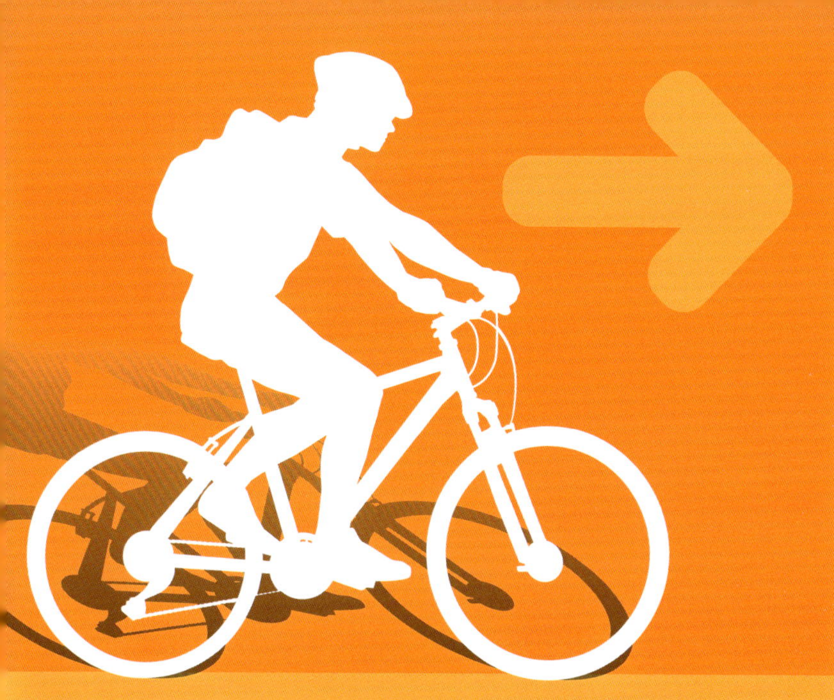

Über drei Gipfel sollt ihr biken

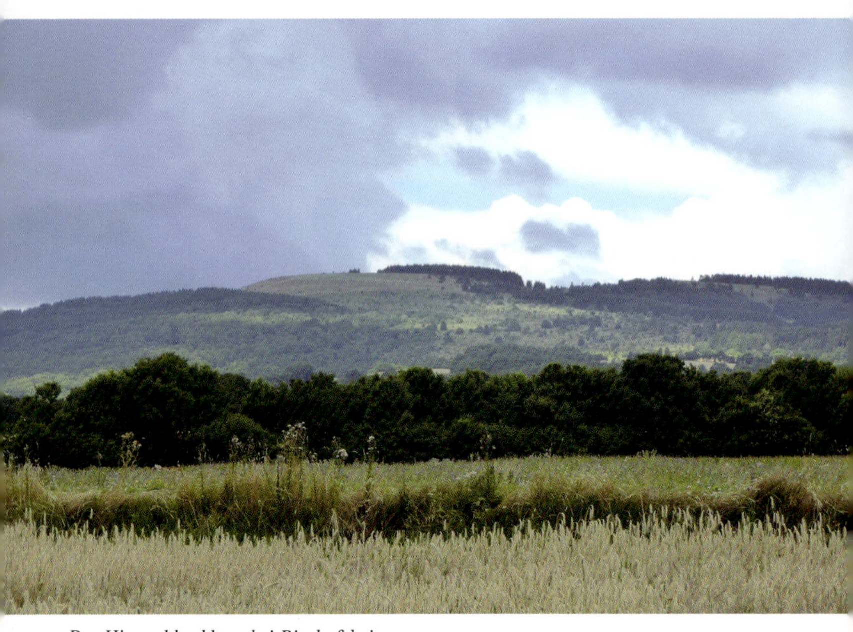

Der Himmeldunkberg bei Bischofsheim

Die markierten Mountainbike-Routen in der Rhön führen über fast alle hohen Berggipfel. Lediglich die Gipfel der Berge im Dammersfeld sind für die Öffentlichkeit nicht zugänglich, weil sich dort ein Truppenübungsplatz befindet. Die Tour über drei Gipfel hingegen führt über drei der schönsten Aussichtsberge: Nach dem Anstieg auf die Lange Rhön geht es zunächst über den **Heidelstein** mit 926 m. Danach passiert ihr die **Ulsterquelle** und folgt dem Bach bis nach Wüstensachsen, von wo es hinauf zum **Ehrenberg** und weiter bis zum mit 950 m höchsten Rhönberg, der **Wasserkuppe** geht. Am Roten Moor vorbei fahrt ihr zum Parkplatz Schwedenwall und bewältigt anschließend den beschwerlichen Anstieg zur **Hohen Hölle** und zum **Himmeldunkberg.** Von dort gibt es eine rasante Abfahrt auf Wiesenwegen nach Oberweißenbrunn und Bischofsheim. Die Rückfahrt nach Oberelsbach erfolgt dann auf dem Radweg.
Wem die Anforderungen nicht zu hoch sind, der kann sich auch noch an einem vierten Gipfel, dem des Kreuzberges, versuchen. Dazu nach der Abfahrt vom Himmeldunkberg am Jugendzeltplatz dem MTB-Wegweiser zum Kreuzberg folgen. Der Weg bis zum Gipfel ist ebenfalls als MTB-Route beschildert.

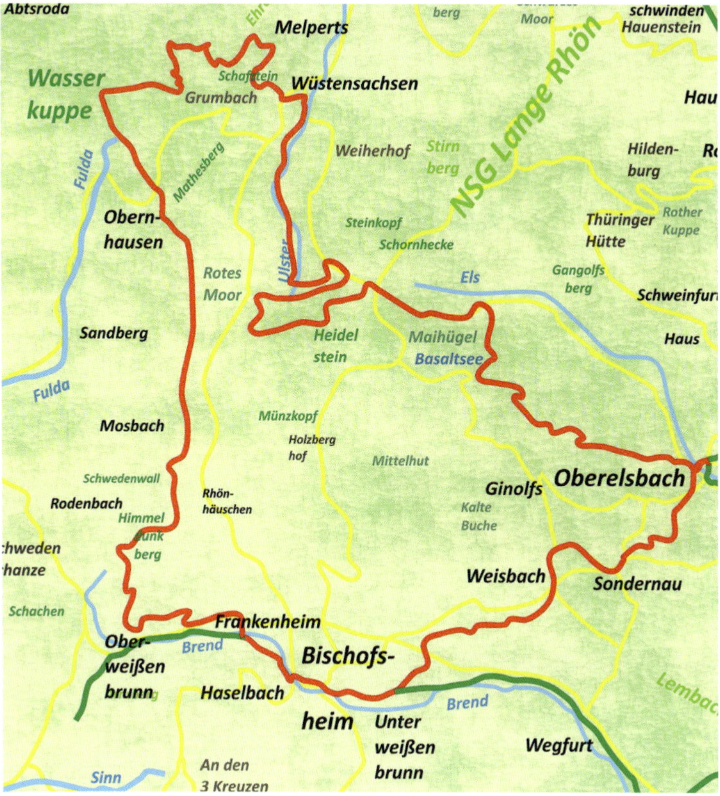

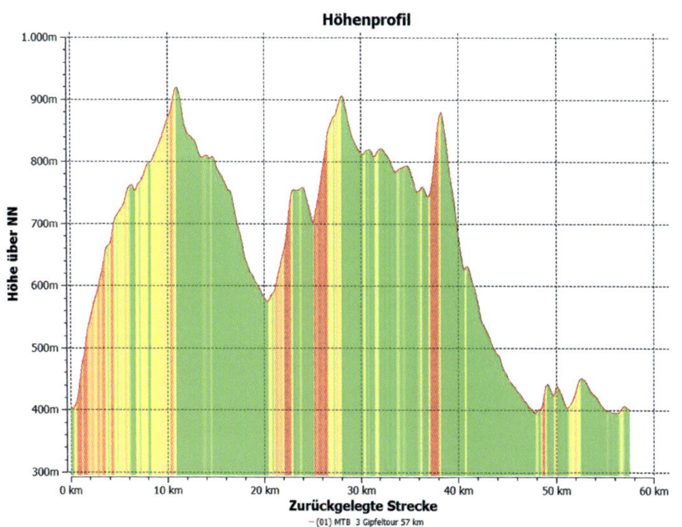
Höhenprofil
1.000m
900m
800m
700m
600m
500m
400m
300m
Höhe über NN
0 km
10 km
20 km
30 km
40 km
50 km
60 km
Zurückgelegte Strecke
— (01) MTB 3 Gipfeltour 57 km

Startort	Wegweiser am Parkplatz beim Infozentrum Haus der Langen Rhön
Länge	ca. 58 km (alternativ + 9 km)
Höhendifferenzen	ca. 1220 hm (alternativ + 340 hm)
Schwierigkeiten	einige lange und starke Steigungen
Wegweisung	Mountainbike-Routennetz
Wege	überwiegend Forst- und Feldwege, kurze Abschnitte auf der Straße
Einkehr unterwegs	Wüstensachsen, auf der Wasserkuppe, Haus am Roten Moor, Oberweißenbrunn, Bischofsheim, Weisbach
Karte	Public Press Mountainbike-Routenkarte Rhön
Alternative	ab Oberweißenbrunn zum Kreuzberggipfel

km	Standort	Zielangabe auf dem Wegweiser
0	Parkplatz beim Infozentrum in Oberelsbach	Ri. Gersfeld 25 km / Basaltsee 5,5 km
0,6	Rhönstraße	Ri. Gersfeld/Basaltsee
5,6	nördlich **Basaltsee**	Ri. Rother Kuppe 5,5 km / Thüringer Hütte 4,5 km
6,7	Straße	auf Straße links einbiegen und weiter ohne MTB-Zeichen
8,9	Kreuzung	geradeaus weiter mit der Hochrhönstraße
9,2	Links vor Parkplatz	links einbiegen auf den MTB-Westweg Ri. Bischofsheim 18,5 km / Heidelstein 2 km
11,1	**Heidelstein**	weiter dem MTB-Zeichen folgen
12,1	Kreuzung (Hütte)	rechts abbiegen und dem Zeichen des **R1a** folgen
13,2	Ulsterquelle	weiter dem Zeichen des R1a folgen
14,8	Straße	links einbiegen

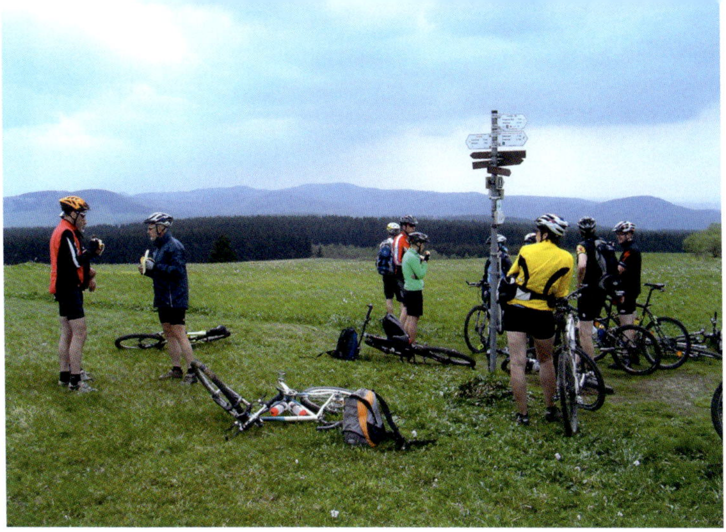

Rast auf dem Gipfel des Heidelstein

20,3	Wüstensachsen	MTB-Zeichen Ri. Milseburg 16 km / Wasserkuppe 9,5 km / Reulbach 6,5 km folgen
24	Straße	rechts auf der Straße weiter
25,1	Abzweig von Straße	links einbiegen und der **Radwegebeschilderung** folgen
28	**Wasserkuppe**	**MTB-Zeichen** vor dem Infozentrum: Ri. Bischofsheim 17,5 km / Rotes Moor 6,5 km; es geht auf der Straße weiter
30	**Straßenkreuzung**	geradeaus weiter in den Wiesenweg
32,8	Vzwg. **Rotes Moor**	ab hier dem **MTB-Westweg** Ri. Bischofsheim 14 km / Schwedenwall 2,5 km folgen
36	Parkplatz Schwedenwall	weiter mit dem MTB-Zeichen
37,1	Verzweigung	links dem Westweg Ri. Bischofsheim folgen. Alternativ geht es auch geradeaus weiter nach Bischofsheim; der Weg ist etwas kürzer und führt nun noch bergab, während der über den Himmeldunkberg recht steil und beschwerlich ist.

38,6	**Himmeldunkberg**	dem MTB-Zeichen nach Bischofsheim folgen
40,6	**Jugendzeltplatz Oberweißenbrunn**	weiter dem MTB-Zeichen nach Bischofsheim folgen oder dem MTB-Zeichen Kreuzberg 8,5 km, das zunächst durch Oberweißenbrunn in das obere Sinntal und danach hinauf zum Kreuzberg führt
45,7	Bischofsheim Zentralparkplatz	ab hier **den Zeichen des Radfernweges Rhön-Sinntal und Rhönradweges** bis Oberelsbach folgen
47,8	Abzweig Unterweißenbrunn	links Ri. Fladungen 26 km / Oberelsbach 9,2 km abbiegen
57,6	Ende der Tour am Parkplatz in **Oberelsbach**	

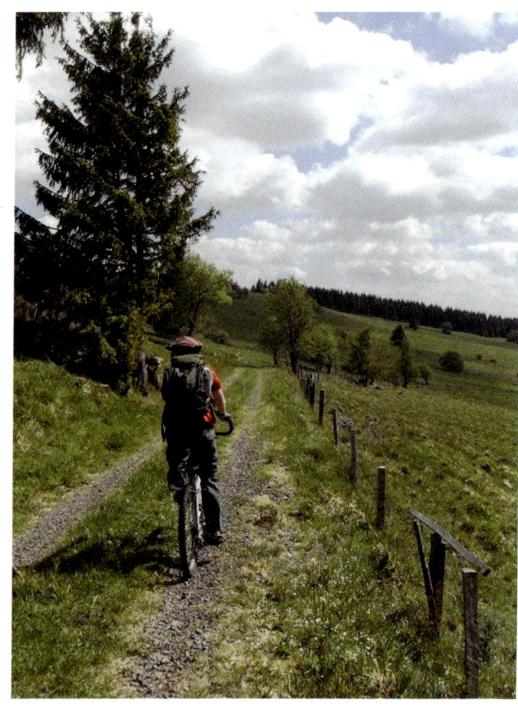

Durch die Weidelandschaft am Stirnberg

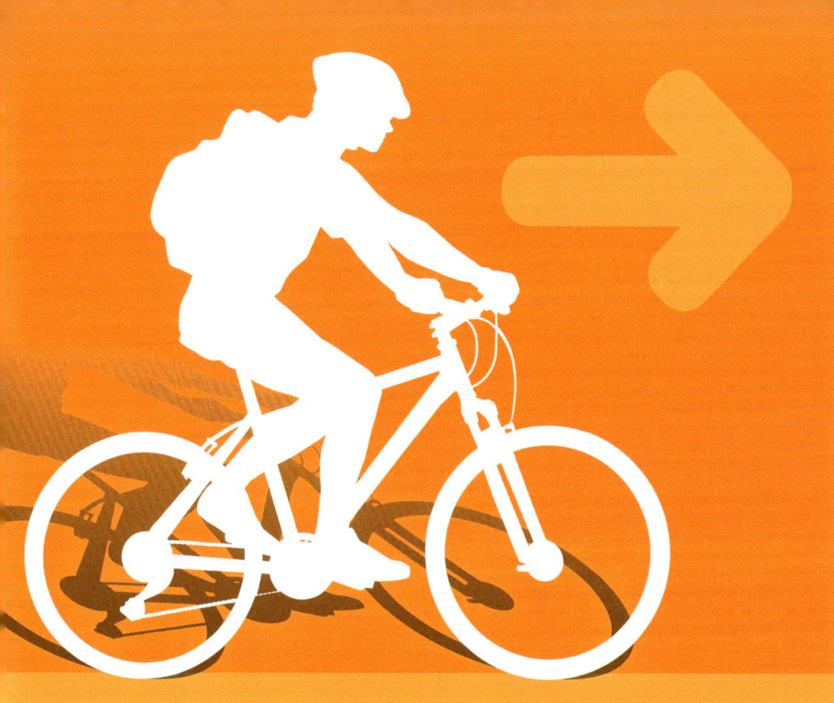

Genussvolle Bergabfahrten

Die höchsten Berge der Rhön sind knapp 1000 m hoch, die meisten Orte an den Hängen der Hochrhön liegen so um die 450 m hoch, aber andere wie z. B. Premich in der Südrhön, nur um die 300 m. Ergibt im besten Fall rund 600 hm, die man mit dem Mountainbike bergab fahrend zurücklegen könnte. Natürlich auch bergauf, aber darum geht es hier ausnahmsweise mal nicht.

Das Rhöner Mountainbike-Netz ist, wie der Name schon sagt, ein Netz aus einzelnen Streckenabschnitten, die dort, wo sie auf andere Abschnitte treffen, miteinander verbunden sind. An diesen Stellen stehen Wegweiser, auf denen steht, wohin es auf den anderen Strecken geht und wie weit es zu den angegebenen Zielen ist. Dazwischen wird der Weg mit kleinen Richtungswegweisern gewiesen. Auf den Ziel- und Entfernungswegweisern befinden sich meistens zwei Ziele, es können aber auch bis zu vier sein. Man hat also in der Rhön die Möglichkeit, sich seine Touren selbst zu „schneidern“ oder Tourenvorschlägen zu folgen, wie sie in meinen MTB-Büchern zu finden sind.

Aktuell habe ich nun noch ein völlig anderes Angebot geschneidert: Es sind lange Abfahrten auf den markierten Routen des MTB-Routennetzes, keine Downhill-Touren, sondern Genussabfahrten, auf denen man schon ab und zu anhalten sollte, um die Natur und Landschaft zu genießen oder um in einer der zahlreichen Berghütten einzukehren. Ergänzt werden die Touren durch das Angebot der verschiedenen Freizeitbusse in der Fränkischen Rhön und im Landkreis Fulda: Alle bringen euch (i.d.R. am Wochenende) samt eurem Bike zu den Startplätzen oder zumindest in deren Nähe. Und dann geht es fast nur noch bergab.

Trotz der GPX-Dateien rate ich immer zu einer MTB-Karte, damit man den Überblick behält. Es gibt eine Rad-und MTB-Karte im Fritsch-Verlag und eine MTB-Karte des Public-Press-Verlages Geseke. Noch ein paar Worte zu den angegebenen Daten: Sie wurden vom Magic-Maps-Tour-Explorer auf der Basis der Topo 1:25.000 erstellt. Um zu einem realistischen Ergebnis zu kommen, wurde der Track einer MTB-Tour genutzt, um die Dämpfung der errechneten Höhenmeter des GPS-Programms Tour Explorer von MagicMaps richtig einzustellen. Beim Abbilden der Höhenprofile wurde Wert auf Vergleichbarkeit gelegt.

Die Ausweisung, Beschreibung und Unterhaltung der markierten Strecken erhebt keinen Anspruch auf Vollständigkeit. Die Kilometer- und Höhenangaben sind zwar sorgfältig ermittelt worden, doch können sich durch die unterschiedlichen Tachos, aber auch durch nachträgliche Änderungen des Wegeverlaufs, Differenzen ergeben.

Eine ganz große Bitte zum Schluss: Bitte im Begegnungsverkehr mit anderen Menschen auf dem Weg Rücksicht nehmen und auf jeden Fall die Geschwindigkeit so drosseln, dass man kurzfristig anhalten kann. Und macht euch bei der Annäherung an Wanderer rechtzeitig bemerkbar, durch Klingeln (hat man nicht so gerne, weil viele dadurch erschrecken) oder einfach durch Zuruf („Hallo“).

SL = Streckenlänge, HV = Höhenverlust, Stu = Steigung unterwegs, HP = Starthöhe, TP = Tiefster Punkt

01 Kreuzberggipfel - Neustädter Haus - Sandberg - Premich

SL 12 km > HV 645 m > Stu 10 m HP in 920 m Höhe TP 288 m

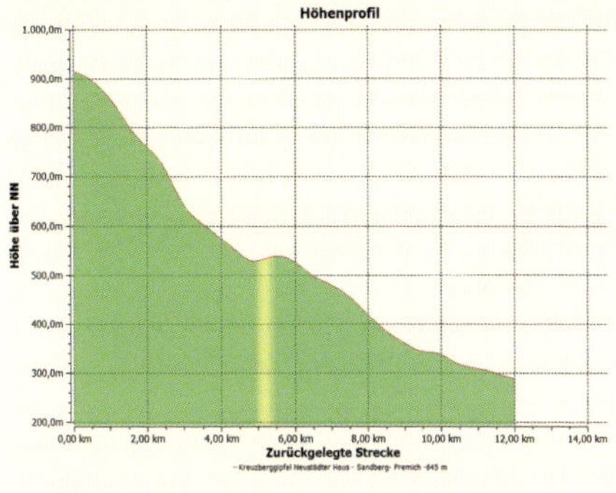

Vom Gipfel geht es zunächst auf einem Wiesenweg, dann auf einem alten, mit Basaltsteinen durchsetzten Weg, auf Forstwegen vorbei am Neustädter Haus, vorbei am Kilianshof, auf der Straße durch Sandberg, am MTB-Wegweiser Ortsende (in der Haarnadelkurve) rechts in den Feldweg (Sandberger Trift) nach Premich. Mögliche Weiterfahrt (bergauf mit Steigungen) ab dem MTB-Wegweiser ca. 1 km vor Premich über Langenleiten zum Kissinger Haus auf dem Feuerberg oder über Waldberg zum Guckaspass und von dort zurück zum Kreuzberg.

02 Kreuzberggipfel – Neustädter Haus – Wegfurt

SL > 9,5 km > HV-577 m > Stu +0 m > HP 920 M > TP 354 m

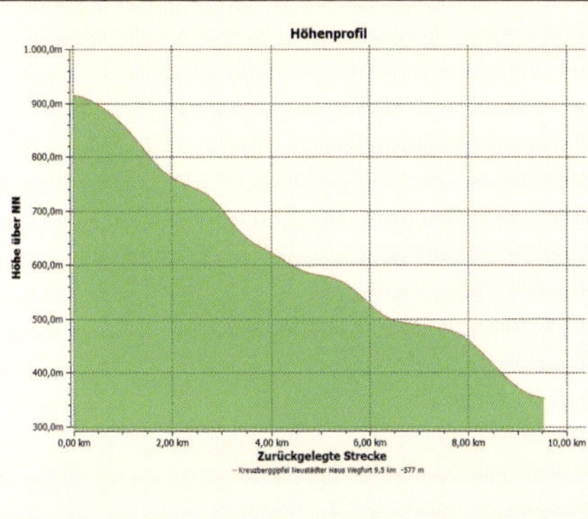

Diese Abfahrt verläuft bis zum Neustädter Haus auf den gleichen Wegen wie Ziff. 01. Ab dem dortigen MTB-Wegweiser folgt sie dann der MTB-Route zum Irenkreuz, führt bis zum nächsten MTB-Wegweiser über die Unterweißenbrunner Trift, dann rechts Richtung Wegfurt, vorbei an den „Eisenlöchern“ (ehemalige Abbaustellen eisenhaltigen Gesteins) nach Wegfurt. Dort trifft sie auf die durch das Brendtal führende CrossCountry-Route, auf der man in Richtung Bischofsheim oder Bad Neustadt fahren kann. In der dritten Richtung geht es von dort zu den MTB-Routen im Gebiet der Langen Rhön.

03 Kreuzberggipfel – Neustädter Haus – Unterweißenbrunn

SL > 7,5 km > HV -540 m > Stu+0 m > HP 920 M > TP 390 m

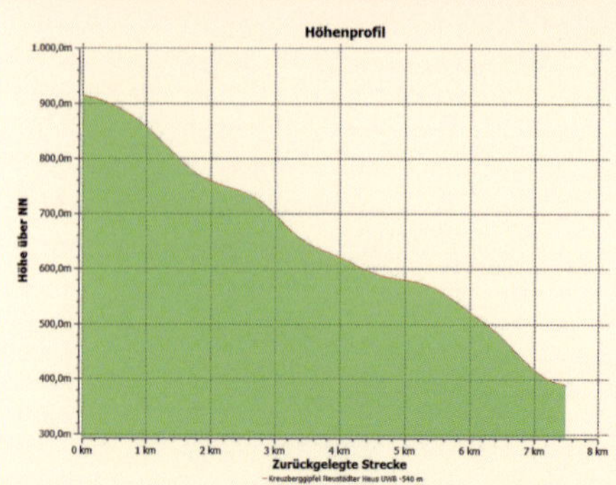

Verlauf überwiegend wie Ziff. 02, führt aber ab dem vorletzen Wegweiser geradeaus weiter zum Brendtalradweg.

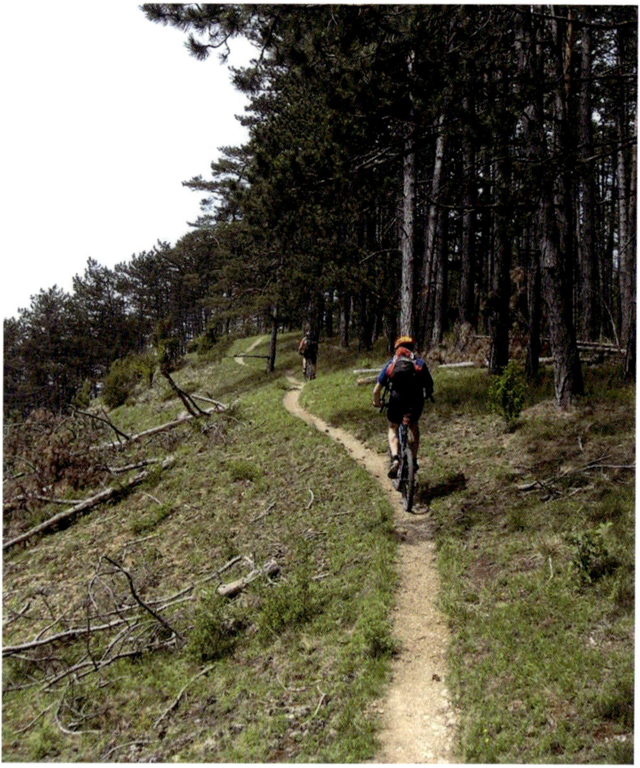

04 Kreuzberggipfel – Neustädter Haus – Haselbach

SL > 5,8 km > HV-490 m > Stu +0 m > HP 920 M > TP 445 m

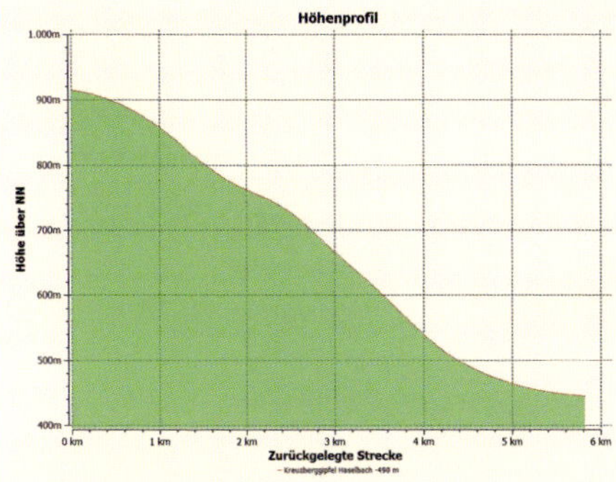

Vom Kreuzberggipfel wie 01 zum Neustädter Haus: Dann auf dem steilen Haselbacher „Alten Vieheweg“ , vorbei an den Wintersport-Parkplätzen zur Linde in Haselbach. Dort geht es mit der MTB-Route links weiter zum Bischofsheimer Marktplatz oder rechts wie Ziff. 05 wieder hinauf zum Kreuzberg.

05 Kreuzberggipfel – Haselbach – Bischofsheim-Marktplatz

SL > 8 km > HV -490 m > Stu 0 m > HP 920 M > TP 436 m

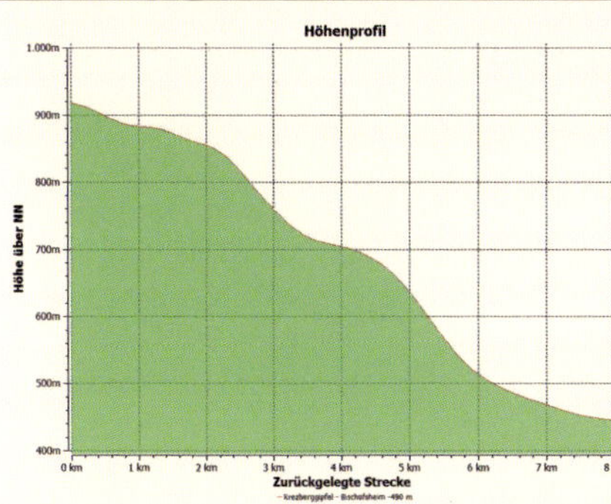

Vom Kreuzberggipfel zunächst vorbei am Kloster Kreuzberg; 100 m vor dem Parkplatz links auf der Alten Kreuzbergstraße (MTB-Westweg) hinunter zum Sattel zwischen Kreuzberg und Arnsberg. An der Einmündung an der Straße von Wildflecken rechts weiter mit dem MTB-Westweg in das Feriendorf, auf der Straße hindurch und am Ende der Straße bei den Ski-Sprungschanzen auf dem Tränkweg hinunter nach Haselbach und Bischofsheim.

06 Kreuzberggipfel – Wildflecken

SL > 10,5 km > -HV 436 m > Stu +5 m > HP 920 M > TP 496 m

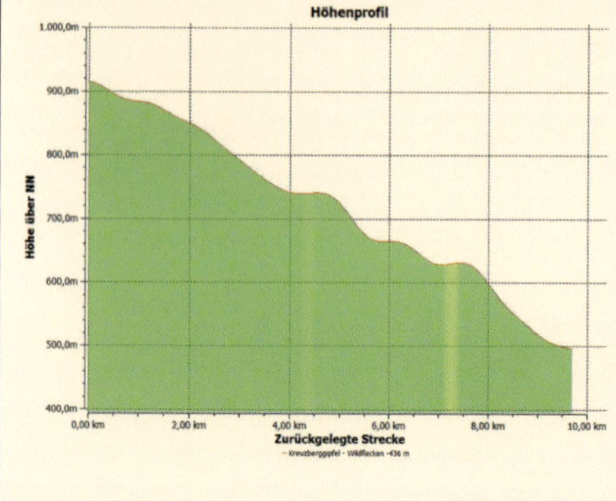

Vom Kreuzberggipfel zunächst zum Kloster; dort mit dem MTB-Westweg weiter in Richtung Guckaspass. Die Route verläuft auf Forstwegen, danach auf einem Singletrail zum Parkplatz am Guckaspass. Weiter mit dem MTB-Westweg auf Waldwegen zum Waldort Eiserne Hand und am dortigen MTB-Wegweiser in Richtung Wildflecken.

07 Wasserkuppe – Parkplatz Schwedenwall – Bischofsheim

SL > 15,4 km > HV -494 m > Stu +0 m > HP 950 M > TP 436 m

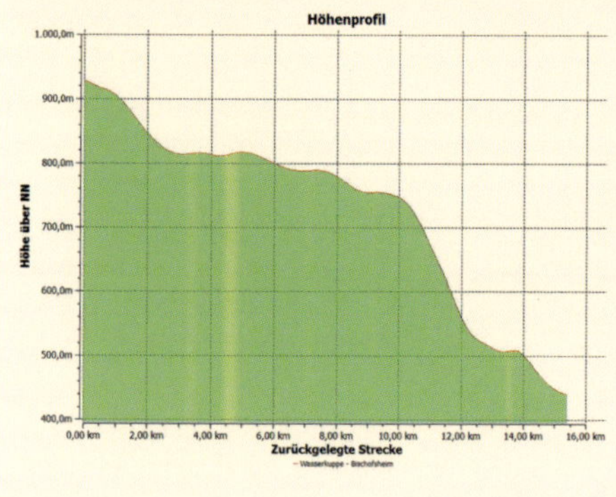

Diese hessisch-fränkische Abfahrt beginnt am höchsten Punkt der Rhön beim Denkmal auf der Wasserkuppe. Dort ist allerdings sehr reger Fußgängerbetrieb, weswegen hier besondere Rücksicht zu nehmen ist. Die Abfahrt führt dann zum Infozentrum an der Straße und zunächst weiter auf ihr zur Kreuzung mit der Bundesstraße. Gegenüber der Einmündung führt die MTB-Route nun auf Forstwegen zum Roten Moor und auf der „Alten Reichsstraße" weiter zum Parkplatz am Schwedenwall. Nach dem Parkplatz wieder auf Wirtschaftswegen über die Gibitzenhöhe hinunter zum Bischofsheimer Marktplatz.

08 Heidelstein - Rotes Moor – Ppl. Schwedenwall – Gibitzenhöhe – Bischofsheim

SL > 12 km > HV -483 m >Stu +3 m > HP 921 M > TP 436 m

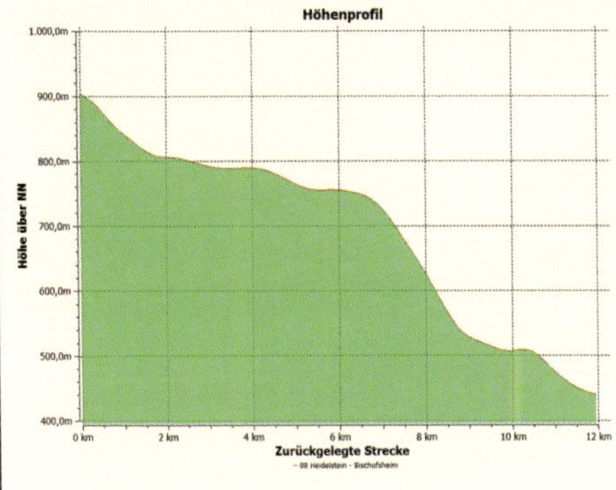

Der Gipfel des Heidelsteins ist von Fränkischer Seite ab dem Parkplatz Schornhecke zu erreichen. An diesem Parkplatz hält am Wochenende der Hochrhönbus, der auch Fahrrader mitnehmen kann. Auf hessischer Seite ist es der Parkplatz am Roten Moor, wo der Hochrhönbus auf seiner Fahrt zum oder vom Gersfelder Bahnhof ebenfalls hält.

Die zunächst relevante MTB-Route ist in jedem Fall der MTB-Westweg, der vom Parkplatz Schornhecke zum Gipfel und dann hinunter zum Roten Moor führt. Dort geht es dann wie Ziff. 07 auf der Alten Reichsstraße zum Schwedenwall über die Gibitzenhöhe hinunter nach Bischofsheim.

09 Heidelstein - Holzberg – Teufelsmühle - Bischofsheim

SL > 10,5 km > -HV 483 m > +25 m > HP 921 M > TP 436 m

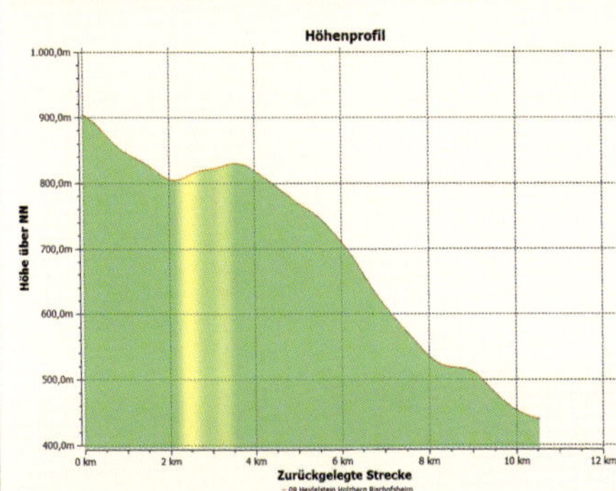

Für die Anfahrt zum Gipfel gilt das gleiche wie zu Ziff. 08. Es geht hinunter in Richtung Rotes Moor, doch noch vor dem Haus am Roten Moor links auf einem Forstweg weiter in Ri. Holzberghof. Dort kurz auf der asphaltierten Zufahrtsstraße weiter und gleich nach der Brücke über den Schwarzbach rechts in den MTB-Weg.

Er führt nun durch die Schwarzbachschlucht, vorbei an der Teufelsmühle, zum Bischofsheimer Marktplatz.

10 Heidelstein - Kalte Buche - Wegfurt

SL > 16 km > HV -570 m > Stu +38 m > HP 921 M > TP 354 m

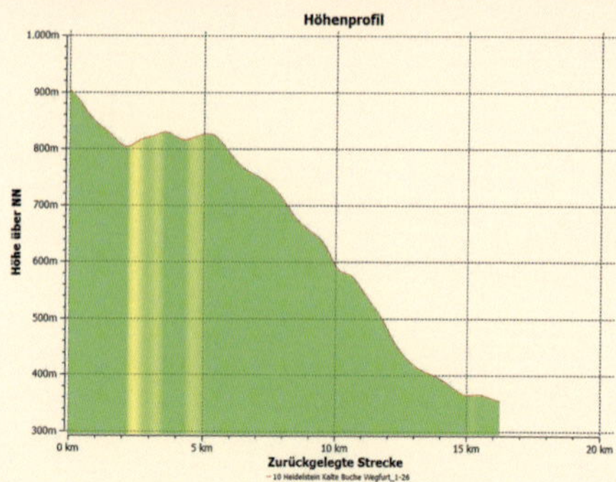

Diese Route verläuft zunächst wie Ziff. 09, führt dann jedoch nicht zum Holzberghof, sondern am Wegweiser (1 km vor der Hochrhönstraße) weiter mit dem MTB-Westweg in Richtung Schwarzes Moor. Nach der Querung der Straße geht es vorbei an der Weißbacher Jungviehweide (Info-Tafel links am Weg) und am darauffolgenden MTB-Wegweiser rechts zur Kalten (= hochgelegenen) Buche (sehr schöner Ausblick). Noch ein paar Meter auf Asphalt, dann biegt die MTB-Route auf mit Gras bewachsene Wege ab und führt zwischen Viehweiden hindurch nach Weisbach. Der Ort wird durchquert, die Staatsstraße überquert, dann geht es auf dem Fahrradweg in Richtung Bischofsheim. Nach gut einem Kilometer zweigt die MTB-Route links vom Fahrradweg ab und führt ins Brendtal zum Bischofsheimer Ortsteil Wegfurt. An der Bundesstraße kreuzt die MTB-Route zunächst den Brendtalradweg > links Ri. Bad Neustadt, rechts Ri. Bischofsheim < geradeaus 100 m zur Cross-Country-Route durch das Brendtal, auf der es sowohl zu den beiden Orten als auch hinauf zum Kreuzberg geht.

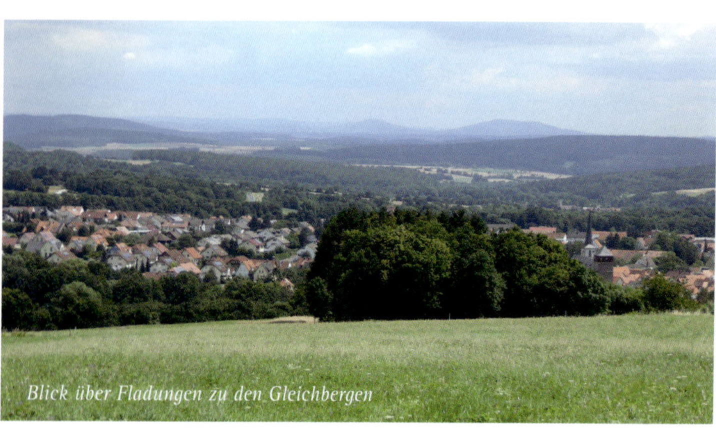

Blick über Fladungen zu den Gleichbergen

11 Wasserkuppe – Guckaisee – Poppenhausen

SL > 7,9 km > HV-460 m > +2 m > HP 950 M > TP 464 m

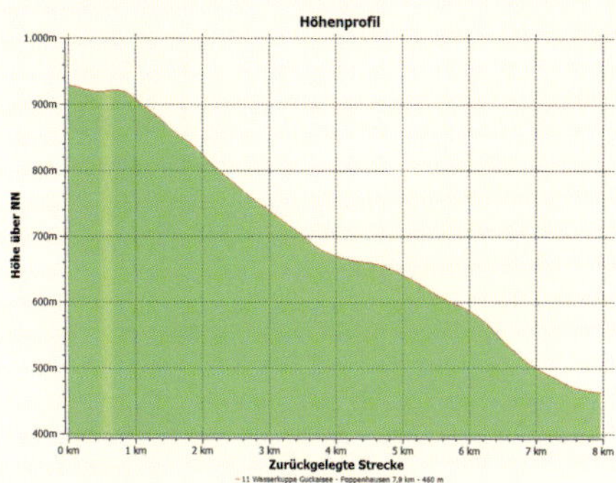

Mir kommt das Gebiet um den Guckaisee immer so vor, als fahre man in einen Vulkanschlot. Soll aber angeblich keiner gewesen sein. Doch immerhin gibt es auf dem Geologischen Wanderpfad (MTB sind tabu) viele Hinweise auf vulkanische Aktivitäten an der Wasserkuppe.

Diese sehr schöne Route verläuft ausschließlich in Hessen, beginnt am höchsten Punkt der Rhön bei ca. 950 m, hat aber den Nachteil, dass sie bis zum Guckaisee auch **sehr stark von Wandereren** frequentiert wird. Also bitte: Vor- und Rücksicht!

Anfangs geht es in Serpentinen hinunter zum Guckaisee. Danach eher auf breiten Feldwegen, vorbei an schönen Bildstöcken mit immer gleichmäßigem Gefälle und mit toller Aussicht hinunter nach Poppenhausen.

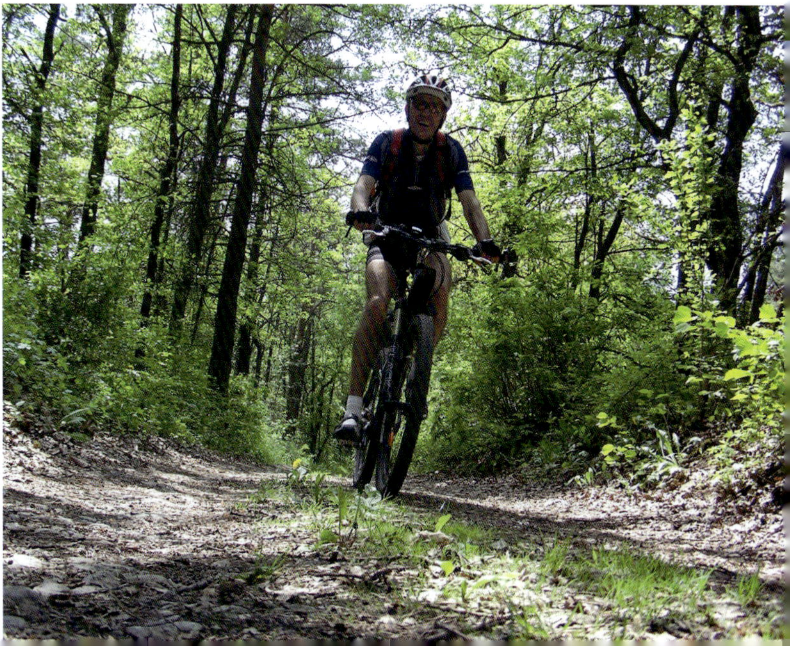

12 Wasserkuppe – Obernhausen – Gersfeld

SL > 8,9 km > HV -455 m > Stu+0 m > HP 926 > TP 496 m

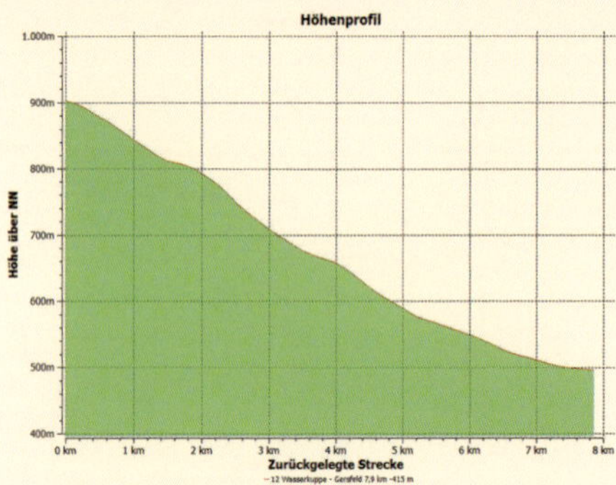

Der „Klassiker" des Bergradelns in der Rhön. Schon lange vor der Zeit des MTB als Fuldatal-Radweg markiert, begann er direkt an der Fuldaquelle, ca. 100 m unterhalb des Wasserkuppen-Gipfels.

Die Tour beginnt beim Radom, der ehemaligen Schutzhülle eines Nato-Radarschirmes, fast auf dem Gipfel der Wasserkuppe. Es geht dann zum lebhaften touristischen Zentrum und dann 500 m auf der Straße zur Fuldaquelle, wo rechts die Fahrradroute nach Gersfeld und damit deren lange Abfahrt beginnt. Zunächst auf teils holprigen Wegen, dann ein kurzes Stück auf der Bundesstraße, durch Obernhausen hindurch und dann immer entlang der Fulda, vorbei an Viehweiden mit meist neugierigen Kühen, hinunter nach Gersfeld. Dort trifft man auf den Radweg, der über die Schwedenschanze nach Bischofsheim führt und unterwegs auch noch MTB-Routen, z. B. die über den Himmeldunkberg, tangiert. In der anderen Richtung geht es zum Bahnhof oder weiter entlang der Fulda.

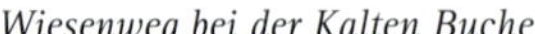

Wiesenweg bei der Kalten Buche

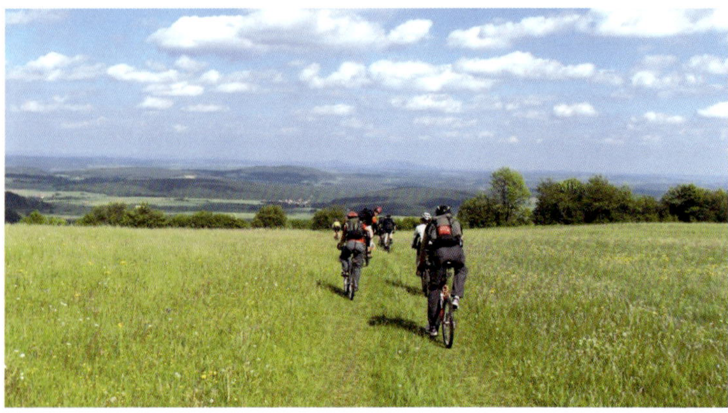

13 Heidelstein – Schornhecke – Basaltsee – Oberelsbach

SL > 10,7 km> -HV 523 m > Stu +5 m > HP 921 > TP 402 m

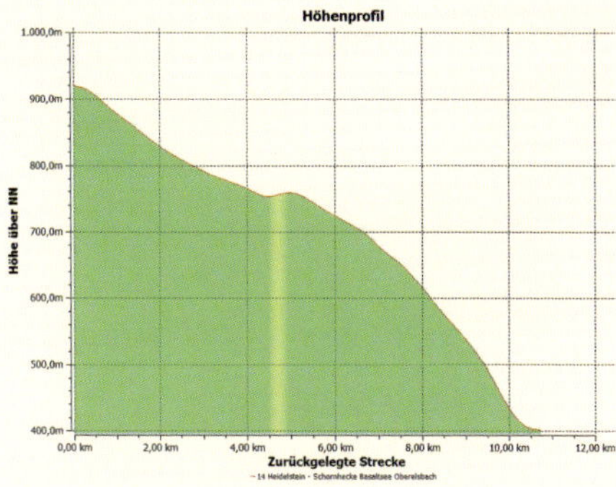

Diese wirklich schöne Tour hat auf ihrem ersten Abschnitt mit gut 4 km einen großen Anteil an Asphalt. Doch der darauffolgende Abschnitt macht alles wieder wett. Man erreicht den Heidelsteingipfel wie in Ziff. 08 beschrieben. Es geht dann zunächst hinunter zum Parkplatz Schornhecke und dort rechts auf der Straße und ohne MTB-Markierung weiter bis zu einem Gebäude. Dort rechts einbiegen. Die steinige markierte MTB-Route führt zum Basaltsee, der allerdings nicht direkt an der Route liegt. Am MTB-Wegweiser, gut einen Kilometer nach der Straße, geht es links weiter in Richtung Oberelsbach (geradeaus weiter: Abstecher zum Basaltsee mit Getränkekiosk und kleinen Speisen). Die MTB-Route führt holprig und fahrtechnisch anspruchsvoll weiter bergab, vorbei an einem Gebäude mit Viehstall. Einen Kilometer weiter verlässt man die markierte MTB-Route und fährt (halblinks) auf dem Single-Trail mit dem blauen Zeichen weiter, zunächst an einer kleinen Kapelle mit Quelle, dann entlang des Waldrandes. Im letzten Teil der Route wird es dann richtig steil und rutschig. Hier gab schon etliche Stürze! Also kontrolliert fahren. Am Infozentrum Haus der Langen Rhön in Oberelsbach endet die Route.

14 Kreuzberggipfel – Guckaspass - Eiserne Hand - Oberbach

SL > 10,5 HV 460 m > Stu +38 m > HP 921 > TP 518 m

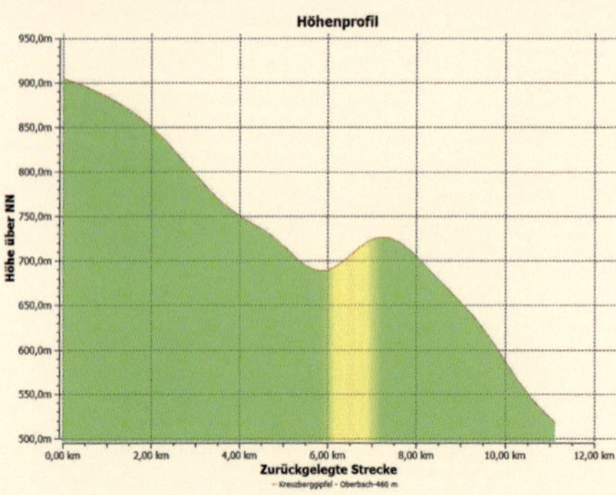

Wie man dem Diagramm entnehmen kann, ist dies keine reine Abfahrt. Es geht zwischen dem Wegweiser an der Eisernen Hand (nach Wildflecken) und dem darauffolgenden (zur Kissinger Hütte) sogar recht steil bergauf. Doch dann nur noch abwärts in das Tal der Oberen Sinn bei Oberbach.

Vom Kreuzberggipfel bis zur Eisernen Hand verläuft diese Route wie Ziff. 06. Am MTB-Wegweiser an der Eisernen Hand geht es mit dem MTB-Westweg weiter in Richtung Würzburger Haus, doch nach der Steigung, am nächsten Wegweiser, rechts weiter und hinunter nach Oberbach. Dort trifft man auf den Radfernweg Rhön-Sinntal. Auf ihm kann man rechts in Richtung Bischofsheim, links nach Bad Brückenau fahren.

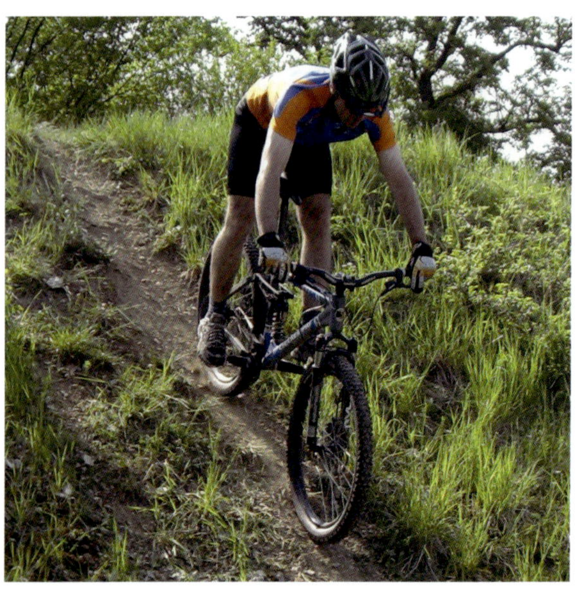

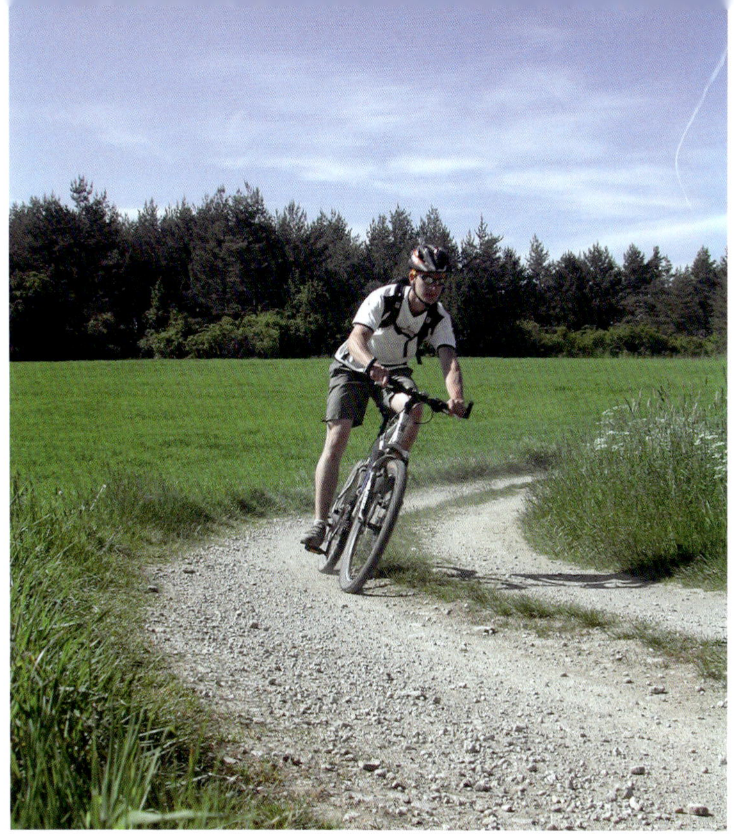

Der Kreuzberg-Flowtrail

Der Flowtrail Kreuzberg in der Rhön, oberhalb von Bischofsheim a. d. Rhön gelegen, wurde von Mountainbikern aus der Umgebung in Zusammenarbeit mit der Stadt Bischofsheim und dem RWV Haselbach e. V. gebaut. Er ist knapp 2 km lang und hat ein Gefälle von 180 hm. Da geht's mächtig zur Sache! Er ist der längste Flowtrail in Bayern und hat über 50 Obstacles mit Anlieger, Wellen, Tables, Sprünge und einem North-Shore-Element. Das verspricht viel Spaß und Action auf dem Trail.
Auch die Infrastruktur ist gut: Nur wenige hundert Meter vom Trail entfernt befindet sich ein Wanderparkplatz, wo man sein Auto abstellen kann, und als Einkehrmöglichkeit das Neustädter Haus. Der Kletterwald Kreuzberg ist ebenfalls gleich um die Ecke.

Weitere Infos unter: www.flowtrail-kreuzberg.de

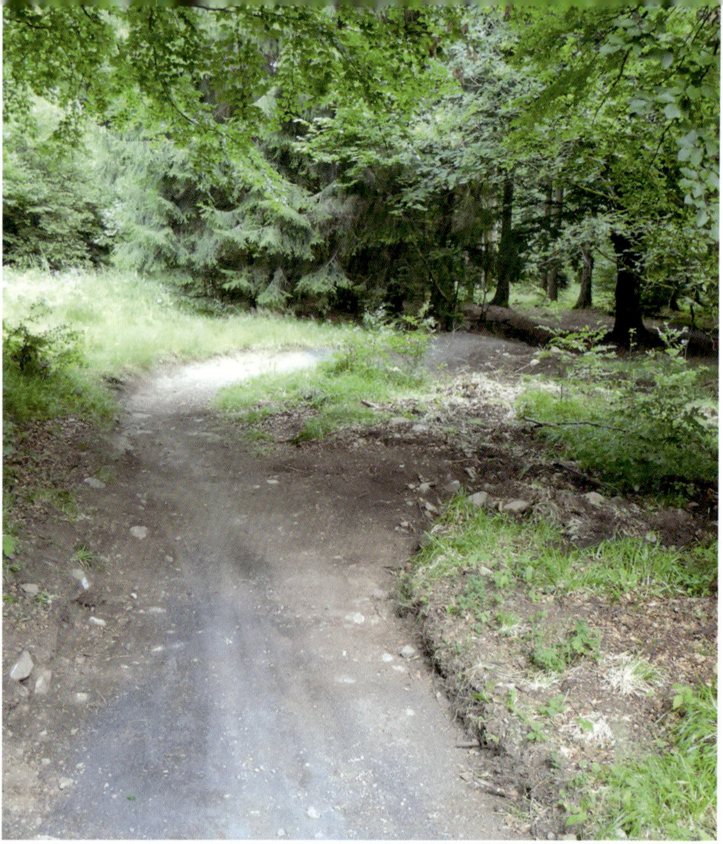

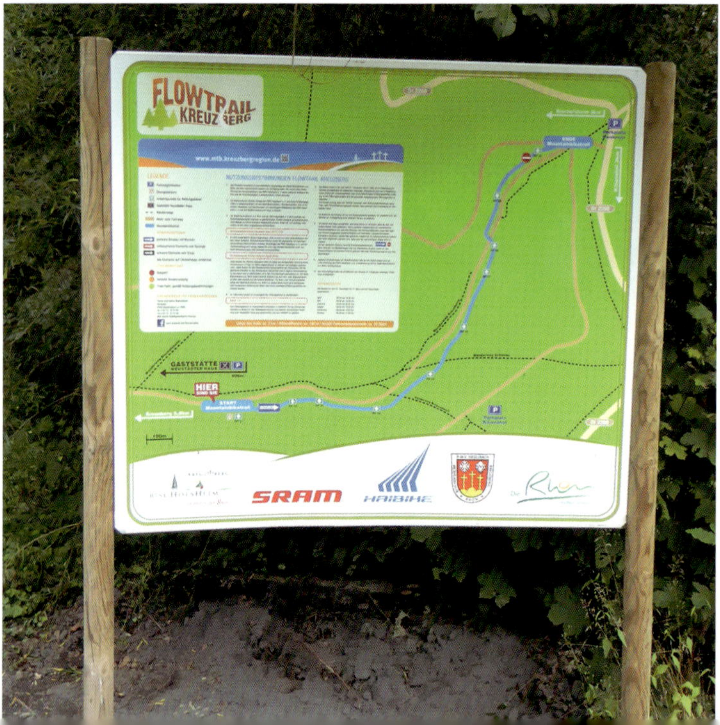

FLOWTRAIL
KREUZBERG
www.mtb.kreuzbergregion.de
GASTSTÄTTE
HIER
START
ENDE
SRAM
HAIBIKE

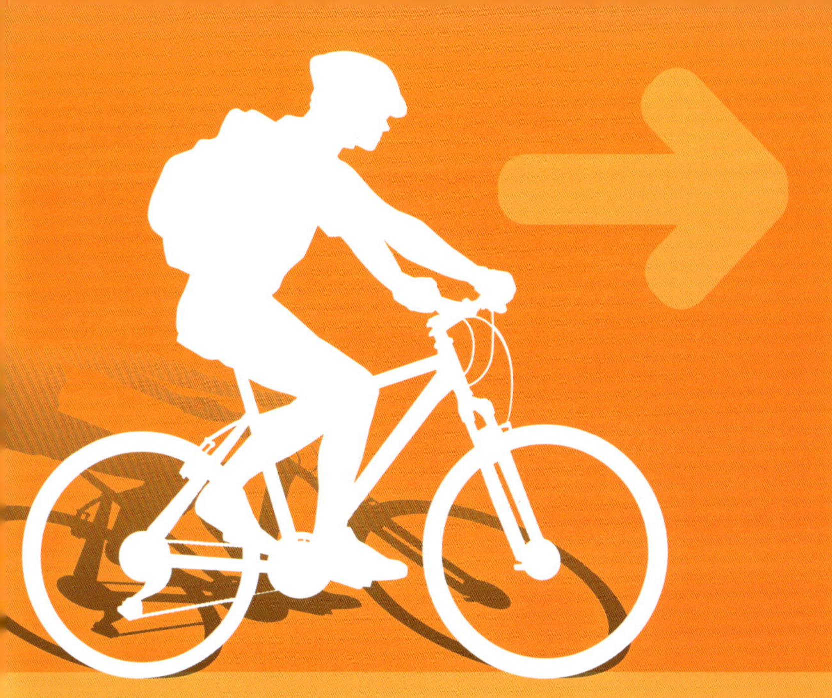

Bike & Hike

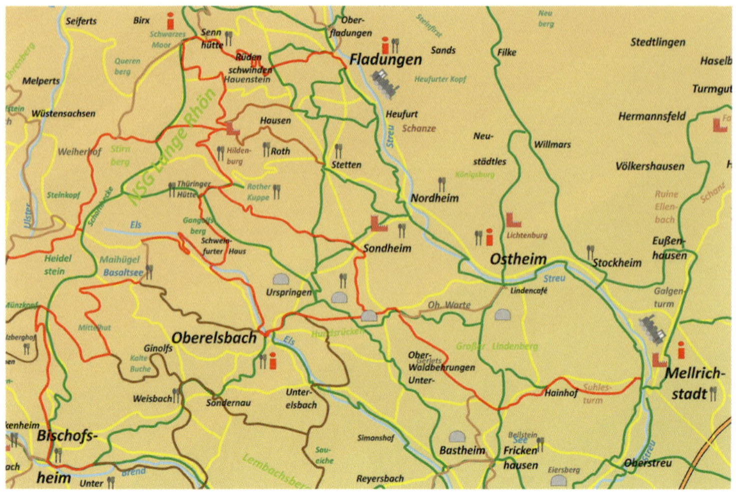

Wo wir aus Naturschutzgründen nicht mit dem Fahrrad fahren können oder dürfen, wo es aber interessant und vielleicht am schönsten ist, macht Bike & Hike Sinn. Es ist in der Rhön immer angesagt, wenn man als Mountainbiker das Schwarze oder das Rote Moor oder das Naturschutzgebiet am Gangolfsberg erkunden möchte, was nur ohne Bike geht. Nun möchte man ja sein Bike nicht so unbeaufsichtigt in der Gegend herumstehen lassen, selbst wenn man es anschließt. Doch am Schweinfurter Haus, in der Nähe des Gangolfsberges, befindet sich eine Rhönklubhütte und dort kann man seine Bikes gut abstellen. Wir haben nachgefragt und konnten dann die Bikes sogar in einem Schuppen unterstellen.

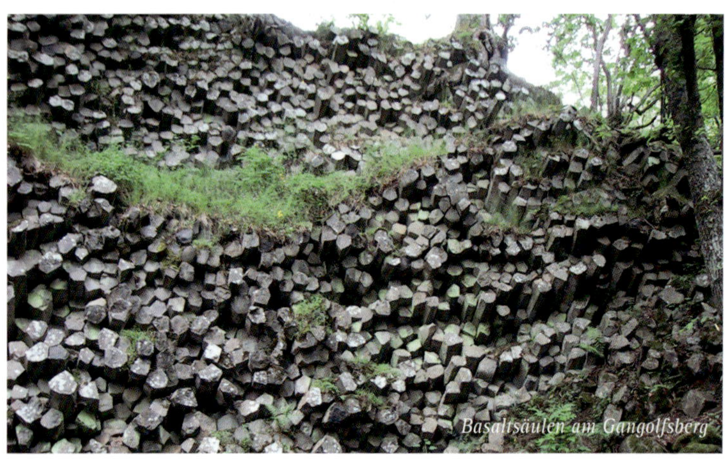
Basaltsäulen am Gangolfsberg

Zum Naturwaldreservat am Gangolfsberg

Markierung	Mountainbike-Routennetz
Wege	Asphalt, Schotter, Naturwege
Einkehrmöglichkeiten	im Schweinfurter Haus und in allen Orten am Weg
Bike-Parkstation	am Schweinfurter Haus
Karte	siehe Serviceteil
Infos zum Naturwaldreservat und zur frühzeitlichen Festungsanlage	Faltblatt Naturlehrpfad Gangolfsberg, erhältlich u.a. im Haus der Langen Rhön; Buch „Vorzeitspuren in Rhön-Grabfeld" (Buchhandel)
Interessantes am Weg	Haus der Langen Rhön in Oberelsbach

Einige Startorte für die Tour:
(orange sind die jeweiligen Ziele auf den Wegweisern)

Ab **Bischofsheim** fährt man auf dem MTB-Ostweg mit Richtung Schwarzes Moor bis zum Schweinfurter Haus.
Rückweg wie Hinweg oder auf der MTB-Route (Wegweiser in der Nähe des Schweinfurter Hauses) nach Oberelsbach und danach auf dem Radfernweg Rhön-Sinntal nach Bischofsheim.
Mittelschwere Tour – ca. 40 km.

Von **Fladungen** fährt man über Rüdenschwinden zum Schwarzen Moor und dort weiter auf dem MTB-Ostweg in Richtung Bischofsheim zum Schweinfurter Haus.
Der Rückweg: MTB-Route nach Oberelsbach und danach auf dem Radfernweg Rhön-Sinntal nach Fladungen.
Mittelschwere Tour – ca. 45 km.

Ab **Mellrichstadt (Parkplatz Streuwiese)** geht es auf der MTB-Route Richtung Basaltsee bis Oberelsbach und dort Ri. Schweinfurter Haus.
Rückweg auf dem MTB-Ostweg bis zur Thüringer Hütte, dann weiter auf der Zielroute nach Mellrichstadt zum Ausgangsort.
Mittelschwere Tour – ca. 46 km.

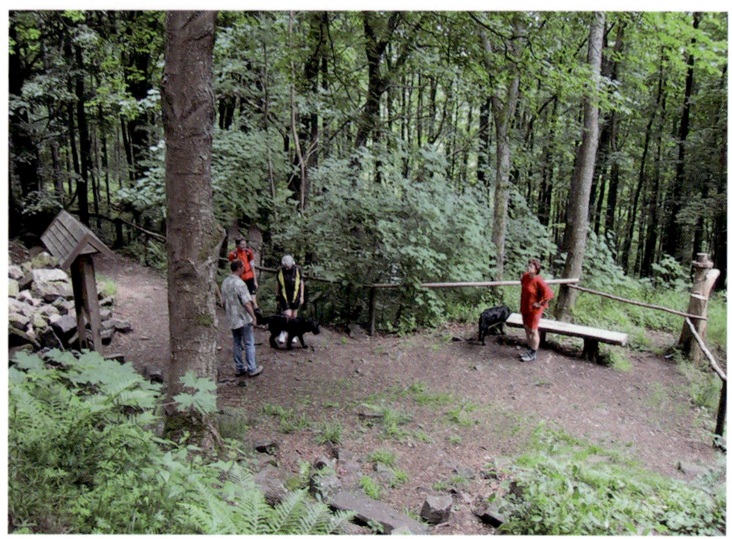

Bike & Hike auf dem Lehrpfad am Gangolfsberg

Der Wald am vom Basalt bedeckten Gipfel des Gangolfsberges, seine Steilhangbereiche sowie auch die Waldschlucht des Elsbaches wurden schon immer extensiv genutzt. Dann wurde 1978 von der Bayer. Staatsforstverwaltung ein großes Areal als Naturwaldreservat ausgewiesen. In diesem Reservat findet seitdem keine forstliche Nutzung mehr statt. Der Wald wird dadurch zu einem Urwald.

Schon das alleine wäre ein Grund, dort einmal hinzugehen, denn wer war schon einmal in einem Urwald? Doch ein lohnendes Ziel ist der Gangolfsberg auch wegen seiner Prismenwand, wo der Basalt zu kantigen Säulen erstarrt ist, die z. T. waagrecht aus der Wand herausragen. Ein weiteres Highlight ist auch der sagenumwobene Teufelskeller – eine kleine Höhle in den Felsenwänden. Hier soll der Sage nach einst der Teufel sein Unwesen getrieben haben.

Die Sage von der Teufelskirche

Als die Rhön noch heidnisch war, da fühlte sich der Teufel noch als Herr des Gebietes. Da kam aber der heilige Kilian ins Land, predigte das Christentum, und viele ließen sich taufen. Darüber ärgerte sich der Teufel schrecklich. Als gar damit begonnen wurde, im Tal eine Kirche zu bauen, geriet der Teufel so in Zorn, dass er alle Steine, die zum Kirchenbau herbeigebracht wurden, hinauf auf den Gangolfsberg schleppte und dort so fest zu einer Grotte zusammenfügte, dass sie kein Mensch mehr auseinanderbringen kann. Als die Leute das merkten, zeichneten sie auf jeden Baustein ein Kreuz. Da musste der Teufel die Finger davonlassen.

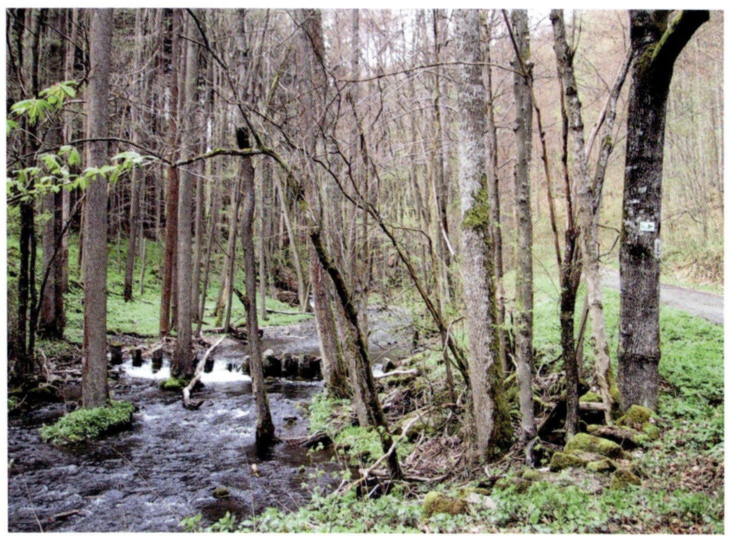

Der Elsbach

Und noch eine Sehenswürdigkeit findet sich dort: Eine der seltenen Burganlagen der Rhön, von der auf dem Gipfel allerdings nur noch die Reste der Wallanlage aus frühfränkischer Zeit, vielleicht sogar schon aus keltischen Zeiten, erhalten sind.

Auf dem Gipfel des Gangolfsberges befinden sich Überreste eines zweiteiligen Ringwallsystems von 400 x 150 m aus vor- und frühgeschichtlicher Zeit. Sehenswert ist ein noch gut erhaltenes Zangentor, das zusätzlich durch eine an das Tor anschließende Terrasse mit vorgelegtem Graben geschützt ist. In die vorgeschichtliche Anlage wurde im frühen Mittelalter die Werinfriedesburg gebaut. Am Gipfel des Gangolfsberges sieht man auch noch Überreste einer Kapelle des Heiligen Gangolf.

Das Schweinfurter Haus liegt am MTB-Ostweg und ist somit aus allen Himmelsrichtungen auf MTB-Routen gut zu erreichen. Dort beginnt der markierte ca. 2,5 km lange Lehrpfad (Rundweg) durch das Gebiet am Gangolfsberg. Für die Hike-Tour sind wegen der z. T. basaltigen Wege die Mountainbike-Schuhe mit Klickpedalplatte wenig geeignet. Mindestens 1,5 Stunden sollte man sich für den Rundgang Zeit nehmen, wenn man sich auch an den Hinweistafeln informieren möchte.

Auf dem Bohlensteg durchs Schwarze Moor

Wegweisung	Mountainbike-Routennetz
Wege	Asphalt, Schotter, Naturwege
Bike-Parkstation:	abschließbare Fahrradboxen auf dem Parkplatz (Kleingeld als Schlüsselpfand mitbringen)
Einkehrmöglichkeiten	Berggasthof Sennhütte, Rhönhof, Schwarzes Moor
Karte	siehe Serviceteil
Infos	Faltblatt Naturlehrpfad Schwarzes Moor, erhältlich in den Info-Zentren
Interessantes am Weg	Freilandmuseum und Rhönmuseum in Fladungen

Startorte für die Tour
(orange sind die Ziele auf den Wegweisern)

Ab **Bischofsheim** fährt man auf dem MTB-Ostweg zum Schwarzen Moor (32 km).
Rückweg wie Hinweg oder auf der MTB-Route Richtung Fladungen bis nach Rüdenschwinden (4,5 km) und dort weiter auf dem Radfernweg Rhön-Sinntal mit Ziel Bischofsheim zurück (27 km).

Von **Fladungen** fährt man auf der MTB-Route Richtung Schwarzes Moor über Rüdenschwinden zum Schwarzen Moor. (ca. 7,5 km).

Ab **Mellrichstadt (Parkplatz Streuwiese)** geht es auf der MTB-Route Richtung Thüringer Hütte (21 km). Weiter auf dem MTB-Ostweg bis zum Schwarzen Moor (10,5 km).
Rückweg wie Hinweg oder auf der MTB-Route nach Fladungen (7,5 km) und dort weiter auf dem Radfernweg Rhön-Sinntal zurück (18 km).

Ab **Oberelsbach** geht es auf der MTB-Route zum Schweinfurter Haus (4,5 km). Weiter mit dem MTB-Ostweg zum Schwarzen Moor (13 km).
Rückweg wie Hinweg oder auf der MTB-Route Richtung Fladungen bis nach Rüdenschwinden (4,5 km) und dort weiter auf dem Radfernweg Rhön-Sinntal Richtung Bischofsheim zurück (17 km).

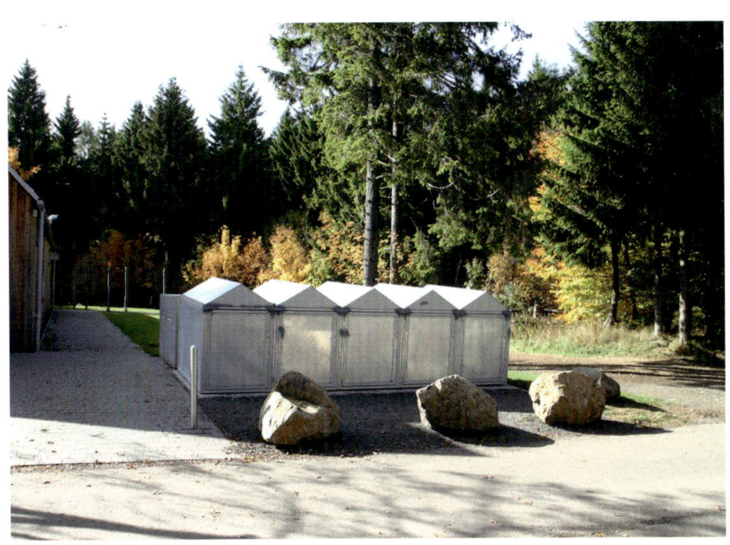

Die Fahrrad-Abstellboxen am Schwarzen Moor

Die Moore in der Rhön sind bedeutende Kernzonen im Biosphärenreservat Rhön. Um möglichst vielen Besuchern trotzdem dieses „Schaufenster der Natur" zeigen zu können, wurde im Moor ein ca. 2 km langer Bohlensteg angelegt, auf dem an 23 Informationstafeln die verschiedenen Aspekte des einzigartigen Lebensraumes Moor erklärt werden. Besonders schön ist auch der Blick über die Rhön vom Aussichtsturm im Moor.

Das Schwarze Moor (60 ha) ist nicht nur das größte Moor in der Rhön und gehört zu den bedeutendsten Hochmooren Europas. Es entstand nach der letzten Eiszeit (vor ca. 13.000 Jahren), als sich bei feuchtkaltem Klima eine „niedere Tundrenvegetation" ausbreitete. In Mulden mit lehmigen und tonigem und daher aasserundurchlässigem Untergrund siedelten sich damals feuchtigkeitsliebende Pflanzen an, die sich nach ihrem Absterben nur ungenügend zersetzten und schließlich vertorften. Im Laufe der Jahrtausende wuchsen bei wechselnden Klimaperioden und dadurch unterschiedlichem Pflanzenbewuchs die Torfschichten auch unterschiedlich schnell. Sie bildeten ein immer stärker werdendes Polster, das selbst an den Hängen der Mulden hinaufkroch und im zentralen Bereich eine uhrglasförmige Wölbung hervorrief. Von dieser Aufwölbung haben die sogenannten „Hochmoore" ihren Namen erhalten.

Natürlich wären die Bikes auf den schmalen Bohlenstegen nicht nur hinderlich, sondern auch für die anderen Besucher störend. Deswegen ist ihre Mitnahme dort (wie übrigens auch im Roten Moor) nicht erlaubt. Aber ein-

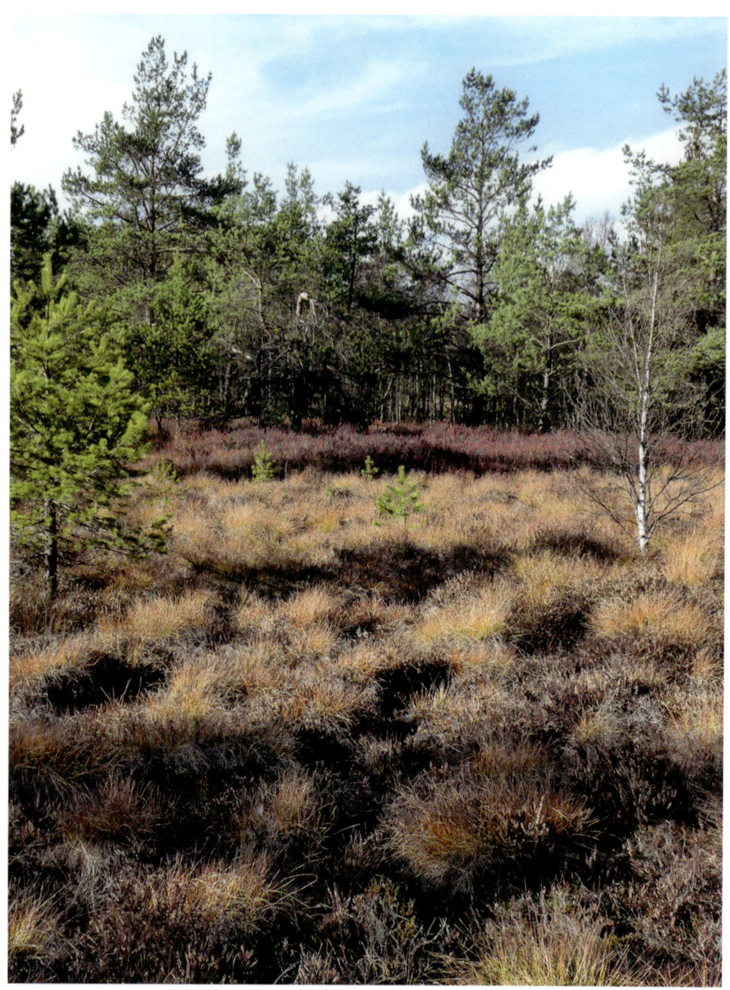

Im Schwarzen Moor

fach in der Gegend die teuren Bikes herumstehen lassen, dazu hat man eigentlich keinen Nerv. Deswegen hat der Naturpark am Parkplatz abschließbare Bike-Boxen aufgestellt.

Der Parkplatz am Schwarzen Moor ist eine der drei Haupt-Anlaufsstellen für Rhönbesucher. Die allerdings kommen oft nicht nur wegen des Moors, sondern auch wegen der Rhöner Bratwurst. Viele Jahre über gab es nur einen einfachen Bratwurststand am Parkplatz. Mittlerweile hat man dort ein Gebäude errichtet und der Bratwurststand ist zu einem gut ausgestatteten Imbiss geworden, in dem es allerdings noch immer die traditionelle Rhöner Bratwurst gibt. Sehenswert ist auch ein Abschnitt der ehemaligen deutsch-

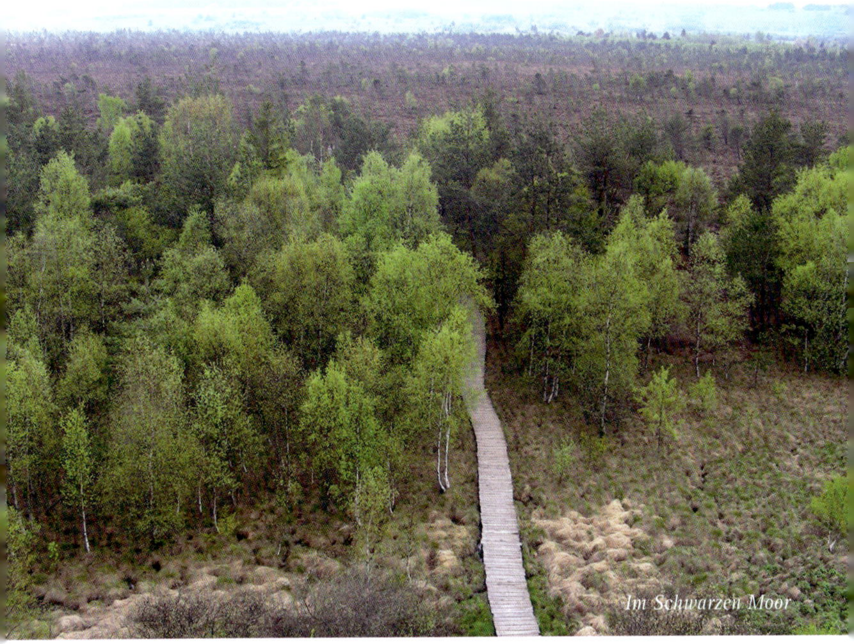

Im Schwarzen Moor

deutschen Grenze an der nur knapp einen Kilometer entfernten Grenz-Informationsstelle. Dort, am alten DDR-Wachturm, hat man einen Teil der ehemaligen DDR-„Grenzschutzanlagen“ rekonstruiert. Zu sehen sind dort neben dem Wachturm noch ein Teil des sogenannten Streckmetallzaunes, ein Hunde-Laufgraben und der sogenannte Kolonnenweg. Und dazu gibt es reichlich Informationen über die Zeit der Deutsch-Deutschen Teilung. Zur

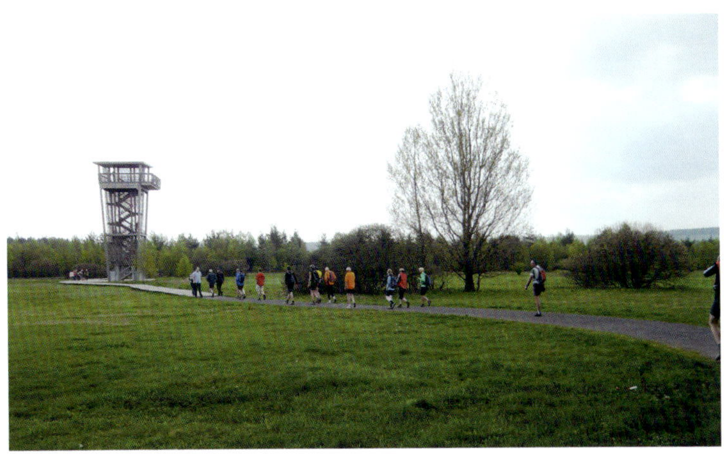

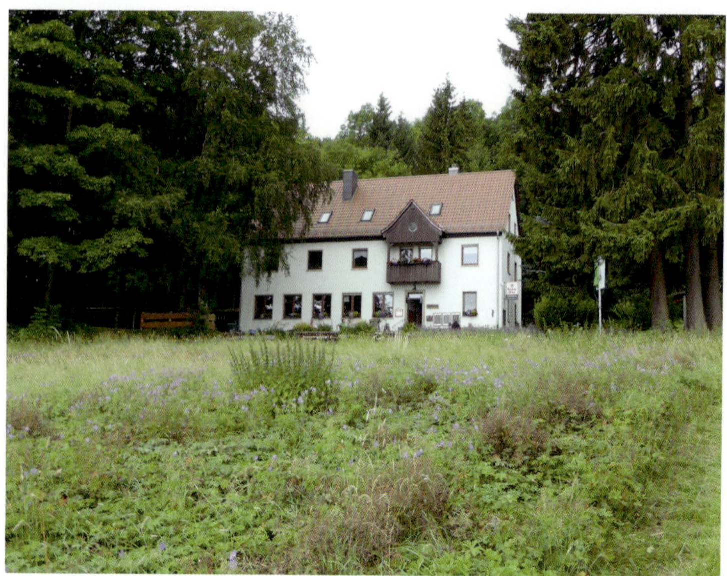

Am Schweinfurter Haus

Grenz-Informationsstelle fährt man mit dem Bike und schiebt es dann auf dem Fußweg hinauf zum ehemaligen Wachturm.

Zum Schwarzen Moor führen neben weiteren MTB-Routen auch die beiden Hauptrouten, der Ost- und der Westweg. Man kann deswegen auch mit dem Auto dorthin fahren, das Moor besichtigen und dann noch eine Runde auf den markierten MTB-Routen durch das NSG Lange Rhön drehen.

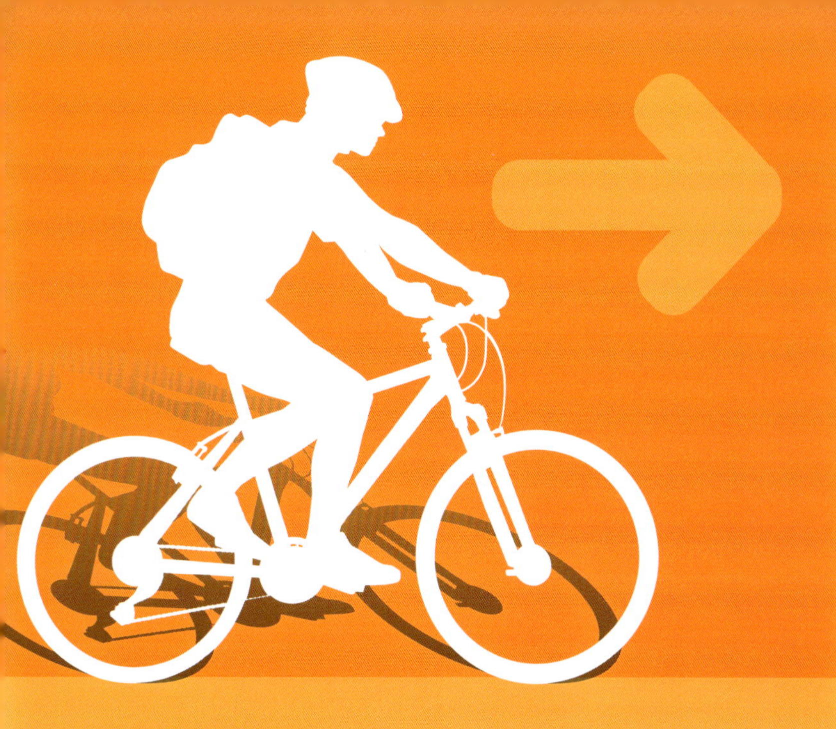

Rhön-Na-Tour– die natur- und landschaftlichen Highlights der Rhön auf einer Drei-Tages-Tour

Keine Frage: Schön ist es, mit dem Mountainbike durch die Rhön zu fahren und dabei Landschaft und die Natur zu genießen. Doch noch schöner ist, wenn man dabei noch etwas über die Besonderheiten seiner Lieblingsgegend erfährt. Meine Rhön-Na-Tour soll Ihnen dabei helfen.

Bei dieser Tour durch die Hochrhön und die Schwarzen Berge erfahren Sie vieles über die naturkundlichen und kulturhistorischen Besonderheiten am Wegesrand. Und wo man mit dem Bike nicht mehr hinfahren kann oder darf, können Sie es an den „Bike & Hike"- Stationen abstellen und auf den nahe gelegenen Naturerlebnispfaden „Hiken". Und um das Naturerlebnis noch zu steigern, sollten Sie auch das Auto zu Hause lassen und über Fulda mit der Rhönbahn nach Gersfeld fahren. Wie man von den beiden anderen Rhöner Bahnhöfen, Bad Neustadt und Mellrichstadt, in die Tour einsteigen kann, verrate ich am Ende der Beschreibung. Wo Sie die Tour unterbrechen und übernachten, entscheiden Sie am besten selbst. Die Anschriften und Telefonnummern der infrage kommenden Gasthöfe und Hütten finden Sie am Ende des Buches. In der Folge finden Sie immer

Beginn der Tour	Gersfeld Bahnhof
Weitere mögliche Ausgangsorte	Bad Neustadt, Mellrichstadt, Ostheim vor der Rhön
Streckenlänge	Etappe 1 ca. 54 km Etappe 2 ca. 64 km Etappe 3 ca. 46,5 km
Kumulierte Höhendifferenzen	Etappe 1 ca. 1500 m Etappe 2 ca. 1400 m Etappe 3 ca. 739 m
Anforderungen	keine besonderen fahrtechnischen Anforderungen, doch z. T. starke Steigungen
Wege	Asphalt, Schotter, Natur- und Wiesenwege
Einkehr- und Übernachtungsmöglichkeiten	In allen Orten und am Weg: Neustädter Haus (Ü), Kissinger Hütte (Ü), Würzburger Haus (Ü), Kreuzberg /Ü/E), Berghaus Rhön (Ü/E), Holzberghof (Ü/E)), Basaltsee (E), Schweinfurter Haus (Ü/E), Rhönhof (E), Sennhütte (Ü/E), Eisenacher Haus (Ü/E), Wasserkuppe (Ü/E)
Karte	siehe Serviceteil
Wegweisung	Mountainbike-Routennetz

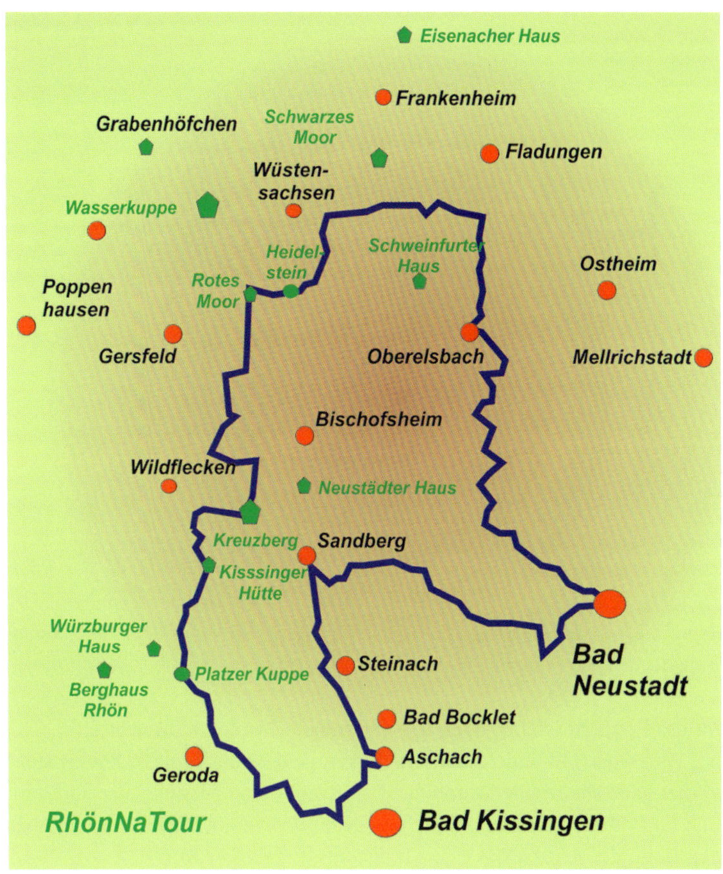

zuerst die Tourenbeschreibung des nächsten Abschnittes und danach den dazugehörigen Text.

Übrigens: Auch wenn Sie auf den anderen Touren fahren, sollten Sie ab und zu mal in diese Beschreibung schauen: Denn vieles von dem, was Sie dort sehen können, ist hier beschrieben.

Erste Etappe

Die Tour beginnt am Bahnhof in Gersfeld. Hier wählen Sie die MTB-Route Richtung Kreuzberg. Obwohl asphaltiert, gibt der Weg nach Rodenbach mit ordentlichen Steigungen schon einen kleinen Vorgeschmack auf künftige Strapazen. Durch den kleinen Ort geht es, danach noch immer mit Steigung auf einem reizvollen Wirtschaftsweg durch Weiden, vorbei an einem frei stehenden Haus, zu einem Parkplatz (km 4) und schließlich durch den Wald zum Himmeldunkberg (860 m/km 6).

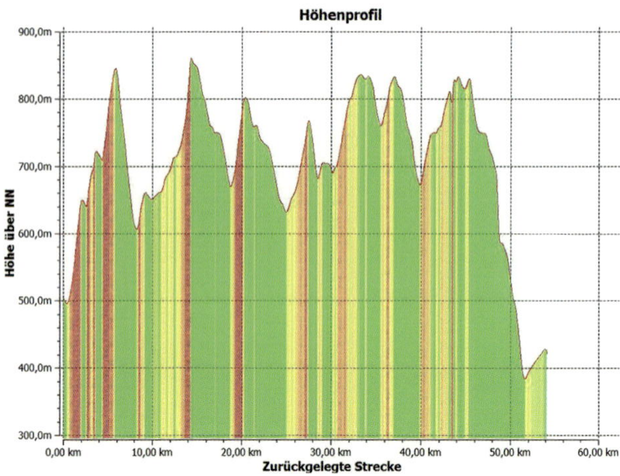

Der **Himmeldunkberg** *ist ein wichtiges Bindeglied im Höhenzug der Rhön zwischen den „Schwarzen Bergen" im Süden und der „Langen Rhön" im Norden. U.a. mit großflächig zusammenhängenden Borstgrasrasen und einem bedeutenden Vorkommen seltener Vogelarten (u.a. Raubwürger, Neuntöter).*

In rasanter Schussfahrt, doch mit der entsprechenden Rücksicht auf etwaige Wanderer und andere Mountainbiker, geht es am felsigen Rockenstein vorbei nach Oberweißenbrunn (7,8). Dort folgt man zunächst der Radroute und fährt aber nach knapp 1 km geradeaus weiter, am Wald links und über den Hang des Arnsberges zum Kreuzbergsattel (km 12,5).

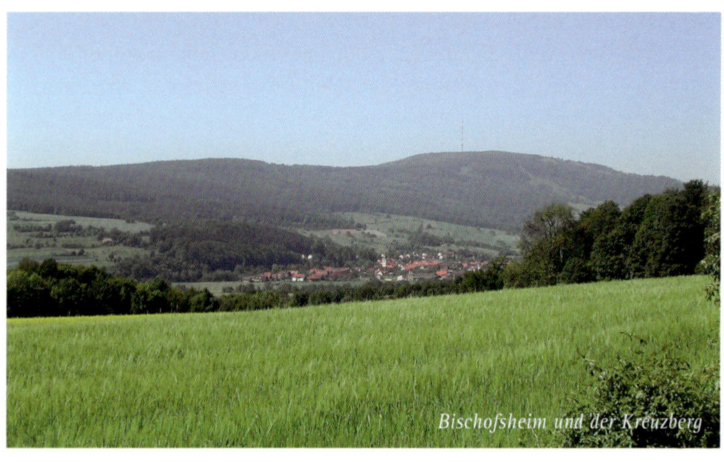
Bischofsheim und der Kreuzberg

Kalkmagerrasen prägen das Landschaftsbild der Rhön

Kalkmagerrasen sind nährstoffarme, ungedüngte Wiesen und Weiden auf basenreichen Böden. In der Rhön finden sie sich immer dort, wo der Muschelkalk zu Tage tritt. Die Kalkmagerrasen der Rhön entstanden durch menschliche Nutzung, als u.a. zur Gewinnung von Weide- und Mähflächen für Rinder und Schafe die Wälder gerodet wurden. Einige sind auch durch Waldweide entstanden, wobei die Weidetiere durch Verbiss die Waldverjüngung unterdrückten und so den Wald immer mehr auflichteten, bis sich offene Weidelandschaften bilden konnten.

Durch den hohen Artenreichtum und die Vielzahl seltener und gefährdeter Pflanzenarten, darunter zahlreiche Orchideen, gehören Kalkmagerrasen zu den reizvollsten Vegetationstypen Mitteleuropas und sind hinsichtlich der Artenzahl sowie des Vorkommens seltener und bedrohter Tierarten wichtige Lebensräume.

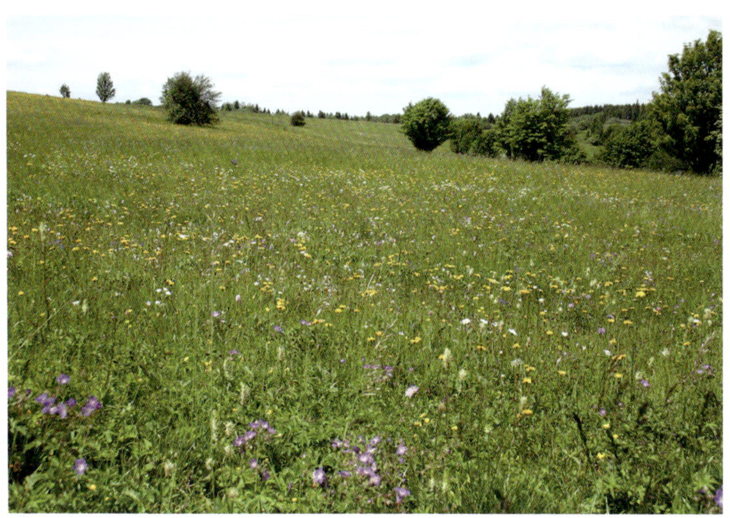

Die recht steile MTB-Route führt neben der Straße direkt in den Biergarten des Kloster Kreuzberg. Im Bereich des Kreuzberges sind viele Fußgänger unterwegs. Bitte Rücksicht nehmen.

Weiter geht es auf dem MTB-Westweg in die Schwarzen Berge. Nach dem Parkplatz Guckaspass an der Str. 2286 beginnt nun ein unvergleichlich schöner Aussichtsweg durch die parkartige Bergweidelandschaft der Schwarzen Berge.

Bergheuwiesen – Farbtupfer in der Rhön

Im Frühsommer bedeckt ein bunter Blütenteppich das Naturschutzgebiet „Schwarze Berge“. Seine Vielfalt und Größe wird bestenfalls von den Bergwiesen im Alpenraum übertroffen. Wie in den Alpen, so kennzeichnen auch

hier häufige Niederschläge und niedrige Temperaturen das Klima dieser Mittelgebirgslandschaft. Durch regelmäßige Mahd entwickelten sich Wiesentypen, die sich durch eine besondere Artenvielfalt auszeichnen. Am meisten verbreitet sind „Storchschnabel-Goldhafer-Wiesen". Sie haben ihren Namen vom violetten Waldstorchschnabel und vom Goldhafer. Diese Pflanzenarten prägen das Erscheinungsbild der Wiesen im Frühsommer. Die besondere Qualität der Bergwiesen zeigen Kugelige Teufelskralle, Weicher Pippau und zahlreiche Orchideenarten an. Nur durch eine extensive Nutzung lassen sich diese Wiesen mit ihrer charakteristischen Artenzusammensetzung erhalten. Bei einer intensiven Nutzung mit häufigem Schnitt und Mineral- oder Gülledüngung würden viele dieser empfindlichen Arten von schnellwachsenden Gräsern und Kräutern verdrängt werden. Die Storchschnabel-Goldhafer-Wiesen werden auch heute nur ab und zu mit Festmist gedüngt. Die Mahd erfolgt nach der Hauptblüte ab Mitte Juni zur Heugewinnung. So können viele Samen ausreifen und den Fortbestand der Artenvielfalt sichern.
Unterhalb befindet sich das Naturwaldreservat Lösershag, in dem allerdings das Mountainbike tabu ist.

Nach dem Würzburger Haus gelangt man zur Platzer Kuppe, dem südlichsten Berg der Schwarzen Berge.
In der Nähe der Platzer Kuppe wird der Weg dann wieder von reizvollen Bergweiden gesäumt. Der Wald mit vielen Hutebuchen tritt zurück und gibt den Blick frei auf die Landschaft der südöstlichen Rhön. Wer noch mehr sehen will, kann einen kurzen Abstecher auf die Platzer Kuppe machen.

Diese sog. „Hutebuchen" dienten früher auch dem Zweck, Bucheckern als Viehfutter zu produzieren. Die weiten Pflanzabstände führten zu dicken, kurzen Stämmen und breiten Kronen. Erst nachdem der „bodennahe Luftraum" gänzlich ausgefüllt war, begannen die Buchen, in die Höhe zu streben.

Die weitere Strecke verläuft nun über den Todnansberg durch dichten Wald zur Kissinger Hütte. In diesem Gebiet findet man neben einem noch aktiven Basaltwerk einige aufgelassene Steinbrüche, in denen die Natur sich wieder ungehindert ausbreiten darf.
An der Kissinger Hütte muss man unbedingt anhalten. Ja, sicher auch zur Einkehr. Besonders aber, um den atemberaubenden Blick auf das Kreuzbergmassiv und bis hinüber zur Wasserkuppe zu genießen. Auch der Heidelstein mit seinem Sendemast lässt sich blicken und ganz links im Blick noch einige Berge des Dammersfeldmassivs im Truppenübungsplatz Wildflecken.
Nach der Durchquerung eines aufgelassenen Steinbruchs gelangen wir auf eine Strecke, auf der wir schon auf der Hinfahrt unterwegs waren. Es geht nun wieder über den Guckaspass bis zum Abzweig zum Kreuzberg, wo wir uns nun allerdings zum Neustädter Haus hin orientieren.

Die Kissinger Hütte

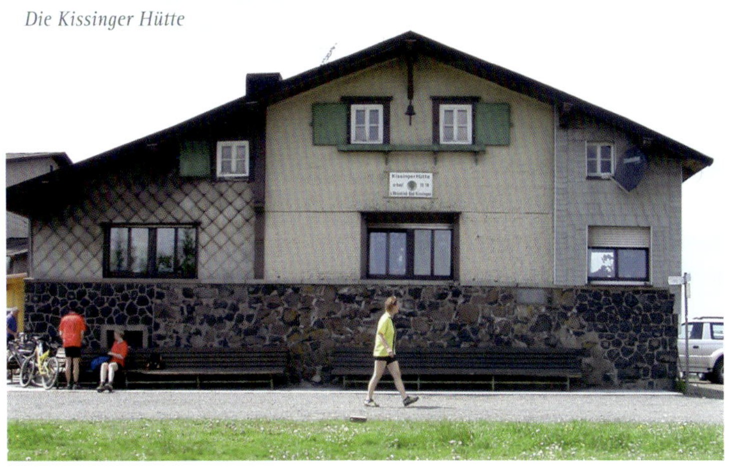

Die Abfahrt hinunter in das Tal der Brend hat ihre Reize, aber auch auf dem Naturweg durch querlaufende Bodenrinnen ihre Tücken. Wenn sich der Wald öffnet, ist wieder mal Anhalten angesagt, denn im Gebiet von Bischofsheim ist die Landschaft von Hecken gegliedert, die hier ein einmaliges Landschaftsbild schaffen.

Heckenlandschaften in der Rhön

Hecken sind keine natürlichen Bestandteile unserer Landschaft. Ihre Entstehung und ihr Formenreichtum verdanken sie dem Menschen. Charakteristisch für die Rhön sind die sogenannten Lesesteinhecken, die sich hier auf den angehäuften Basaltsteinen an den Rändern der Felder bzw. als Inseln entwickeln konnten. Wie kaum ein anderer Lebensraum bieten Hecken eine Vielfalt von Lebensbedingungen auf engstem Raum und sind deswegen be-

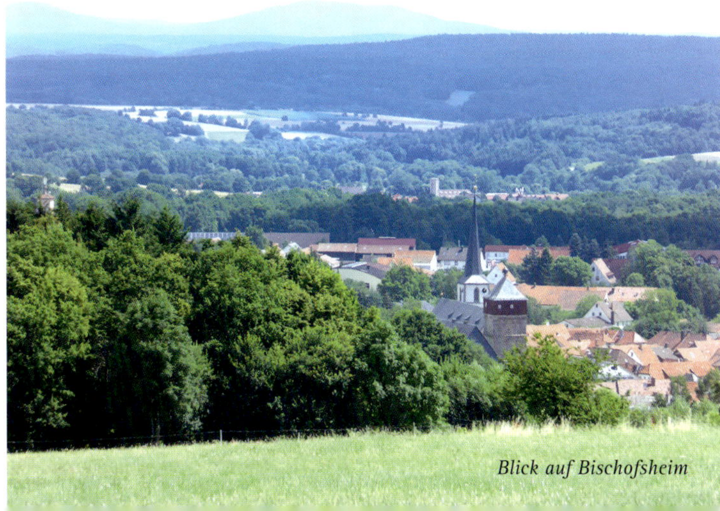

Blick auf Bischofsheim

sonders wertvoll für eine artenreiche Tier- und Pflanzenwelt. Sie sind der Lebensraum für viele Vogelarten, Schmetterlinge und Käfer. Auch sind Hecken die letzte Rückzugsfläche für viele Pflanzenarten, die auf intensiv genutzten landwirtschaftlichen Flächen nicht mehr leben können.
Wenn nach alten Traditionen verfahren wird, sind Hecken auch deshalb so beachtenswert, weil damit das Prinzip der Mittelwaldbewirtschaftung fortgeführt wird. Die Hecke wird im Abstand einiger Jahre „auf den Stock gesetzt". Das dabei gewonnene Holz kann als Brennholz genutzt werden. Einige Bäume jedoch werden nicht angetastet. Sie sollen heranwachsen, damit ihr Holz als Bauholz Verwendung finden kann. Ausgedehnte Heckenbestände findet man bei Bischofsheim besonders am Südhang des Bauersberges.

Nach einer kurzen Asphaltstrecke auf dem Radweg erreichen wir das Ende der ersten Etappe am Radler-Infopunkt, der sich am Bischofsheimer Zentralparkplatz befindet.

Weiter geht es auf der 2. Etappe

Nun wieder mit dem Ostweg: Jetzt mit der nördlichen Spange durch das Schwarzbachtal hinauf zum Holzberghof in Richtung Schwarzes Moor.

Der Holzberghof

Im Jahre 1502 gab es auf dem Holzberg eine Eisenschmelze, wo in der Rhön im Tagebau gefördertes Eisenerz zu Gusseisen geschmolzen wurde. 1512 bis 1591 wurde hier auch eine Glashütte betrieben. Über dem Seiteneingang des Gebäudes zeigen die Jahreszahl 1614 und das Wappen des Würzburger Fürstbischofs Julius Echter, Zeit der Erbauung und den Erbauer des Jagd-

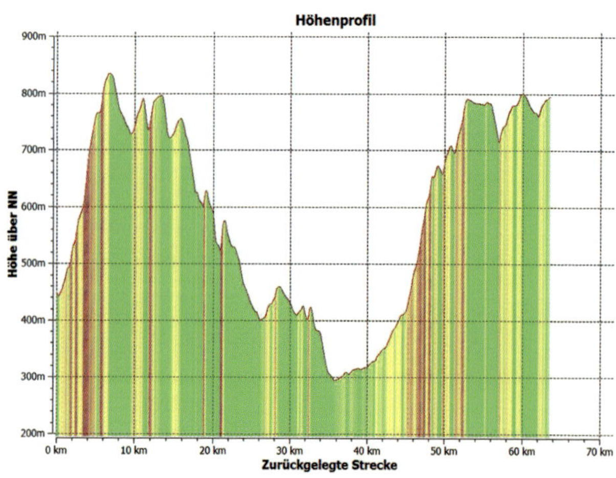

schlosses an. Nach vielen Besitzwechseln erhielt es 1910 seine zwei Türmchen, die ihm sein heutiges Aussehen geben.

Nun fährt man zur Mittelhut auf dem Bauersbergplateau. Hier befindet sich nach dem kleinen Wäldchen gleich links am Wegrand eine Rastgelegenheit und auf einer Schautafel erfährt man einiges über:

Die Mittelhut

Auf den Basalthochlagen der Rhön haben sich durch lange landwirtschaftliche Nutzung magere Borstgrasrasen in großer Ausdehnung entwickelt. Die Mittelhut ist die alte, ehemalige Jungviehweide von Weisbach in der Marktgemeinde Oberelsbach. Sie umfasst allein etwa 140 Hektar zusammenhängende Weidefläche aus Borstgrasrasen mit eingestreuten sumpfigen Niedermoorbereichen. Früher weideten hier Jungrinder. Seit den 70er Jahren, als die Weiderindhaltung aufgegeben werden musste, werden hier Schafe gehütet.

Gleich nach der Weiterfahrt am Rande des großen Weidegebietes stehen weitere interessante Infotafeln, z. B. über die Entstehung der Rhön. Am darauffolgenden Hauptwegweiser sollte man wegen der schönen Aussicht einen Abstecher zur Kalten Buche machen (Richtung Wegfurt ca. 500 m). Danach geht es zurück und man fährt nun auf einem herrlichen, aber kräftezehrenden Wiesenweg am Rande der Mittelhut zum Basaltsee.

MTB-Wegweiser bei Oberelsbach

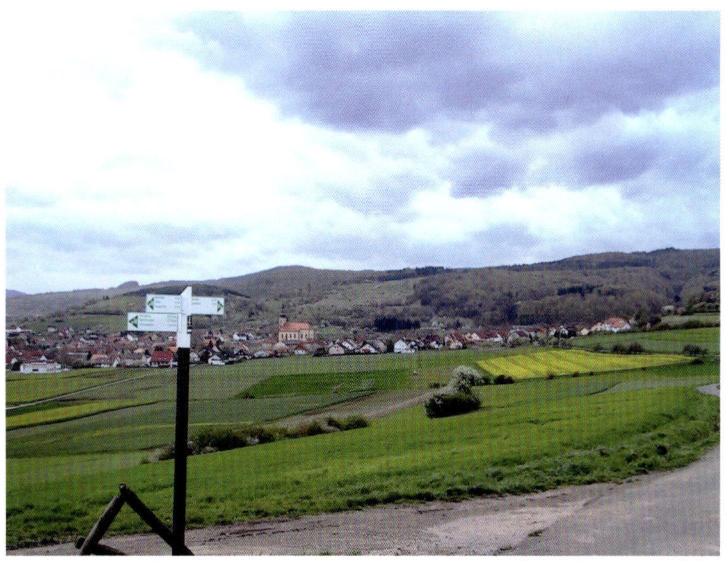

Das „Steinerne Meer"

Das Gebiet des heutigen Basaltsees wurde früher „Steinernes Meer“ genannt. Es war eines der schönsten der ganzen Rhön. Hier traten fünf- und sechskantige Basaltsäulen zutage. Leider wurden diese, obwohl im Naturschutzgebiet gelegen, in den 50er Jahren abgebaut. Doch auch vor wenigen Jahren war das im Naturschutzgebiet liegende Gelände wieder (siehe auch: Bike & Hike zum Gangolfsberg) vom Abbau bedroht. Hier, wo vor einigen Jahren selbst das Mountainbiking auf breiten Wegen verboten war, sollten sich Bagger in die Landschaft fressen, sollte die Gegend bis hin zum Heidelstein vom Lärm des Basaltwerkes erfüllt werden. Doch oh Wunder, das Vorhaben konnte abgewehrt werden. Nun bleibt es auch hier ruhig, man kann den Basaltsee genießen und an der dahinterliegenden Wand noch ein paar Basaltsäulen entdecken.

Vom Basaltsee geht es zu einem einsamen Haus, in dem früher eine Rhönmalerin wohnte (diese Stelle nennt man heute „Rhönfee“ oder auch Rhönhexe“). Weiter, zunächst auf der Straße, durch das Naturwaldreservat Elsbachtal zum Schweinfurter Haus, wo man sein Bike deponieren und im Rahmen einer Hike-Tour auf dem Naturerlebnispfad die Besonderheiten des Gangolfsberges erkunden kann (siehe Bike & Hike zum Gangolfsberg).

Die Werinfriedesburg

Auf dem Gipfel des Gangolfsberges, in 737 m Höhe, 200 m steil über dem Elsbach und rund 400 m über dem Rhönvorland, befinden sich Überreste der Werinfriedesburg mit einem zweiteiligen Ringwallsystem in einer Ausdehnung von 400 x 150 m. Sie stammt aus der Völkerwanderungszeit und der späteren Merowingerzeit.
Der Rundwanderweg führt durch die Burganlage zum Südwestabhang des Gangolfsberges mit seinen sehenswerten ,,Naturdenkmälern“, insbesondere aber den beiden Basaltwänden: In einer der beiden wachsen liegende Basaltsäulen aus dem Berg heraus und zeigen sich in einem Bild wie Bienenwaben. Die andere Wand wird aus stehenden Säulen gebildet, die wie ein gotischer Dom in den Himmel ragen.

Ab dem Schweinfurter Haus wählen wir die Zielroute nach Oberelsbach. Eine Pause zum Besuch des Info-Zentrums „Haus der Langen Rhön“ ist dort angesagt.
Weiter geht es auf der MTB-Route Richtung Ostheim. Auf dieser Strecke fuhr bis 1899 die Postkutsche auf der Linie Meiningen–Frankfurt.

Auf der Reise im Jahre 1830 von Weimar nach Frankfurt mit der Postkutsche fuhr die Gräfin von Pappenheim entlang der Ostrhön. Sie schrieb in ihr Tagebuch: „Unsere Rückreise führte uns durch die Rhön, wohl die ärmste

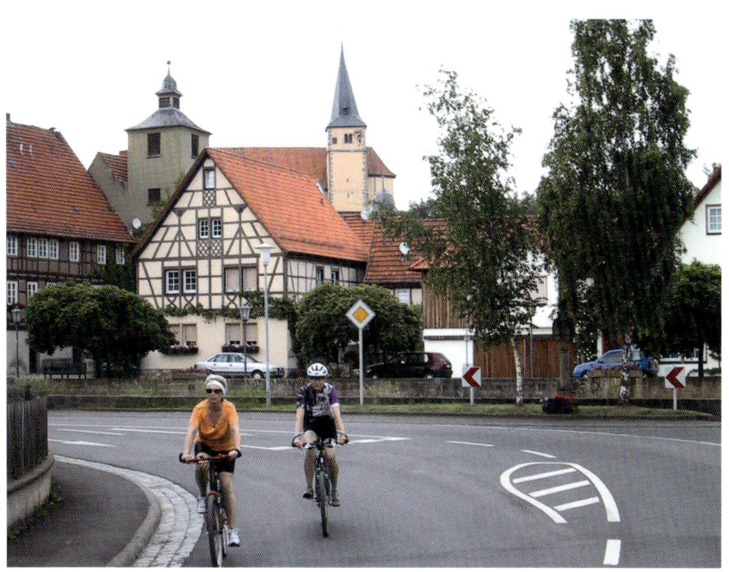

In Nordheim v.d. Rhön

Gegend des Frankenlandes. Wir beobachteten Frauen vor Pflug und Wagen aus Mangel an Zugtieren".

Über die kleinräumige Kalkmagerrasenlandschaft des Hundsrückens fährt man nun Ostheim entgegen. Nachdem zwei Kreisstraßen passiert wurden, geht es nach einem Parkplatz in den Ostheimer Stadtwald. Dort treffen wir auf die Keltenroute, eigentlich eine Radwandertour, auf der an 11 Stationen, darunter acht Bodendenkmälern, über das Volk der Kelten informiert wird. Nun geht es steil hinauf zur Ostheimer Warte und weiter zum ehemaligen Sachsen-Meiningischen Amtsstädtchen Ostheim.

Ostheim

besitzt ein gut erhaltenes mittelalterliches Ortsbild. Überragt wird es von den hohen Türmen seiner Kirchenburg und auf der nördlichen Höhe von der mächtigen Ruine der Lichtenburg. Der Ort wird erstmals in einer Urkunde vom 6.6.804 erwähnt. 1586 bekommt er das Marktrecht, 1596 wird er „Stadt" genannt. Ostheim war bis in die jüngste Zeit hinein thüringische Enklave: 1945 wurde es unter bayerische Verwaltung gestellt und durch den Grundlagenvertrag zwischen der BRD und der DDR kam es zu Bayern. Ostheims Kirchenburg ist in der Mächtigkeit ihrer Anlage einmalig in ganz Deutschland. Den Kirchenhügel umzieht ein doppelter Mauerring, der fünf Türme enthält. Die Lichtenburg liegt 2 km nördlich der Stadt auf der Höhe (482 m) und ist durch eine Fahrstraße mit Ostheim verbunden.

Im weiteren Verlauf des Weges fährt man nun ab dem Infopunkt ein paar Kilometer auf dem Streutalradweg flussaufwärts. Es geht zunächst bis zum ebenfalls sehr sehenswerten Städtchen Nordheim.

Nordheim

gehört zu den altertümlichsten Orten des oberen Streutales. Schon zur Zeit der fränkischen Landnahme entstanden, wird das Dorf im Jahre 774 in Fuldaer Schenkungsurkunden erstmals genannt. Eine steinerne Brücke aus dem Jahre 1619 spannt ihre drei Bogen über die Streu; schützend steht auf ihr der barocke Brückenheilige Johannes v. Nepomuk. Das ehemalige Wirtshaus gleich daneben (1671) ist heute Rathaus. Fast vollkommen erhalten ist auch die Mauer, die den ganzen Ort umzieht, während von den früheren vier Toren nur noch das untere steht. Die auf einem Hügel über dem Dorf gelegene kath. Pfarrkirche bietet zusammen mit dem wuchtigen Rundturm der einstigen Kirchenfestung ein überaus malerisches Bild.

Man kann am Bahnübergang rechts auf die Straße einbiegen und einen Abstecher zur Besichtigung des Ortes machen.
Danach geht es zurück bis zu den Bahngleisen, wo man wieder auf den Radweg trifft und nun der Fahrradroute nach Stetten folgt. Im dortigen Alten Hausener Weg beginnt die MTB-Zielroute nach Wüstensachsen.

Aus einem Reisebericht des 19. Jahrhunderts

Der Weg von Hausen bis zur Höhe war außerordentlich schlimm. Ich ging zu Fuß, da ich den Wagen von allem, so viel wie möglich, zu erleichtern suchte, mit einem starken Stabe, meinem nachher gewöhnlichen Rhönpferde, an dem ein großes spitziges Eisen befestigt war, und der mir nachher sehr gute Dienste tat, indem er mich gegen das Abgleiten und Rückwärtsfallen schützte, einige fünfzig Schritte vor dem Wagen her.

Auf ihr fährt man nun wieder hinauf zur Hochrhön: Vorbei an der „Großen Hut“ (auf der u.a. rund 50 Kirschbäume stehen), vorbei an uralten Apfel- und Birnbäumen, vorbei an riesigen Hutebuchen, die rechts vom Weg etwas verborgen am Waldrand stehen, geht es nun auf einem der ältesten „Verkehrswege“ über die Hohe Rhön zum Weiler Hillenberg mit der Ruine der sagenhaften Hildenburg.

Die Hildenburg

Die Gehöfte Hillenbergs stehen auf historischem Boden. Hier stand einst die alte Hildenburg, von der heute nur noch einige Mauern zeugen. Die Burg soll schon im achten Jahrhundert erbaut worden sein. Ihren Namen soll sie einer edlen Frau namens Hiltiburg verdanken, die 824 Güter an Abt Rabanus Maurus von Fulda schenkte. Die Sage erzählt, im Bauernkrieg 1525

seien aufrührerische Bauern aus Bastheim auf die Hildenburg gezogen und hätten sie zerstört.
Von der Hildenburg konnte sowohl das östliche Rhönvorland als auch ein wichtiger Verkehrsweg kontrolliert werden, der von Nordwesten kommend durch das Ulstertal über die Hohe Rhön und das östliche Rhönvorland weiter nach Südosten in den Bamberger Raum bzw. über Würzburg zu den Alpen führte.
Typisch für die alten Rhönfränkischen Orte in der oberen Rhön sind die Streuobstgürtel mit alten, längst vergessenen Obstsorten.

Aus einer Urkunde des 16. Jahrhunderts

...die Wustungen belangendt ist eine hinder dem Haus hillenberg, Ditz Winne genannt. Soll vor langen Jaren ein Dörflein gewesen und die Straßen nach dem Stift Fulda und dem Hessenland gangen. Aber jezt unwegsam auch durch Gewesser zerrissen und verfeudet. Das Baufeld zum Hause Hillenberg gehörig und gezogen worden.

Einen Kilometer nach Hillenberg trifft man auf den Ostweg, dem man nun in Richtung Schwarzes Moor folgt. Nach der Brücke über den wildromantischen Eisgraben, auch ein Naturwaldreservat, geht es schweißtreibend bergan, doch dann auf der Hauensteinstraße etwas gemäßigter, vorbei am (leerstehenden) Rhönhof und weiter zum Schwarzen Moor (Einkehr).
Dort hat man nun die Möglichkeit, die Tagesetappe am nahe gelegenen Berggasthof Sennhütte zu beenden, oder weiter bis zum Berg Ellenbogen am nördlichen Ende der „Langen Rhön“ zu fahren. Die Route dorthin wurde zwar als MTB-Route markiert, doch durch mangelnde Pflege sind mittlerweile die meisten Wegweiser ab Frankenheim nicht mehr vorhanden. Problemlos kommt man nach Frankenheim. Dort fährt man durch den Ort Richtung Meiningen. Am Ende der Bebauung zweigt ein Asphaltweg links ab, führt vorbei an einem landwirtschaftlichen Betrieb. An der Verzweigung nach ca. 3 km biegt man rechts ab und gelangt auf diesem Weg zum Thüringer Rhönhaus und zum Eisenacher Haus am mit 806 m hohen Ellenbogen. Das Eisenacher Haus ist derzeit der nördlichste Punkt im MTB-Routennetz. Es ist Tagungshotel und Wanderherberge zugleich. (Auf dem gleichen Weg zurück).
Interessant ist auch ein Abstecher nach Fladungen, wo man eine größere Auswahl zur Einkehr und Übernachtung hat (hin und zurück ca. 14 km).

Fladungen

In einer Fuldaer Urkunde des Jahres 789 wird der Ortsname Fladungen erstmals genannt. 1218 wurde der Ort bereits Markt genannt und 1335 erfolgte die Verleihung der Gelnhäuser Stadtrechte durch Ludwig den Bayern. 1360 zur Pfarrei erhoben, wurde Fladungen zum kirchlichen Mittelpunkt des obe-

ren Streutales. Ein mächtiges Renaissance-Gebäude mit vier Geschossen und zwei Flügeln beherbergte das Zentgericht und diente als bischöflicher Amtssitz (1600 von der Hildenburg hierher verlegt). Schöne alte Fachwerkhäuser – meist erst nach dem Brand von 1635 entstanden – beleben das Ortsbild Fladungens. Die alte Befestigung, um 1335 entstanden, umzieht mit ihren fünf Türmen noch auf allen Seiten den Stadtkern. Die Stadt beherbergt das Fränkische Freilandmuseum und das Rhönmuseum. Seit einigen Jahren ist sie auch Endstation der Museumsbahn nach Mellrichstadt.

Dritte Etappe

Egal ob man in Fladungen oder am Ellenbogen übernachtet: Die Tour wird mit der 3. Etappe am Schwarzen Moor fortgesetzt. Wenn man es nicht am vorigen Tag gemacht hat, sollte man nun auf jeden Fall das Schwarze Moor auf dem Naturvermittlungspfad besichtigen. Anschließend steht noch der Besuch des 18 m hohen Aussichtsturms auf dem Programm, von dem aus man eine weitere tolle Aussicht hat.

Das Rote und das Schwarze Moor

Die größten und bekanntesten Moore der Rhön sind das Schwarze (60 ha) und das Rote (30 ha) Moor. Beide haben sie eine ähnliche Entstehungsgeschichte, die etwa nach der letzten Eiszeit begann (vor ca. 13.000 Jahren), als sich bei feuchtkaltem Klima eine „niedere Tundrenvegetation" ausbreitete. In Mulden mit tonigem und daher wasserundurchlässigem Untergrund siedelten sich feuchtigkeitsliebende Pflanzen an, die sich nach ihrem Absterben nur ungenügend zersetzten und schließlich vertorften. Im Laufe der Jahrtausende wuchsen bei wechselnden Klimaperioden und unterschied-

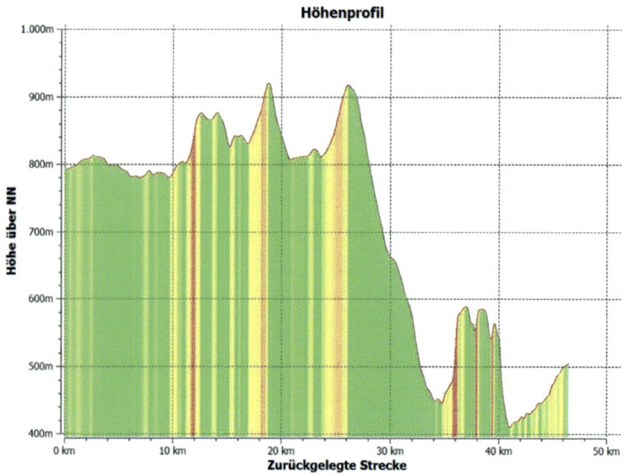

lichem Pflanzenbewuchs die Torfschichten verschieden schnell und bildeten schließlich ein immer stärker werdendes Polster, das selbst die Hänge der Mulden hinaufkroch und im zentralen Bereich eine uhrglasförmige Wölbung hervorrief. Diese ist beim Schwarzen Moor noch deutlich sichtbar, beim Roten Moor hingegen infolge der Torfgewinnung längst verschwunden. Von dieser Aufwölbung haben die sogenannten „Hochmoore" ihren Namen erhalten. Entlang der Moorlehrpfade werden die verschiedenen Aspekte des einzigartigen Lebensraumes Moor erklärt.

Der weitere Weg verläuft nun auf dem MTB-Westweg in Richtung Bischofsheim. Es geht durch das NSG Lange Rhön.

Das Naturschutzgebiet Lange Rhön

Dem Reiz der charakteristischen Hochflächen kann sich kaum einer entziehen. Die Mountainbike Hauptroute West verläuft auf den Höhen der Langen Rhön bis in die Schwarzen Berge. Entlang seines Verlaufs reihen sich perlenkettenartig die Naturschönheiten und „Highlights" der Langen Rhön.

Die nächste Station nach dem Schwarzen Moor ist der Stirnberg, eine der Kernzonen des Biosphärenreservates. Hier sieht es so gar nicht nach Natur aus, denn man hat den Gipfel des Stirnberges von Bäumen befreit, die dort vor 50 Jahren angepflanzt wurden, aber eigentlich nicht dorthin gehören. Auch hat man den Wanderweg verlegt, sodass sich Mountainbiker

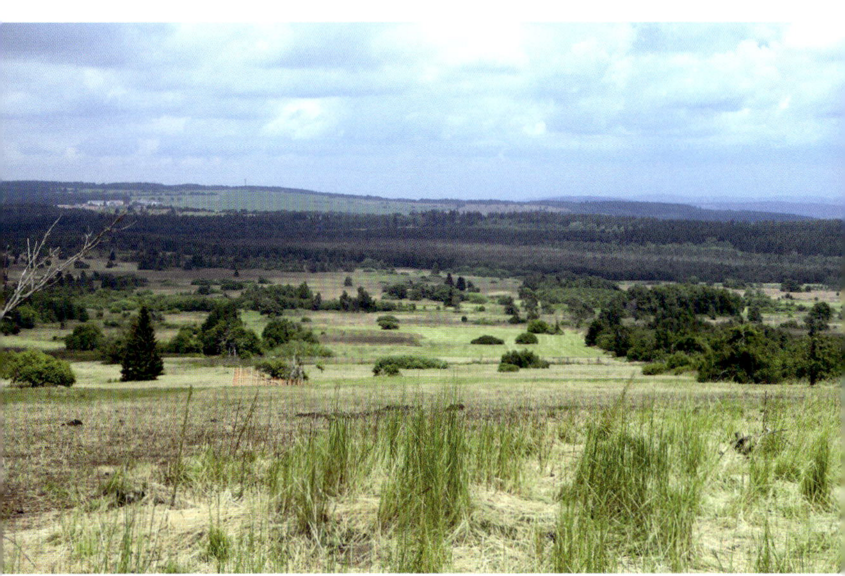

Blick vom Hohen Polster auf das Schwarze Moor

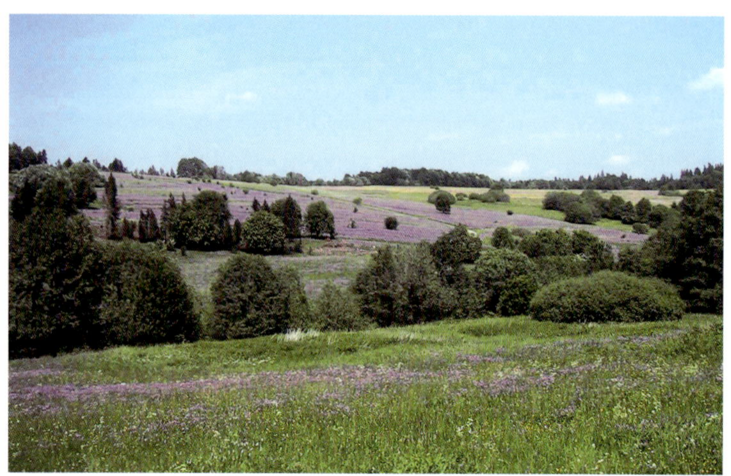

Blühende Weideröschen in der Langen Rhön

und Wanderer den fahrtechnisch nicht ganz einfachen Weg zunächst teilen müssen. Er führt zum Parkplatz an der Schornhecke und von dort bequem auf einer Privatstraße hinauf auf den Gipfel des Heidelsteins (926 m).

Vom Gipfel des Heidelsteins bietet sich bei schönem Wetter ein herrlicher Rundblick: Der Hohe Meißner im Nordwesten, der Thüringer Wald im Norden, die Gleichberge und die Berge bei Osten, die Haßberge und der Steigerwald im Südosten, der Kreuzberg, die Schwarzen Berge und das Dammersfeld im Süden und Südwesten und schließlich der Vogelsberg im Westen.
Über den Sendemast wurden bis zur Wende im Wesentlichen westdeutsche Programme in die DDR gesendet. Heute sind es hessischer und bayerischer Rundfunk sowie der Deutschlandfunk. Die Borstgrasrasenwiesen in der Nähe des Wanderweges zum Roten Moor weisen bis zu 72 verschiedene Pflanzenarten auf. Für ihren Erhalt ist die alljährliche Mahd sehr wichtig. Am Südosthang des Heidelsteins wurde in den letzten Jahren durch Rodung Lebensraum für das Birkwild geschaffen.

Das Birkhuhn in der Rhön

Der Erhalt des Birkhuhns ist als Leitart für die Lebensgemeinschaften von besonderer Bedeutung. Da das Birkhuhn äußerst störungsempfindlich ist, ist es wichtig, dass für sein Überleben in der Rhön großflächige Ruhezonen geschaffen und auch vom Besucherverkehr freigehalten werden. Ob allerdings der Tourismus in der Langen Rhön am stetigen Rückgang der Birkhuhnpopulation Schuld trägt, ist zumindest fraglich. Doch wird nun die Population der Rhöner Birkhühner seit ein paar Jahren durch „Importe" aus Schweden gestärkt.

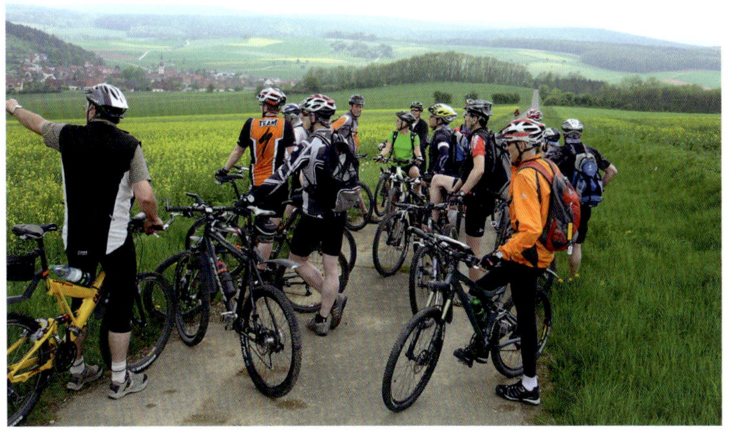

Natur- und Landschaftsführung

Auf der MTB-Route und mit entsprechender Rücksicht auf die Fußgänger fährt man nun hinunter zum Roten Moor, das auf einem Bohlenweg und nur zu Fuß besichtigt werden kann.
Die weitere Fahrt verläuft auf einem zunächst stark frequentierten Weg in Richtung Wasserkuppe. Die letzten eineinhalb Kilometer müssen auf der Zufahrtsstraße bewältigt werden. Bei der Fuldaquelle zweigt links eine MTB-Route nach Gersfeld ab, mit der man die Tour abkürzen kann.

Die Wasserkuppe dürfte der meistfrequentierte Ort in der Rhön sein. Hier gibt es fast alles: Zu essen und zu trinken sowieso, Übernachtung, Information, Schmuck, Kleidung u.v.m. Aber auch Segelflug und Gleitschirmfliegen, denn schließlich ist die Wasserkuppe die „Wiege des Segelfluges“ in Deutschland.

Die MTB-Route nach Poppenhausen beginnt an der Tourist-Info. Auf einem stark von Fußgängern frequentierten Weg (bitte Rücksicht nehmen und langsam fahren!) geht es zur hinunter zum Guckaisee. Er liegt dort – eingeschlossen von drei steilen Wänden – beinahe wie ein Vulkansee. Doch trotz des Geologischen Lehrpfades und des vielfältigen vulkanischen Gesteins in den Hängen sind die Geologen allerdings nicht der Meinung, dass es sich um die Überreste eines vulkanischen Kraters handelt.
Über Günthersberg erreicht man einen schönen Landwirtschaftsweg mit alten Bildstöcken, auf dem man hinunter nach Poppenhausen fährt. Am Schilderknoten beim Rathaus zweigt die MTB-Route nach Gersfeld ab. Es geht hinauf zum Gackenhof, der direkt unterhalb der Ruine Ebersburg liegt. Diese Burg gehörte einst einem Raubrittergeschlecht, das den Fürstbischöfen von Fulda über längere Zeit einigen Unbill verursachte.
Über breite Forstwege schwingt sich danach die Route hinunter in das Tal der Fulda. Von dort geht es auf dem Fuldatalradweg, auch Radfernweg R 1 genannt, zurück zum Gersfelder Bahnhof.

Etappe 1: Von Gersfeld über den Kreuzberg und durch die Schwarzen Berge nach Bischofsheim		
km	**Standort**	**Zielangabe auf dem Wegweiser**
0	Bahnhof Gersfeld (500 m)	MTB-Route Richtung Kreuzberg
2,6	Rodenbach	MTB-Route Richtung Kreuzberg
4	Parkplatz Schwedenschanze	weiter auf der MTB-Route
6	Himmeldunkberg (886 m)	MTB-Westweg nach Bischofsheim
7,8	Jugendzeltplatz Oberweißenbrunn	MTB-Route zum Kreuzberg
8,4	Vzw. Radweg	Radweg Richtung Bad Brückenau
10,1	Vzw.	MTB-Route (zum Kreuzberg)
12,5	Kreuzbergsattel	MTB-Route zum Kreuzberg
Kloster Kreuzberg (869 m)		
14,4	Kloster Kreuzberg	MTB-Westweg Richtung Würzburger Haus
15,3	Vzw.	MTB-Westweg Richtung Würzburger Haus

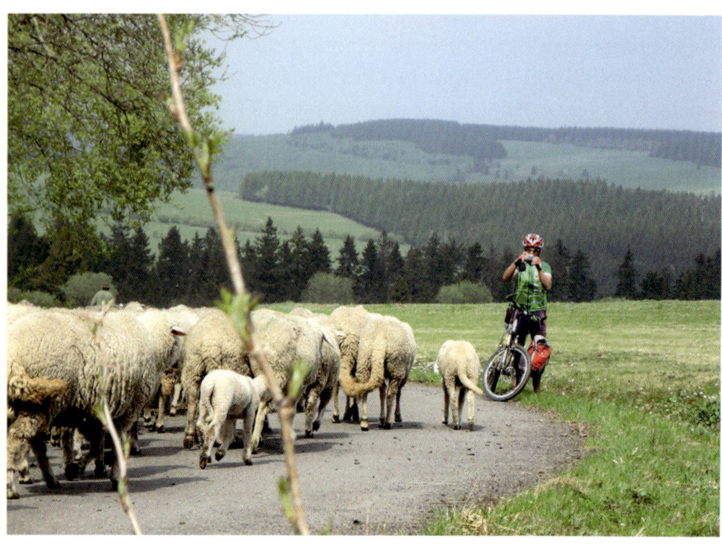

km	Standort	Zielangabe auf dem Wegweiser
18,6	Guckaspass (660 m)	MTB-Westweg Richtung Würzburger Haus
19,1	Abzweig nach Wildflecken	MTB-Westweg Richtung Würzburger Haus
19,7	Abzweig nach Oberbach (735 m)	MTB-Westweg Richtung Würzburger Haus
24,9	Abzweig nach Oberbach	MTB-Westweg Richtung Würzburger Haus
Würzburger Haus (785 m) (E/Ü)		
27,6	Würzburger Haus	MTB-Route zur Platzer Kuppe
30,8	Platzer Kuppe	MTB-Ostweg Richtung Bischofsheim
35,4	Abzweig nach Stangenrot	MTB-Ostweg Richtung Bischofsheim
37,2	Kissinger Hütte (832 m) (E/Ü)	MTB-Ostweg Richtung Bischofsheim
39,1	Abzweig nach Oberbach	MTB-Ostweg Richtung Bischofsheim
39,7	Abzweig nach Wildflecken	MTB-Ostweg Richtung Bischofsheim
40,2	Guckaspass	MTB-Ostweg Richtung Bischofsheim
43,5	Abzweig zum Kreuzberg	MTB-Ostweg Richtung Bischofsheim
46,5	Neustädter Haus (747 m)	MTB-Ostweg Richtung Bischofsheim
51,9	Oberweißenbrunn	MTB-Ostweg Richtung Bischofsheim
54,3	**Ende der 1. Etappe am Infopunkt Bischofsheim (437 m)**	

Etappe 2: von Bischofsheim entlang am Osthang der Hochrhön, durch das östliche Rhönvorland zum Ellenbogen

km	Standort	Zielangabe auf dem Wegweiser
0	Bischofsheim Zentralparkplatz	Ostweg zum Schwarzen Moor
1,7	Vzw.	Ostweg zum Schwarzen Moor

5,3	Holzberghof (765 m)	Ostweg zum Schwarzen Moor
6,2	Vzw.	Ostweg zum Schwarzen Moor
9,6	Kalte Buche (727 m)	Ostweg zum Schwarzen Moor
15	Basaltsee 1 (728 m)	Ostweg zum Schwarzen Moor
15,3	Basaltsee 2	Ostweg zum Schwarzen Moor
20,6	Vzw. Im Elstal	Ostweg zum Schwarzen Moor
21,6	Schweinfurter Haus (580 m)	
22,6	Vzw.	MTB-Route nach Oberelsbach
25,9	Vzw.	MTB-Route nach Oberelsbach
26,6	Haus der Langen Rhön (407 m)	MTB-Route nach Ostheim
27,6	Vzw. 1 Hundsrücken	MTB-Route nach Ostheim
28	Zw. 2 Hundsrücken	MTB-Route nach Ostheim
30,3	Vzw. Ri. Sondheim	MTB-Route nach Ostheim
31,4	Parkplatz Kaffenberg	MTB-Route nach Ostheim
36	Infopunkt Ostheim (294 m)	Abstecher in das alte Thüringische Amtsstädtchen
36	Infopunkt Ostheim	Radfernweg Rhön-Sinntal
40,7	Vzw. bei Nordheim	Radwanderroute nach Stetten
41,2	Vzw. nach Sondheim	Radwanderroute nach Stetten
44,6	Stetten Linde	Radwanderroute Richtung Fladungen
45	Vzw. Alter Hausener Weg	MTB-Route Richtung Wüstensachsen
46,7	Vzw. nach Roth	MTB-Route Richtung Wüstensachsen
48,7	Parkplatz Hillenberg (650 m)	MTB-Route Richtung Wüstensachsen
49,1	Abzweig zum Eisgraben	Ostweg Richtung Schwarzes Moor
48,7	Parkplatz Hillenberg (650 m)	MTB-Route Richtung Wüstensachsen
49,1	Abzweig zum Eisgraben	Ostweg Richtung Schwarzes Moor

49,9	Eisgraben (651 m)	Ostweg Richtung Schwarzes Moor
54,7	Schwarzes Moor (786 m) (Ü/E)	
Die Route zum Ellenbogen wurde zwar als MTB-Route markiert, doch durch mangelnde Pflege sind mittlerweile die meisten Wegweiser ab Frankenheim nicht mehr vorhanden. Problemlos kommt man nach Frankenheim. Dort fährt man durch den Ort Ri. Meiningen.		
55,7	DDR-Wachturm	nach dem Turm rechts der MTB-Route folgen
57,8	Frankenheim (779 m)	weiter auf der Route
Am Ende des Ortes zweigt ein Asphaltweg links ab, führt vorbei an einem landwirtschaftlichen Betrieb. An der Verzweigung nach ca. 3 km biegt man links ab und gelangt auf diesem Weg zum Thüringer Rhönhaus und zum Eisenacher Haus am mit 806 m hohen Ellenbogen.		
61,2	Vzw. Nach Hilders	rechts zum Eisenacher Haus
63,7	Ende der 2. Etappe am Eisenacher Haus (800m)(Ü/E)	

Etappe 3: vom Ellenbogen durch die Lange Rhön, über die Wasserkuppe und hinunter in das Tal der Fulda bei Gersfeld

km	Standort	Zielangabe auf dem Wegweiser
0	Eisenacher Haus	MTB-Route zum Schwarzen Moor
Schwarzes Moor (783 m)		
8,6	Schwarzes Moor	Westweg Richtung Bischofsheim
10,9	Vzw.	Westweg Richtung Bischofsheim
12,7	Vzw. Stirnberg 1 (873 m)	Westweg Richtung Bischofsheim
13,9	Vzw. Stirnberg 2	Westweg Richtung Bischofsheim
17,1	Vzw. Schornhecke (830 m)	Westweg Richtung Bischofsheim
18,9	Heidelstein (921 m)	Westweg Richtung Bischofsheim
19,9	Vzw.	Westweg Richtung Bischofsheim
21,2	Vzw. Rotes Moor (806 m)	MTB-Route zur Wasserkuppe
24,9	Vzw. Fuldaquelle	weiter auf der Straße

Infozentrum Wasserkuppe (907 m) Auch im Bereich der Wasserkuppe kann die Markierung der Routen nicht vollständig sein. Man fährt deswegen vor der Tourist-Info links ab in Ri. Wasserkuppen-Gipfel und folgt nach ca. 1 km dem Weg Ri. Guckaisee (auf keinen Fall Ri. Pferdskopf fahren)		
25,8	Infozentrum Wasserkuppe	MTB-Route nach Poppenhausen
29,5	Guckaisee (704 m)	weiter auf der MTB-Route
30,4	Günthersberg	weiter auf der MTB-Route
33,8	Rathaus Poppenhausen (462 m)	MTB-Route Ri. Gersfeld
34	Vzw.	MTB-Route Ri. Gersfeld
36,1	Gackenhof	weiter auf der MTB-Route
36,9	Abzweig von der Straße (590 m)	weiter auf der MTB-Route
41	Altenfeld, Krz. mit B 279 (410 m)	weiter auf der MTB-Route
41,1	Einmündung auf den Radfernweg	Gersfeld Bahnhof über R 1
46,5	**Gersfeld Bahnhof (500 m)**	

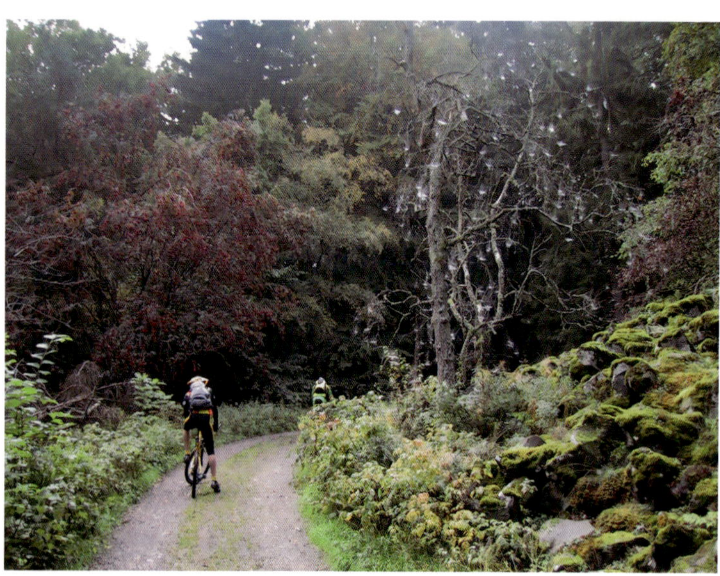

Basalt-Blockschutthalde auf dem Weg zum Eisgraben

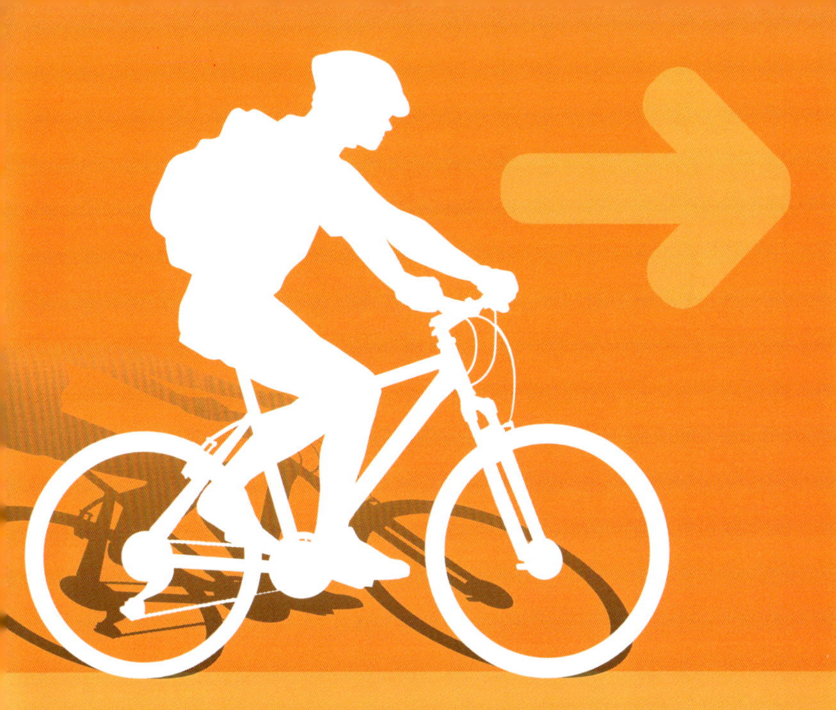

Über die Höhen zwischen Sinntal und Jossatal

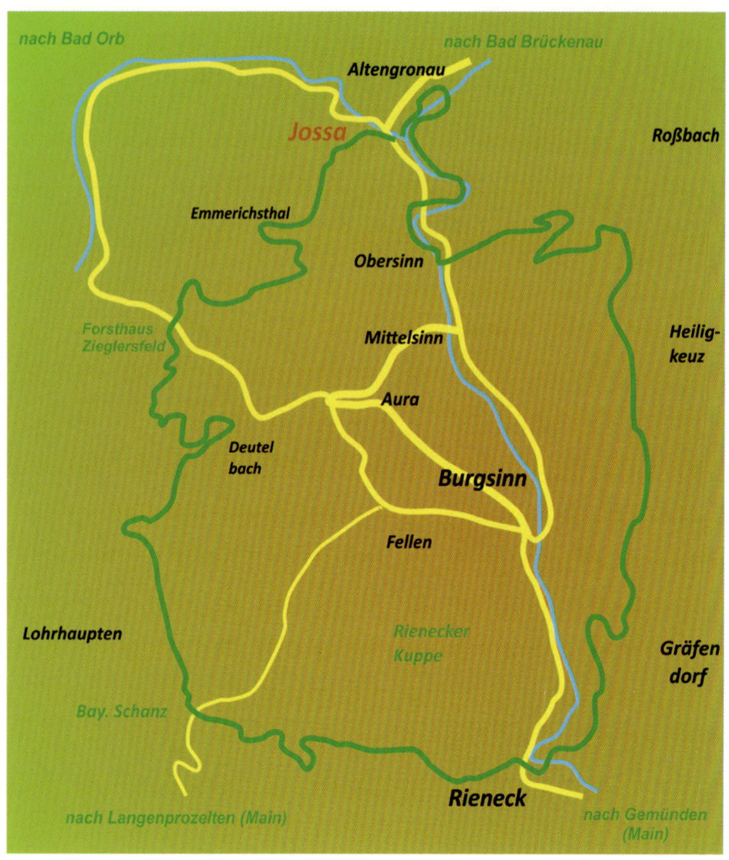

Von den Höhen der Rhön zu den Höhen des Spessarts: Diese Tour ist das Bindeglied zwischen dem Rhöner MTB-Routennetz und den MTB-Routen und Fahrradwegen im Spessart. Der Rhöner-MTB-Ostweg, der am Schwarzen Moor in der Nähe von Bayerns nördlichster Stadt Fladungen beginnt, führt hier über die östlichen Höhen des Sinntals zum Main und ist damit zugleich Teil dieser Route.

Diese Rundtour ist so ziemlich die einsamste, die man sich in unseren Breiten vorstellen kann: Von Jossa ausgehend, gelangt man erst nach 40 km zum nächsten Ort, es ist Rieneck im Sinntal! Dazwischen liegen ein Jägerhaus und die Ausflugsgaststätte Bayerische Schanz und abseits der Route die Weiler Emmerichsthal und Deutelbach. Die Tour nutzt überwiegend Forstwege und es geht fast nur durch den Wald. Auf den ersten 10 km müssen rund 280 hm bezwungen werden. Zum Forsthaus Zieglersfeld geht es wieder 170 m hinunter und danach geht es hinauf auf die Bayerische Schanz (526 m), dem höchsten Punkt der Route. Lang und auch ein wenig anstren-

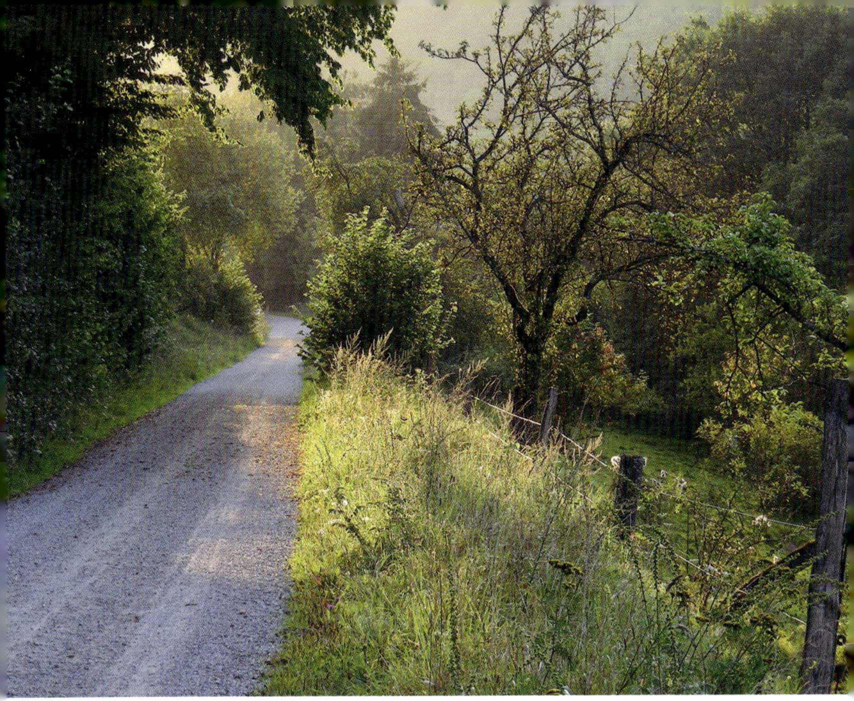

Abendstimmung im Jossatal

gend ist dann die Abfahrt hinunter ins Sinntal bei Rieneck (180 m). Dort wird die Sinn überquert und auf der anderen Flussseite steigt die Route gleich wieder kräftig an. Hier wird es nun richtig steil, bis an der Hochstraße 220 hm zurückgelegt worden sind. Im Zuge der alten Hochstraße, auch Hohe Straße genannt, geht es noch einmal auf knapp 500 m, bevor die Route am Waldort Eule wieder hinunter ins Sinntal abbiegt. Der letzte Abschnitt bis nach Jossa verläuft dann auf dem Rhön-Sinntal-Radweg.

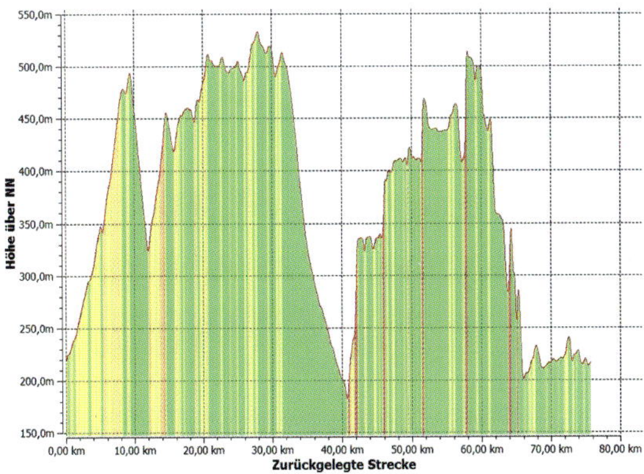

Startort	Jossa und alle anderen Orte an der Rundtour; die Tour kann auch in Gemünden am Main begonnen werden. Man fährt dann auf dem Radweg Rhön-Sinntal ca. 6 km bis Rieneck und trifft beim dortigen Wegweiser Krzg. Schellhofstraße/Untere Jägerwiese auf die MTB-Route
Länge	75,5 km
Höhendifferenzen	ca. 1300 m
Schwierigkeiten	Fahrtechnisch mittel, lange Steigungen,
Wegweisung	weißgrüne MTB- und Fahrradwegweisung mit Ziel- und Entfernungsangaben sowie Zwischenwegweiser mit Richtungspfeilen und Biker/Fahrradsymbol
Wege	Wald- und Wiesenwege, überwiegend geschottert, einige Abschnitte auch auf Asphalt
Karte	Spessart-Fahrradkarte Cocon-Verlag Hanau
Einkehr unterwegs	Bay. Schanz, Rieneck, Obersinn, Altengronau, Jossa

Die alte Sinnbrücke in Schaippach

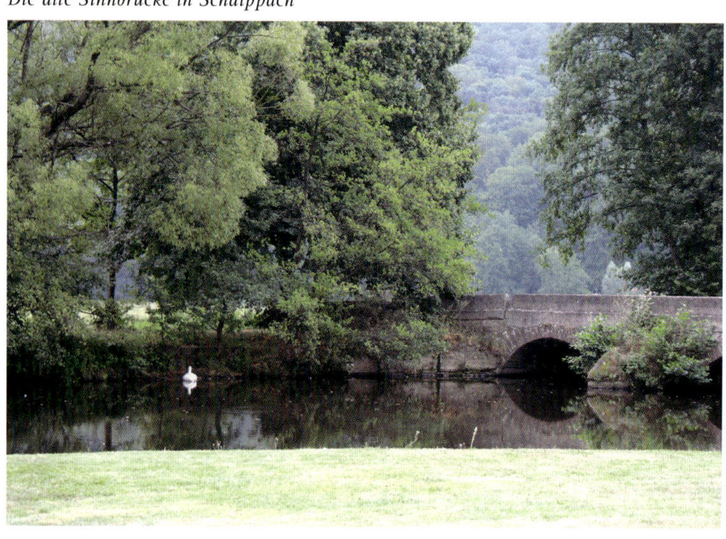

km	Standort	Zielangabe auf dem Wegweiser
0	Wegweiser auf der Hauptstraße in Jossa	Bayerische Schanz 29 km / Emmerichsthal 3,5 km
0,5	Verzweigung	links in die Straße Im Geroth und den Steinbachsgrund
3,5	nähe Emmerichsthal	rechts weiter
8,8	Wegweiser am Hanauer Berg	Bayerische Schanz 20 km / Deutelbach 6 km
12	Forsthaus Zieglerfeld	geradeaus über die Bundessstraße
15	Oberhalb Deutelbach	Weg bleibt auf der Höhe und führt um Deutelbach herum
21	Wegweiser Nähe Roßkopf	Einmündung der Fahrradroute SpessartNordostPassage Lohr 25 km / Lohrhaupten 4 km
23,5	Wegweiser an der Birkenhainer Straße	Rieneck 17 km / Bayerische Schanz 6 km Ab hier bis zur Bayerischen Schanz verläuft die alte Birkenhainer Straße meist neben dem Forstweg.

An der Birkenhainer Straße

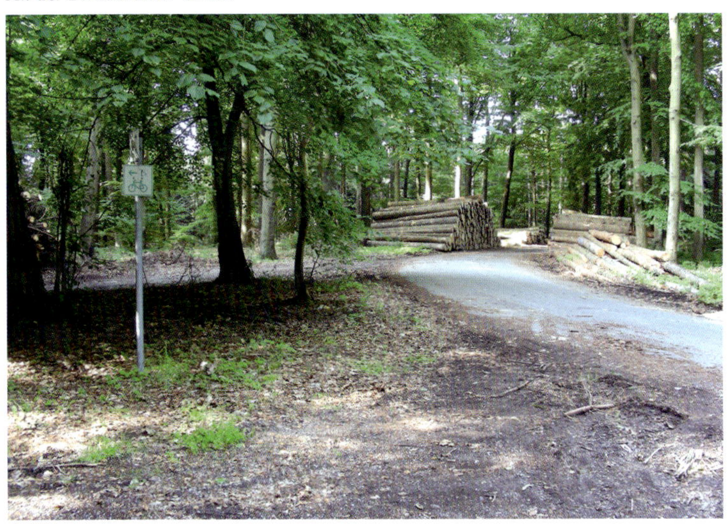

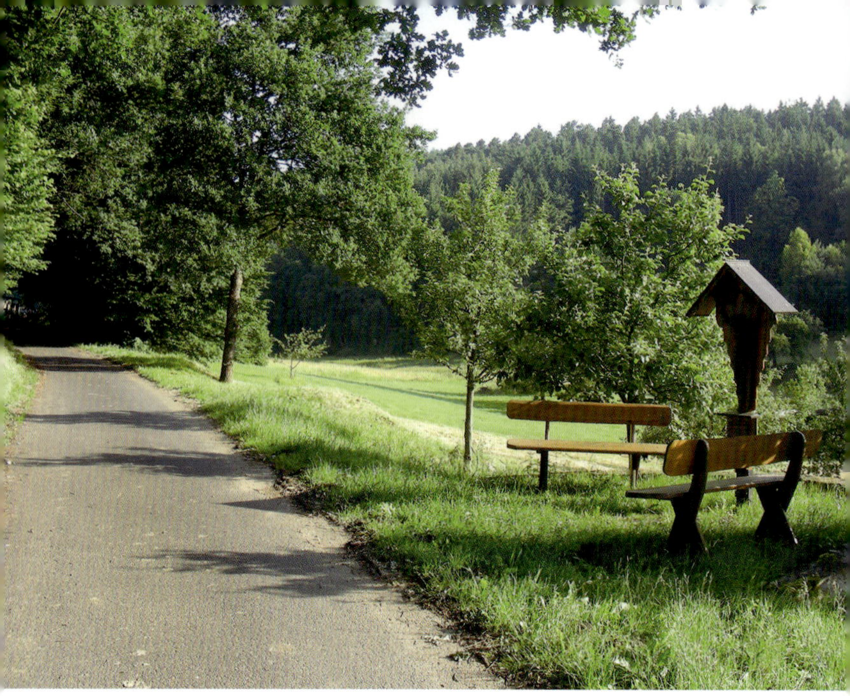

Rast am Wegkreuz

24,2	Wegweiser Weichertaler Höhe	Rieneck 17 km / Bayerische Schanz 5 km
28,2	nach Einmündung links auf die Straße;	
28,3	Wegweiser Nähe Herrmannskopf	Rieneck 12 km / Bayerische Schanz 1 km
29	Wegweiser Bay. Schanz	Rfw Rhön-Sinntal 12 km / Rieneck 11 km
32,6	am Wegkreuz Verzweigung	scharf links halten
33,6	Verzweigung	Rechts halten; es geht nun durch den Fliesenbachgrund
39	Ortsanfang von Rieneck, auf der Obertorstraße zur Hauptstraße	
40,3	Ortsmitte	rechts auf die Hauptstraße einbiegen
40,5	Ortsmitte	links in die Rotenbergstraße abbiegen, dann links in die Schellhofstraße und über die
40,7		Sinnbrücke

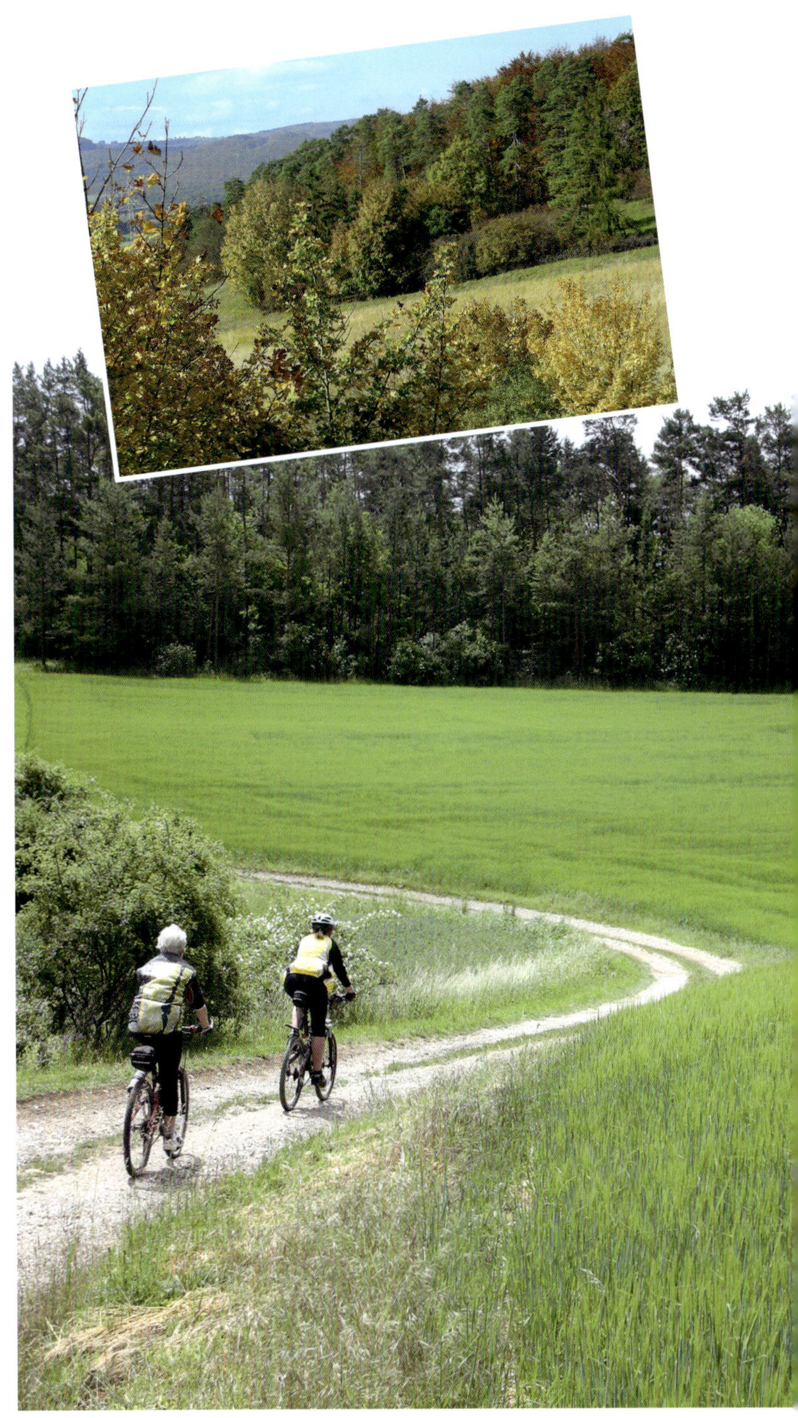

41	Wegweiser Schellhofstraße/ Untere Jägerwiese	weiter Ri. Gräfendorf 12,5 km / Hohe Straße 7 km / Würzburger Haus 41,5 km
42,5	Ortsende von Rieneck	
46	Wegweiser	Gräfendorf (Saale) 8,6 km / Obersinn 18 km / Würzburger Haus 36,5 km
49,5	Wegweiser Querung an der Kreisstraße	Obersinn 17 km / Zeitlofs im Sinntal 14 km / Würzburger Haus 33 km ab hier Verlauf auf der Straße
51,6	Verzweigung	geradeaus in die Hohe Straße
57,4	Wegweiser an Verzweigung	links Ri. Obersinn 8,7 km
65,4	Ortsanfang von Obersinn	
66,2	Nach der Überquerung der Sinn Wegweiser	Bad Brückenau 23 km / Altengronau 6,5 km
67,3	Sportplatz Brückenfeldstraße	Ortsende von Obersinn
69,8	Abzweig zum Hof Dittenbrunn	geradeaus weiter
71,4	links Abzweig eines Pfades durch geschützte Wiesen nach Jossa	geradeaus weiter
73	Wegweiser am Ortsanfang von Altengronau	links einbiegen Ri. Jossa 2,7 km / Altengronau 0,5 km
73,4	Hauptstraße	links einbiegen
74	Beginn des Radweges	
75,3	Viadukt	
75,5	**Ende der Tour beim Wegweiser an der Hauptstraße**	

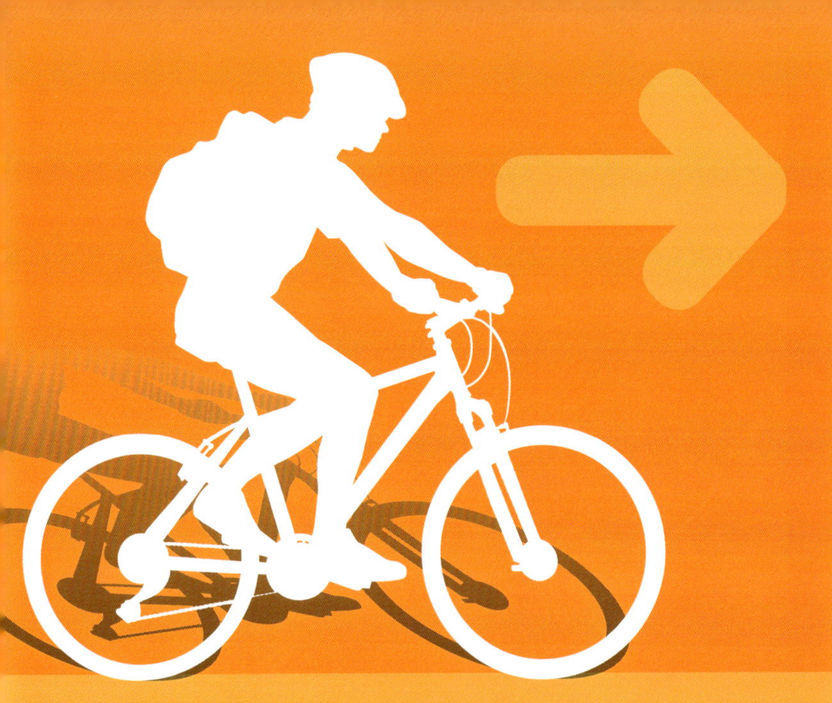

Der Hochspessart-Trail

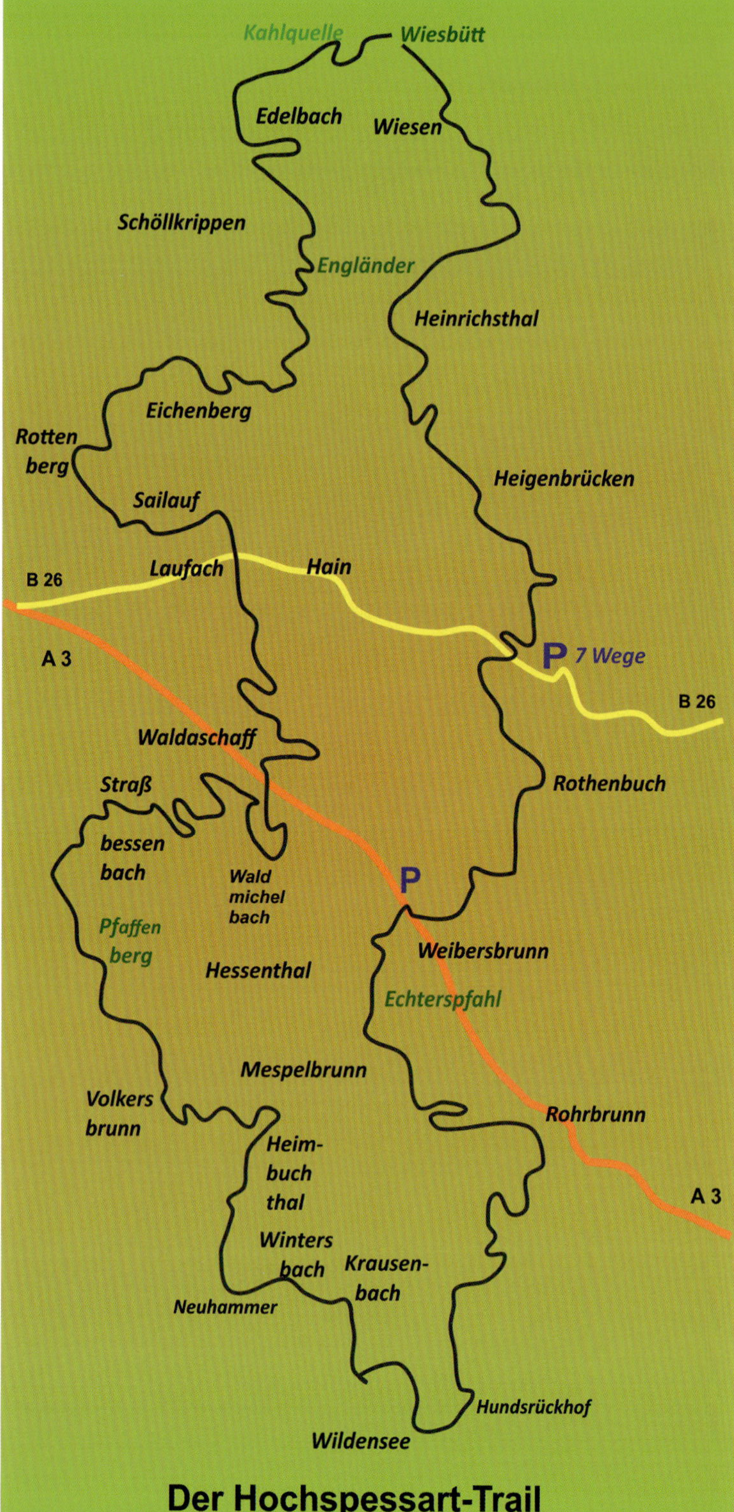

Der Hochspessart-Trail

Startort	Weibersbrunn und in allen Orten an der Rundtour
Länge	ca. 145 km
Höhendifferenzen	2600 m
Schwierigkeiten	bergiges Streckenprofil schwer
Charakter	Mehrfache lange Abfahrten in die Täler von Laufach, Kahl, Aubach und Elasava Lohrbach mit direkt anschließenden Steigungen
Wege	befestigte Wald- und Feldwege, vereinzelt Wiesenwege
Wegweisung	weiß-grüne Fahrradwegweisung und zusätzlich das Routenpiktogramm **A**
Einkehr unterwegs	in fast allen Orten
Karte	Spessart-Fahrradkarte Cocon-Verlag Hanau

Als Tagestour ist diese Tour eine Herausforderung. Relativ gemütlich ist sie als 2-Tagestour mit vielen Einkehrmöglichkeiten in den Spessart-typischen Landgasthöfen.

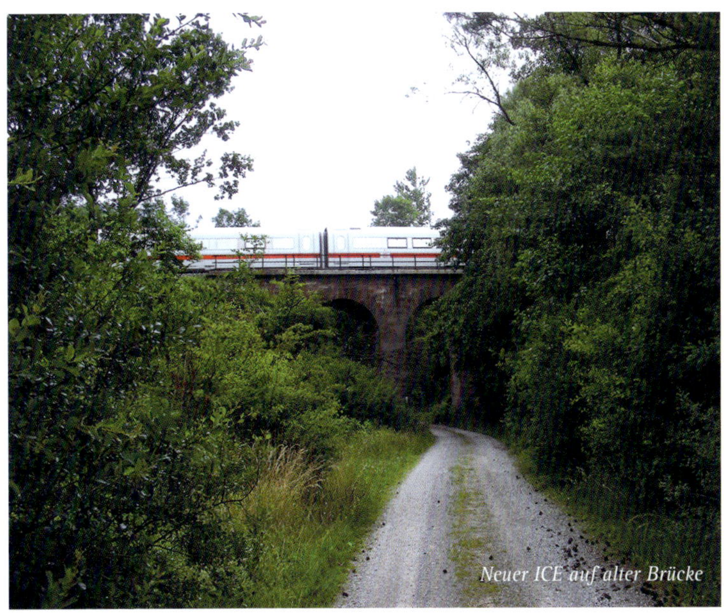
Neuer ICE auf alter Brücke

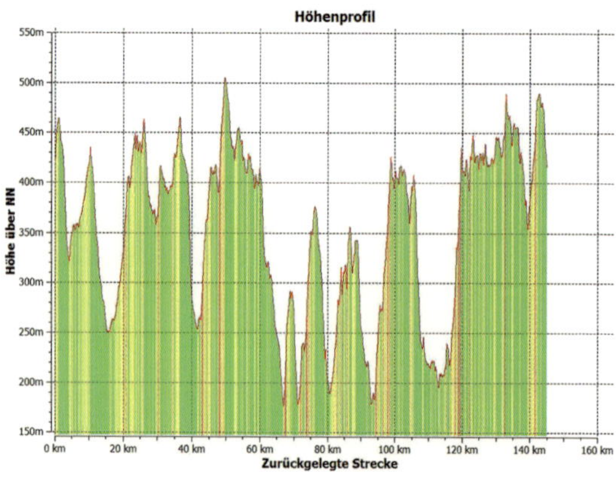

km	Standort	Zielangabe auf dem Wegweiser
0	Parkplatz Eselsweg	Rothenbuch
6,7	Rothenbuch	Heigenbrücken
10,9	Parkplatz 7 Wege	Heigenbrücken
18,1	Heigenbrücken	Kahl / Heinrichsthal
Der Luftkurort Heigenbrücken ist geprägt von der alten Glasmacherzunft, vom Buntsandstein, von der Spessartbahn und durch den Tourismus. Besonders die Eröffnung der Spessartbahn brachte „Sommerfrischler“ in den Spessart und war sicher ursächlich für die Gründung des Vereins „Die Spessartfreunde 1880“, einem Vorläufer des heutigen Spessartbundes.		
25,5	Heinrichsthal	
Heinrichthal ist ein Rodungsdorf aus der letzten Besiedelungsphase des Spessarts. Mit seinen Feldern ist es von allen Seiten vom Wald umschlossen, beinahe wie ein Insel.		
27,4	Wegweiser Birklergrund	Wiesbüttsee / Wiesen
Im Birklergrund wie auch im Aubachtal wurde im Mittelalter das damals berühmte Spessartglas erzeugt (Baureste, Informationstafeln).		
33,5	Wiesen	Kleinkahl / Bamberger Mühle
Oberhalb von Wiesen befindet sich neben dem See das einzige Hochmoor des Spessarts, das Wiesbüttmoor. Mit seiner etwa zwei Meter dicken Torfschicht bedeckt es eine 1200 Meter lange und 100 Meter breite Buntsandsteinmulde. Der Wiesbüttsee wurde im 18. Jahrhundert zur Versorgung eines Bergwerkes künstlich aufgestaut. Am See befindet sich ein Gasthaus.		

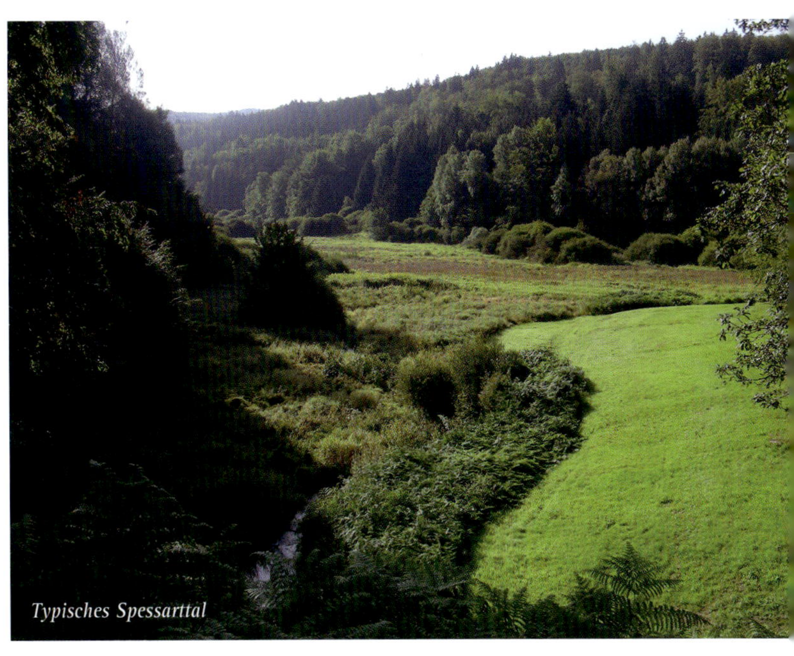
Typisches Spessarttal

36,5	Wegweiser	Kleinkahl / Bamberger Mühle
39,7	Kahlquelle	Kahl / Kleinkahl
41,6	Wegweiser	Waldaschaff / Edelbach
53,7	Engländer	Sailauf / Laufach
61,7	Eichenberg	Rottenberg / Eichenberg
64	Rottenberg	Frohnhofen / Sailauf Zentrum
66,7	Sailauf	Engländer / Laufach
71	Laufach	Waldaschaff
80,5	Waldaschaff	Straßbessenbach / Waldmichelbach
90,5	Waldmichelbach	
93	Straßbessenbach	Hohe Wart / Dörrmorsbach
97	Dörrmorsbach	
98,5	Pfaffenberg	
101	Hohe Wart	
101,3	Wegweiser	Heimbuchenthal / Volkersbrunn

Wer das Wasserschloss Mespelbrunn besichtigen möchte, fährt an diesem Wegweiser Ri. Hessenthal und an der Staatsstraße 2312 rechts nach Mespelbrunn. Nach der Besichtigung geht es weiter nach Heimbuchenthal, wo man am Ortsanfang wieder auf die Route trifft.

Das Wasserschloss steht in einem Seitental des Elsava-Tals. Es verdankt seine Entstehung einer Schenkung des Mainzer Erzbischofs Johann II. von Nassau. Dieser übereignete am 1. Mai 1412 seinem kurfürstlichen Forstmeister Echter den Platz zum Espelborn, der darauf im Talgrund an einem Weiher am Krebsbach ein unbefestigtes Haus errichtete. Sein Sohn errichtete 1427 ein befestigtes Haus mit Mauern, Türmen und einem Wassergraben. Die nachfolgenden Generationen verwandelten das abweisende Gemäuer später in ein Renaissanceschloss. Sein heutiges Aussehen verdankt es größtenteils Umbauten zwischen 1551 und 1569, die Peter Echter von Mespelbrunn und seine Frau Gertraud von Adelsheim durchführen ließen. Die Anlage ist seit dem frühen 15. Jahrhundert im Besitz der Familie Echter von Mespelbrunn.

104	Volkersbrunn	
108	Heimbuchental	Wintersbach / Heimbuchenthal
113	Neuhammer	Wildensee / Wintersbach
117	Krausenbach	Wildensee
122	Wegweiser Wildensee	Rohrbrunn / Hundsrückhof
124	Hundsrückhof	
135	Schweinfurter Kreuz	Waldaschaff / Echterspfahl

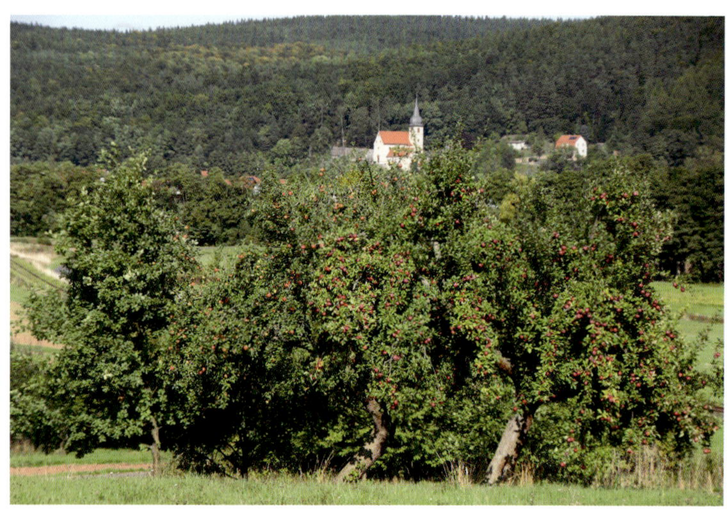

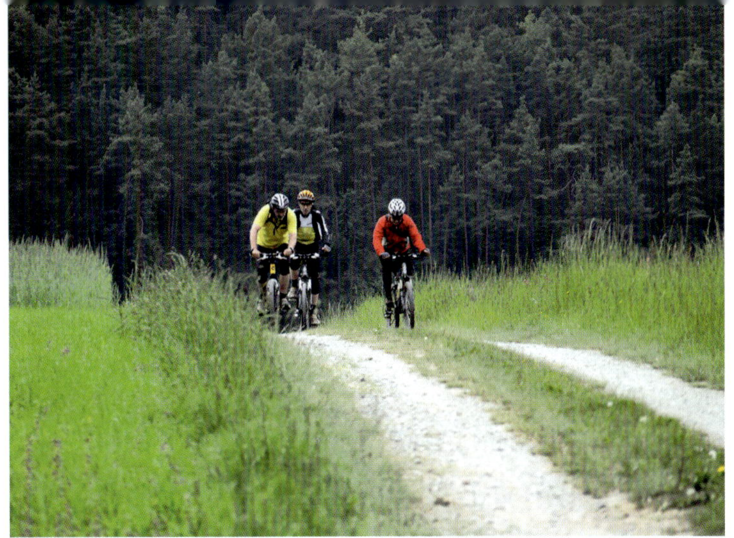

An dieser Stelle, der Verzweigung von Eselsweg und Spessarter Poststraße, die vom Main bei Lengfurt quer durch den Spessart nach Aschaffenburg führte, und einer uralten Straße, die aus der Gegend von Nürnberg kommend bei Urphar den Main überquerte, wurde am 2. April 1609 der Schweinfurter Kaufmann Backmund von einer Meute Wegelagerer überfallen. Er war mit einem Wagenzug unterwegs zur Frankfurter Messe. Die kostbare Ware wurde geraubt, der Kaufmann mitsamt seinem Geleit niedergemacht. Die Sage berichtet, dass seine Angehörigen wenige Jahre später an dieser Stelle das Kreuz errichtet haben, um dem Ermordeten, der nach den Erzählungen der Spessartbewohner nachts dort spuken würde, die ewige Ruhe zu geben. Die Schilderung der Tat und der Name des Opfers sind als Inschrift noch heute auf dem Schweinfurter Kreuz zu lesen.		
142	Echterspfahl	Waldaschaff / Weibersbrunn
Am Echterspfahl kreuzen sich der in Nord-Süd-Richtung verlaufende Eselsweg, eine alte Handelsstraße, die heute als Fernwanderweg erschlossen ist, mit der alten in Ost-West-Richtung verlaufenden Poststraße von Würzburg nach Frankfurt am Main, die heute teilweise zur Bundesstraße 8 ausgebaut ist. Der Name geht auf eine Sage zurück, nach der drei Brüder der Familie Echter im nicht weit entfernten Odenwald als Raubritter tätig waren. Verfolgt durch die Truppen des Kaisers Barbarossa zogen sie sich in den Spessart zurück und siedelten sich aus Sicherheitsgründen an drei verschiedenen Orten an. Von Zeit zu Zeit trafen sie sich an diesem markanten Ort zu Besprechungen und banden ihre Pferde an einem Pfahl fest, der mit drei Metallringen versehen war.		

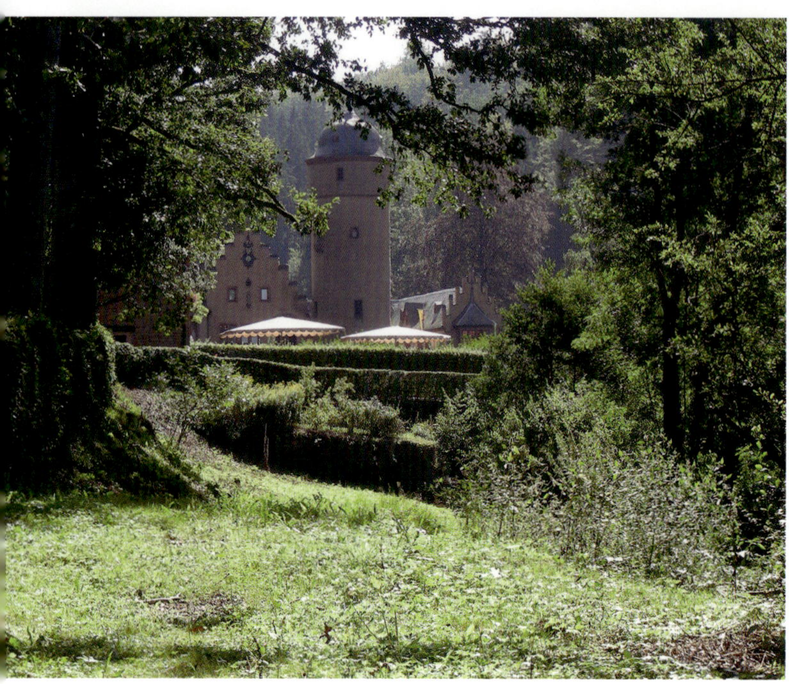

Blick auf Schloss Mespelbrunn

Fakt ist jedoch, dass dieser markante Punkt zu Kurmainzischen Zeiten ein Treffpunkt der Jäger und Treiber der Erzbischöfe und Kurfürsten von Mainz war. Als das Territorium an das Königreich Bayern überging, richtete die bayerische Forstbehörde hier eine Forstdienststelle ein. Die drei Ringe sollen übrigens der Ursprung für das Wappen der Familie Echter gewesen sein.	
145	**Ende der Tour am Parkplatz Eselsweg bei Weibersbrunn**

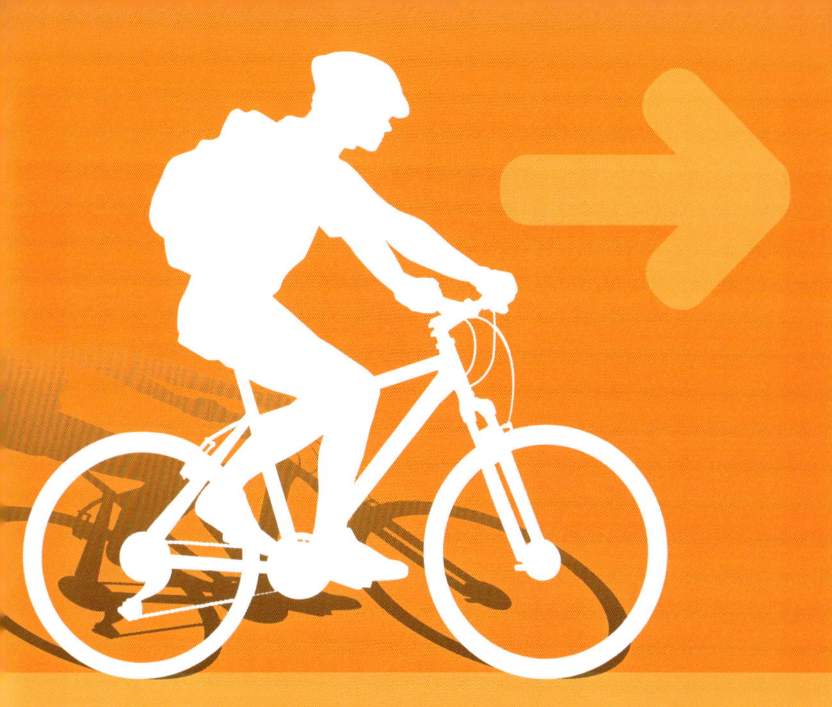

Biken vor den Toren der Stadt Aschaffenburg

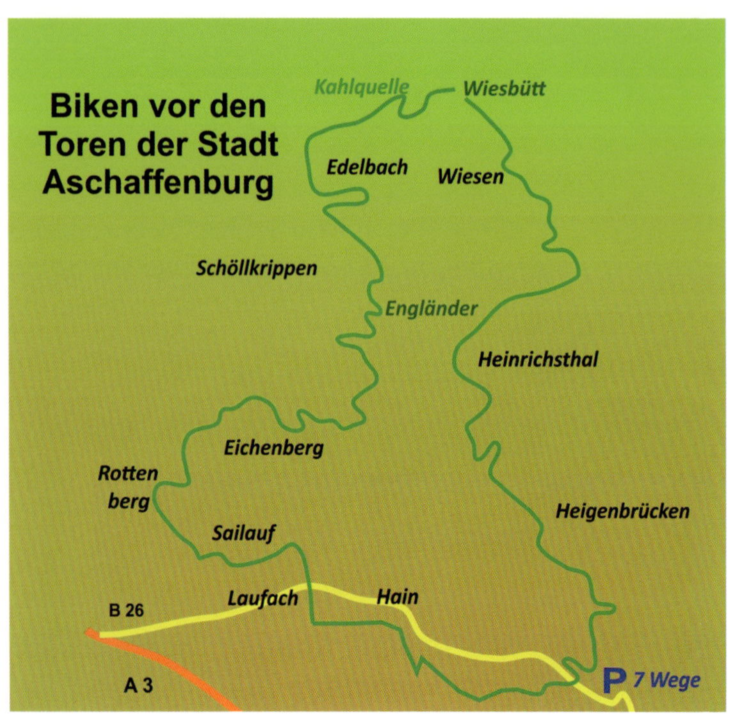

Startort	in Heigenbrücken und in allen anderen Orten an der Rundtour
Länge	ca. 68 km
Höhendifferenzen	ca. 1400 hm
Schwierigkeiten	konditionell fordernde CrossCountryTour
Charakter	sehr bergiges Streckenprofil, mehrfache lange Abfahrten in die Täler von Laufach, Kahl, Aubach und Lohrbach mit anschließenden Steigungen
Wege	befestigte Wald- und Feldwege, vereinzelt Wiesenwege
Wegweisung	weiß-grüne Fahrradwegweisung und zusätzlich das Routenpiktogramm **B**
Einkehr unterwegs	in fast allen Orten
Karte	Spessart-Fahrradkarte Cocon-Verlag Hanau

Unter Mountainbikern ist es völlig unumstritten, dass eine MTB-Tour, wenn man sie nacheinander in unterschiedliche Richtungen befährt, völlig anders sein kann. Nicht nur die unterschiedlichen Anforderungen hinsichtlich Steigung und Gefälle, sondern auch das Landschaftserlebnis ist in aller Regel ein anderes. So ist diese Tour auf manchen Abschnitten im Verlauf mit dem Hoch-spessart-Trail (A) identisch, doch anders als sie verläuft sie im Uhrzeigersinn.

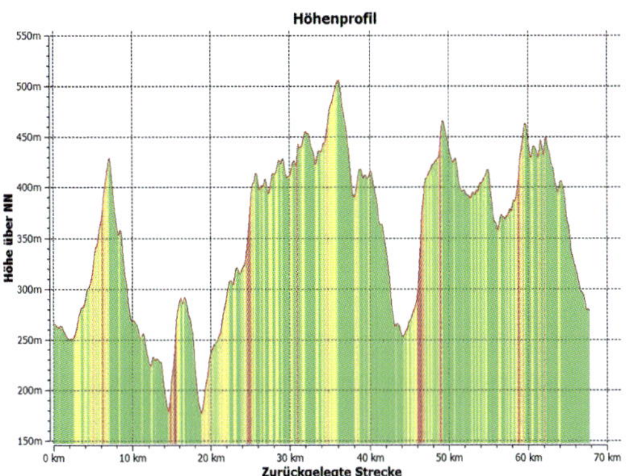

Vom Lindenplatz in der Ortsmitte von Heigenbrücken fährt man ca. 2,5 Kilometer im Tal des Lohrbaches und verlässt es dann am Wegweiser, um die Höhen rechts des Tales zum Parkplatz Sieben Wege zu erklimmen. Vom Parkplatz geht es aber gleich wieder im Tal des Seebaches hinunter, vorbei an Hain nach Laufach. Über eine Anhöhe fährt man nach Sailauf, vorbei an Rottenberg und Eichenberg, und dann auf einer langgezogenen Steigung hinauf zum Gasthaus Engländer. (Eine kürzere Route führt von Sailauf direkt zum Engländer.)

Vom Engländer führt die Route ins Kahltal nach Edelbach und zur Kahlquelle. Dort beginnt der Anstieg zum Eselsweg und zur Birkenhainer Straße, beides uralte Handelswege, die sich beim Dr. Karl-Kihn-Platz verzweigen. Man gelangt danach nach Wiesen im Aubachtal. Der Ort wird durchquert und man fährt nun im wunderschönen Aubachtal bis zur Einmündung des kleinen Birklerbaches. Die Route führt nun im Birklergrund talaufwärts und es geht nun über Heinrichsthal noch einmal über eine Anhöhe zurück zum Startort in Heigenbrücken.

km	Standort	Zielangabe auf dem Wegweiser
0	Lindenplatz	Lohr/Neuhütten
2,4	Wegweiser	Dammbach/Rothenbuch
2,6	Brücke der Spessartbahn	

Die Spessartbahn

Für das Projekt einer bayerischen Staatsbahn von Aschaffenburg nach Bamberg gestaltete sich die Überwindung der Höhenunterschiede im Spessart besonders schwierig. Durch Schleifen und Kehren in Verbindung mit Tunnels und Brücken sowie durch Ausfahren von Seitentälern bezwangen die Eisenbahnbauer die natürlichen Hindernisse. Daneben lösten sie die anstehenden Probleme durch mehrere Viadukte im Lohrtal. Die Überwindung der Wasserscheide Schwarzkopfberg, die „Spessartrampe" genannt wird, wurde durch den Bau des Schwarzkopftunnels gelöst. Nach knapp 4 Jahren Bauzeit wurde die Bahnstrecke Würzburg-Aschaffenburg am 1. Oktober 1854 eingeweiht. Ein Zeitzeuge berichtete über die Fahrt: „Äußerst interessant war die Fahrt durch den Schwarzkopftunnel, welche vier Minuten dauerte, und während der Einem doch etwas unheimlich zu Muthe wird, was in Erwägung des soliden Baues desselben höchst überflüssig ist." Im Dampfbetrieb vor 1957 war der Verkehr auf der Spessartrampe sehr aufwändig. In Laufach wurden Güter- und Fernreisezügen eine Schiebelok nachgespannt, Güterzügen gegebenenfalls auch noch eine dritte Lok vorgesetzt. Dies ist der Grund für die umfangreichen Gleisanlagen in den Bahnhöfen Heigenbrücken und Laufach, wo sich ein größerer Lokschuppen befand. Gegenwärtig werden die Probleme mit dem brüchigen Gestein durch einen neuen Tunnel gelöst.

6,9	Parkplatz 7 Wege	Hösbach 13 km / Laufach 7 km
14,6	Laufach	Kleinkahl 19 km / Engländer 6,9 km
16,6	Wegweiser	Sailauf 2,6 km
18,5	Wegweiser Sailauf	Hösbach 6 km / Sailauf Mitte 0,6 km
19,7	Wegweiser Sailauf	Eichenberg 5,3 km / Rottenberg 1,9 km
21,6	Wegweiser Rottenberg	Sommerkahl 4,8 km / Eichenberg 3 km
23,8	Wegweiser Eichenberg	Heigenbrücken 16 km / Engländer 8 km
32	Engländer	Kahlquelle 12 km / Kleinkahl 11 km
44	Wegweiser Kahltal	Lohr 40 km / Heinrichsthal 11 km
46	Kahlquelle	Lohr / Heinrichsthal

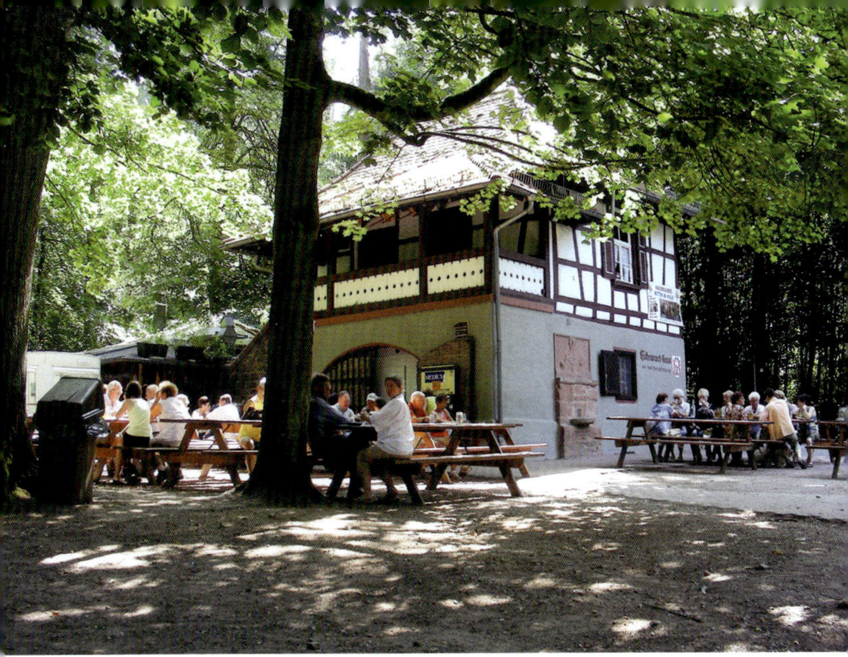

Einkehr im Hohe-Wart-Haus

49,2	Dr. Kihn-Platz	Wiesbütt 4,5 km /Wiesen 3,1 km
Abstecher zur Wiesbütt: Neben dem Wiesbüttsee befindet sich das einzige Hochmoor des Spessarts, das Wiesbüttmoor. Mit seiner etwa zwei Meter dicken Torfschicht bedeckt es eine 1200 Meter lange und 100 Meter breite Buntsandsteinmulde. Der Wiesbüttsee wurde im 18. Jahrhundert zur Versorgung eines Bergwerkes künstlich aufgestaut. Am See befindet sich ein Gasthaus.		
51,2	Wiesen	Wiesthal 12 km / Wiesen 1,1 km
Im Aubachtal und im Birklergrund wurde im Mittelalter das damals berühmte Spessartglas erzeugt (Baureste, Informationstafeln).		
58,3	Birklergrund	Lohr 31 km / Heinrichsthal 2 km
60,3	Heinrichsthal	
67,7	**Ende der Tour in Heigenbrücken**	

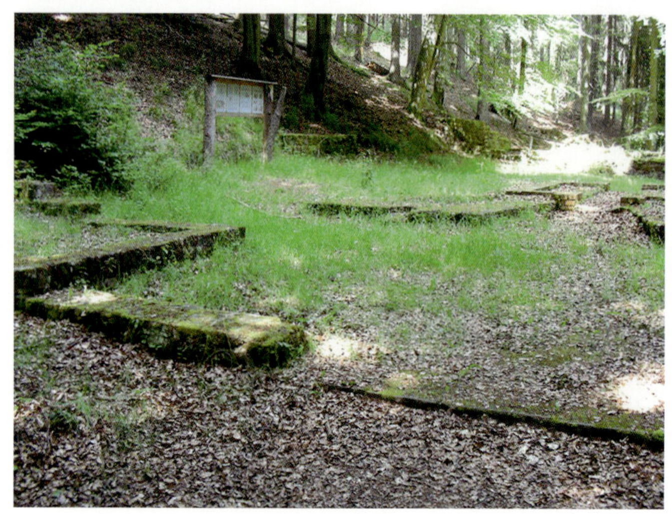

Reste der Spessart-Glashütte im Birklergrund

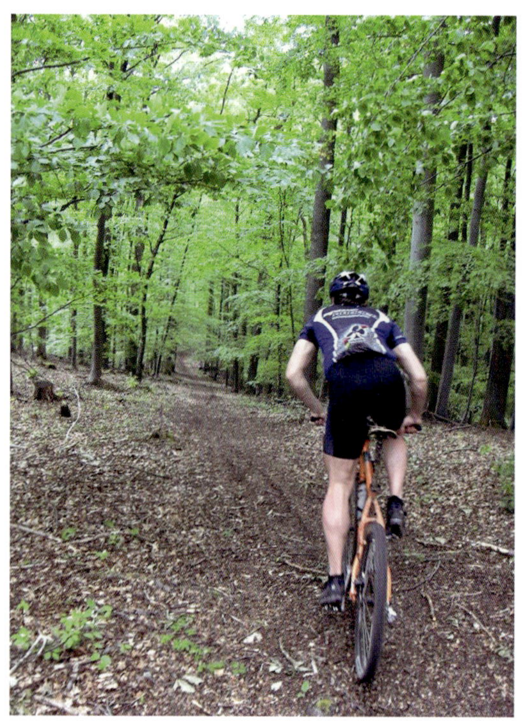

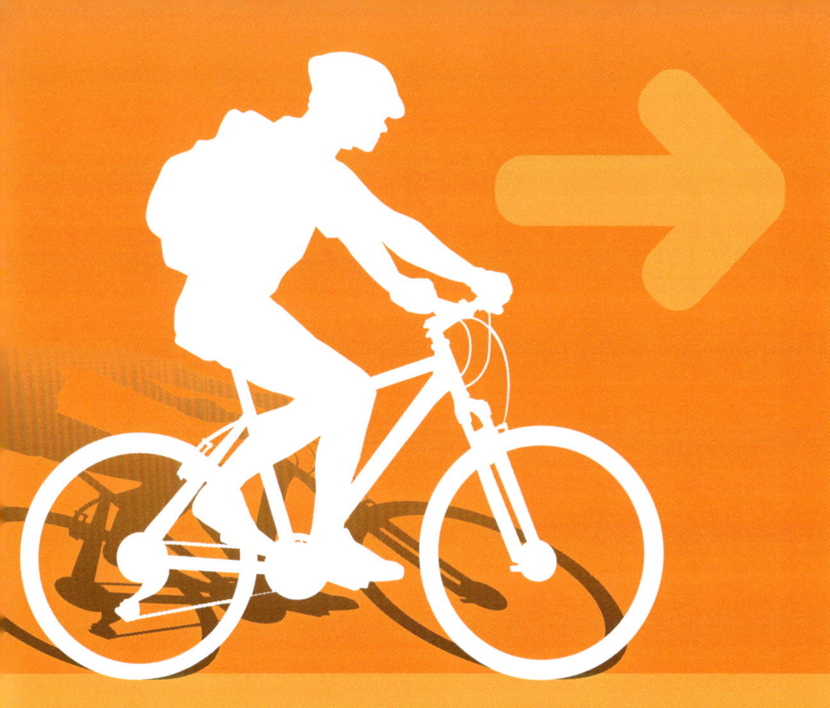

Auf alten Handelsstraßen durch den Spessart

Über den Pfaffenberg zur Hohen Wart und zum Schloss Mespelbrunn

Startort	Nähe Weibersbrunn am Parkplatz am Eselsweg an der Autobahnabfahrt A3 / Weibersbrunn (Nähe Fachklinik) und in allen Orten am Weg
Länge	ca. 60 km
Höhendifferenzen	ca. 1100 m
Schwierigkeiten	konditionell fordernde Tour
Charakter	waldreiche CrossCountryTour mit bergigem Streckenprofil. Mehrfach lange Abfahrten und lange Steigungen
Wege	befestigte Wald- und Feldwege, vereinzelt Wiesenwege
Wegweisung	weiß-grüne Fahrradwegweisung und zusätzlich das Routenpiktogramm **C**
Einkehr unterwegs	in fast allen Orten
Karte	Spessart-Fahrradkarte Cocon-Verlag Hanau

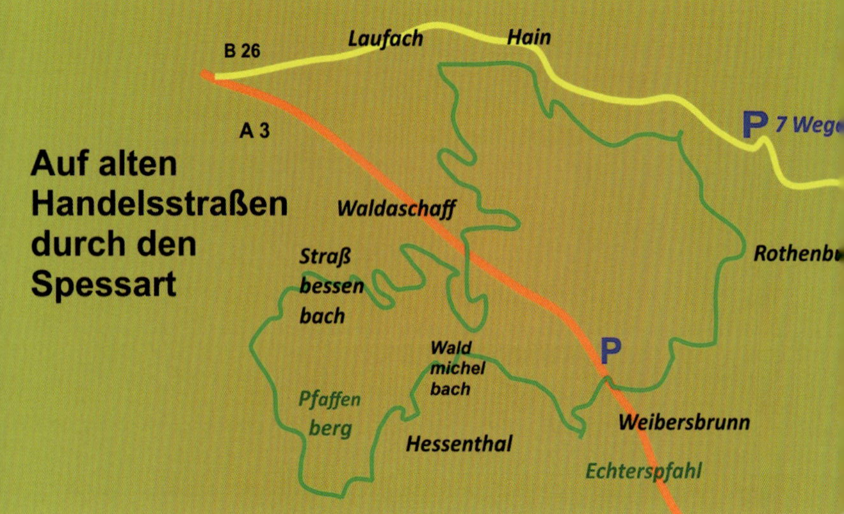

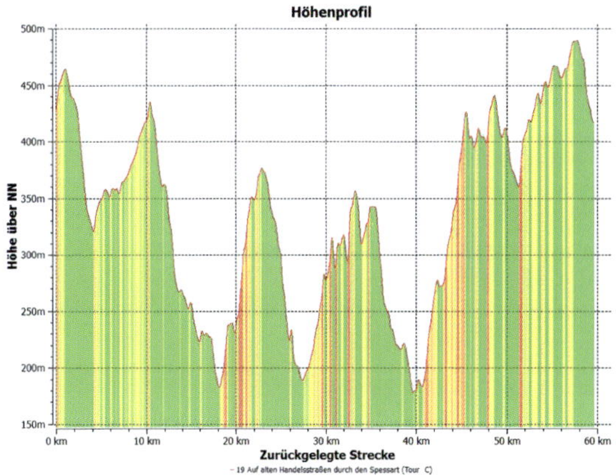

Die Route beginnt am Parkplatz am Eselsweg nahe der Autobahnabfahrt der A3 bei Weibersbrunn (Nähe Fachklinik). Von dort geht es über Rothenbuch zum Parkplatz Siebenwege. Im Tal des Seebaches fährt man vorbei an Hain nach Laufach. Von dort führt die Route nun über die Höhen aus dem Laufachtal ins Tal der Aschaff. Über den Sommerberg geht es nach Waldmichelbach mit Gasthaus. In Straßbessenbach beginnt der lange Anstieg, der über Dörrmorsbach und den Pfaffenberg mit seinem weithin sichtbaren Antennenmast zum Gasthaus Hohe Wart führt. Auf ihrem weiteren Verlauf wird die Route nun auf einigen Abschnitten von stark

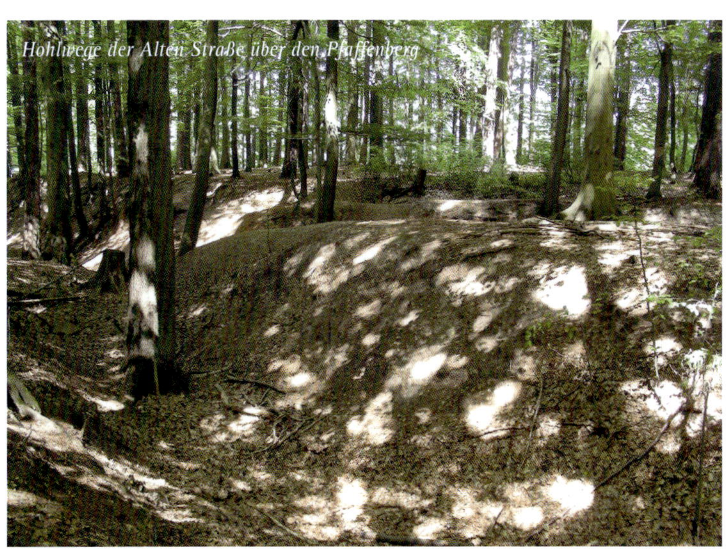
Hohlwege der Alten Straße über den Pfaffenberg

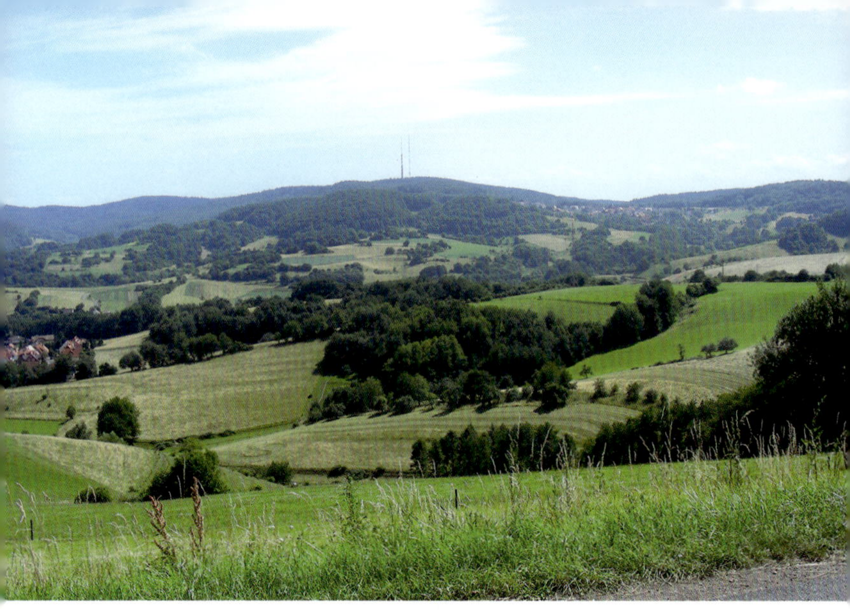

Blick auf den Pfaffenberg mit seinem Sendemast

ausgeprägten Hohlwegen begleitet, die von einstigem starkem Verkehr zeugen, der offenbar vom Main kam und zur Alten Poststraße führte.
Nach gut 2,5 km gelangt man zur uralten Wallfahrtskirche, der Mariakapelle. Man fährt danach auf dem sogenannten Almosenpfad durch die Waldabteilung Buckelmannskreuz. Beides sind Namen, die auf alte Wege und Straßen hindeuten. Tatsächlich folgt die Route nun der uralten Spessart-Handelsstraße Aschaffenburg – Würzburg, die einst auch Teilstrecke des Thurn- und Taxisschen Postexkurses Prag – Paris war. Die letzten Meter bis zum Parkplatz legt man auf dem alten Eselsweg zurück, an den am Tagesziel beim Parkplatz ein Steinmal erinnert.

km	Standort	Zielangabe auf dem Wegweiser
0	Parkplatz Eselsweg	Rothenbuch
6,7	Rothenbuch	Heigenbrücken
10,9	Parkplatz 7 Wege	Hösbach/Laufach
18	Laufach	Waldaschaff
27,5	Waldaschaff	Straßbessenbach / Waldmichelbach
37,3	Waldmichelbach	Straßbessenbach
40	Straßbessenbach	Hohe Wart/Dörrmosbach

43,5	Dörrmosbach	Hohe Wart
47,8	Hohe Wart	
48	Wegweiser	Schloss Mespelbrunn/Hessenthal
50,8	Mariakapelle	
Die Ursprünge der Hessenthaler Wallfahrt werden im 13. Jahrhundert oder früher vermutet. 1293 ist erstmals eine Kirche in Hesilndal urkundlich erwähnt, baugeschichtlich ist jedoch aus dieser Zeit nichts erhalten. Der heutige Gebäudekomplex besteht aus der spätgotischen Kapelle (Grablege der Fam. Echter), der kleineren Gnadenkapelle in vergleichbarem Stil mit dem Marien-Gnadenbild sowie einem Anbau von Hans Schädel aus den 1950er Jahren, der die Tilman Riemenschneider zugeschriebene Skulpturengruppe enthält.		
51,3	Staatsstraße	Weibersbrunn/Echterspfahl
57,9	Nähe Echterspfahl	Weibersbrunn
60	**Ende der Tour am Parkplatz Eselsweg**	

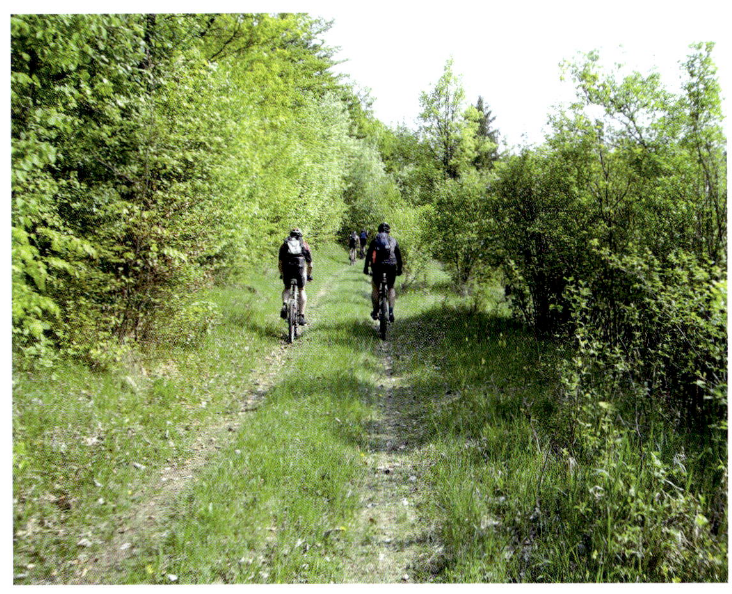

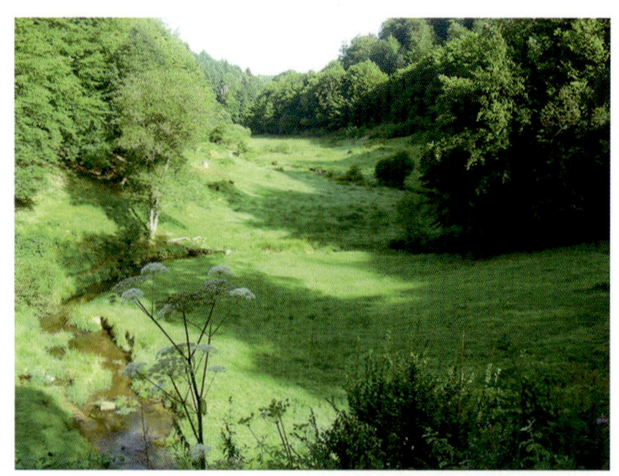

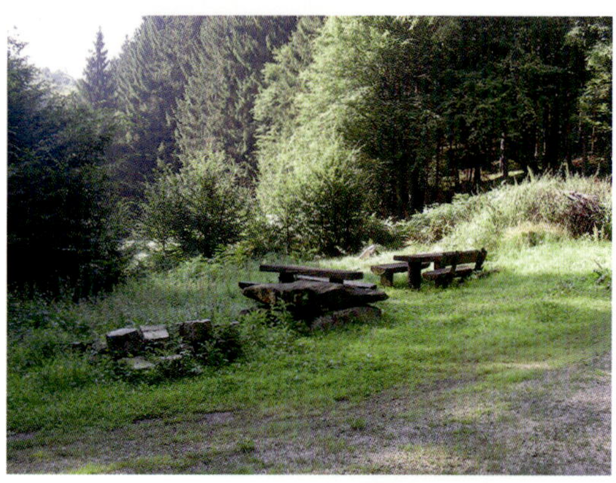

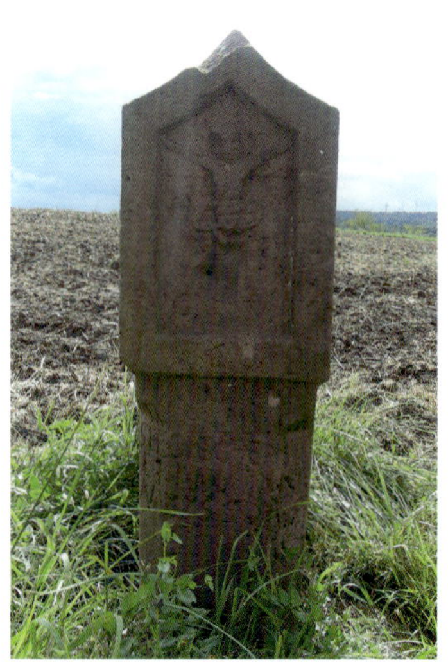

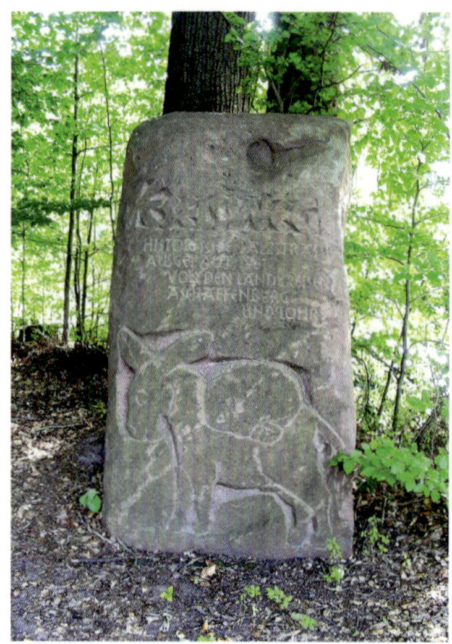

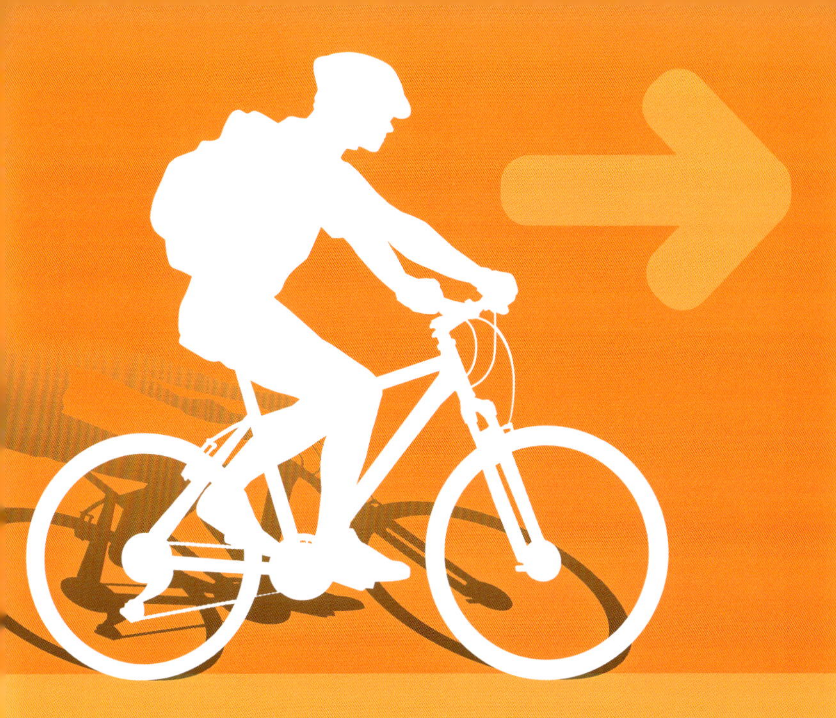

Mit dem Eselsweg durch die Jagdreviere der Mainzer Erzbischöfe

Startort	Parkplatz am „Buchrain" in Heimbuchenthal oder in allen anderen Orten an der Rundtour
Länge	ca. 52 km
Höhendifferenzen	ca. 900 m
Schwierigkeiten	mittel
Charakter	waldreiche CrossCountryTour mit bergigem Streckenprofil
Wege	befestigte Wald- und Feldwege, vereinzelt Wiesenwege
Wegweisung	weiß-grüne Fahrradwegweisung und zusätzlich das Routenpiktogramm **D**
Einkehr unterwegs	in fast allen Orten
Karte	Spessart-Fahrradkarte Cocon-Verlag Hanau

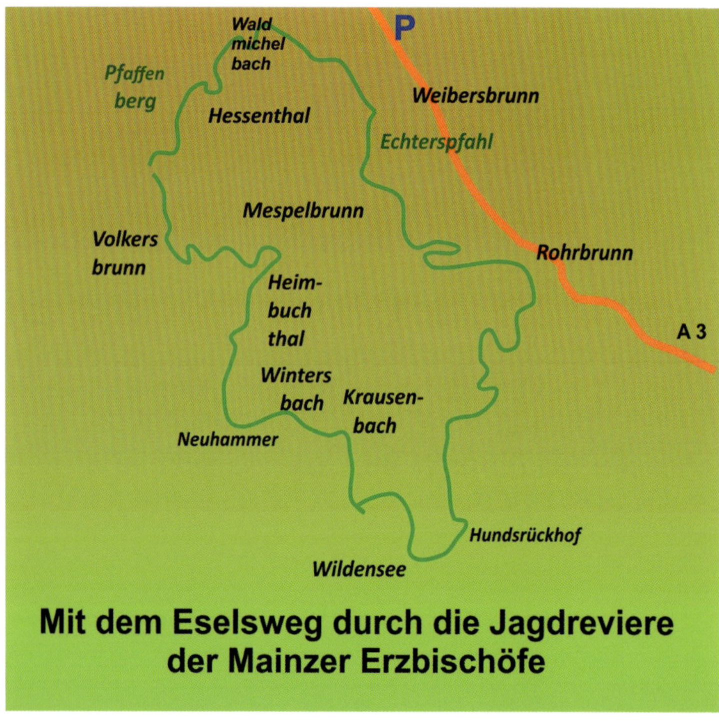

Mit dem Eselsweg durch die Jagdreviere der Mainzer Erzbischöfe

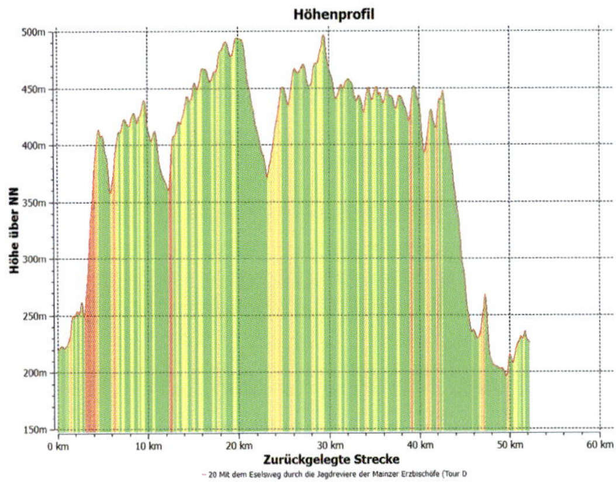

Vom Parkplatz geht es zunächst auf dem Elsava-Radweg durch Heimbuchenthal. Über Volkersbrunn fährt man zur Hohe Wart und zur Maria Kapelle bei Hessenthal. Ab dort fährt man auf dem sogenannten Almosenpfad durch die Waldabteilung Buckelmannskreuz. Beides sind Namen, die auf alte Wege und Straßen hindeuten. Tatsächlich folgt die Route nun der uralten Spessart-Handelsstraße Aschaffenburg – Würzburg, die einst auch Teilstrecke des Thurn- und Taxisschen Postexkurses Prag – Paris war. Nach der Überquerung der Staatsstraße 2308 trifft die Route noch vor dem Hotel Echterspfahl auf den Eselsweg. Ihm folgt sie hinunter in den Essiggrund und dann wieder hinauf zum Schweinfurter Kreuz.

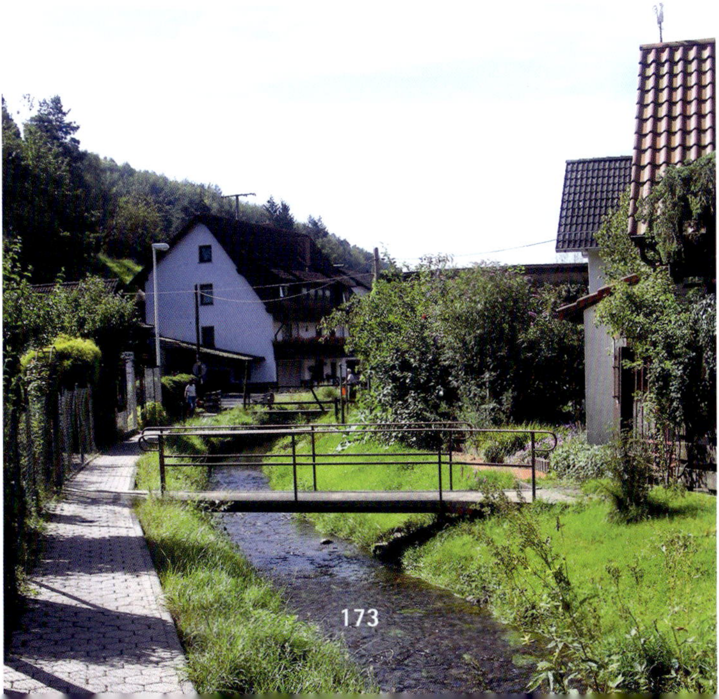

Es geht dann vorbei am Jagdschloss Rohrbrunn und durch uralte Buchen- und Eichenwälder, in denen einst die Mainzer Erzbischöfe Jagd machten. Zwischen Hundsrückhof und Wildensee heißt es Abschied nehmen vom Eselsweg, der sich in Richtung Großheubach am Main verabschiedet. Über Wildensee, Krausenbach und Wintersbach geht es zum Elsava-Tal beim Neuhammer und auf dem Elsava-Radweg zurück.

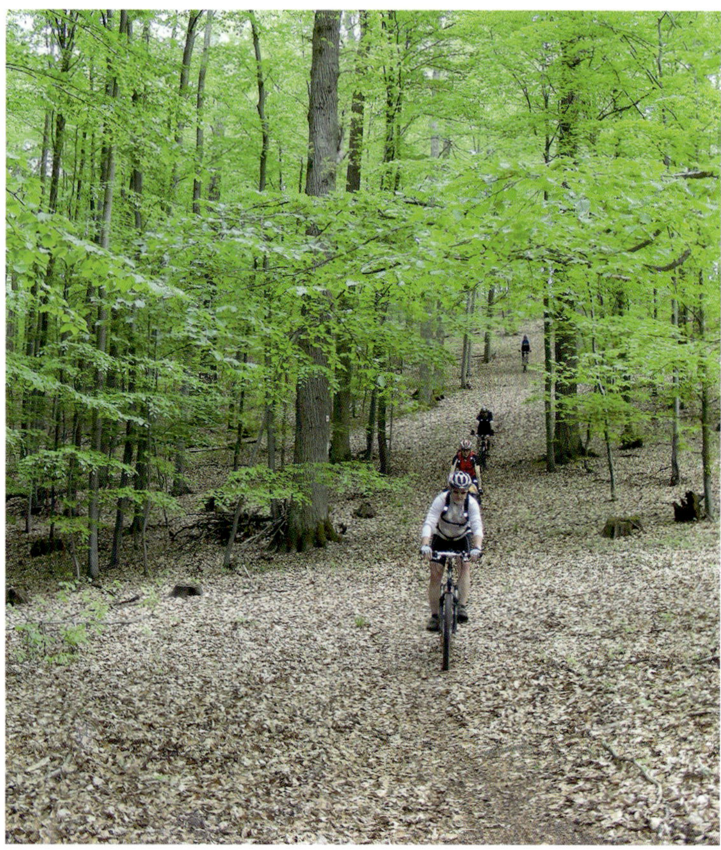

Auf einem Kammweg im Spessart

km	Standort	Zielangabe auf dem Wegweiser
0	Parkplatz Buchrain	Hessenthal 6 km / Schloss Mespelbrunn 4,1 km
2,6	Abzweig in den Millionenweg	Hohe Wart 6,4 km / Volkersbrunn 3,4 km

Abstecher: Wenn man hier geradeaus weiter fährt, gelangt man nach ca. 1,5 km zum Schloss Mespelbrunn. Das Wasserschloss steht in einem Seitental des Elsava-Tals. Es verdankt seine Entstehung einer Schenkung des Mainzer Erzbischofs Johann II. von Nassau. Dieser übereignete am 1. Mai 1412 seinem kurfürstlichen Forstmeister Echter den Platz zum Espelborn, der darauf im Talgrund an einem Weiher am Krebsbach ein unbefestigtes Haus errichtete. Sein Sohn errichtete 1427 ein befestigtes Haus mit Mauern, Türmen und einem Wassergraben. Die nachfolgenden Generationen verwandelten das abweisende Gemäuer später in ein Renaissanceschloss. Sein heutiges Aussehen verdankt das Schloss größtenteils Umbauten zwischen 1551 und 1569, die Peter Echter von Mespelbrunn und seine Frau Gertraud von Adelsheim durchführen ließen. Die Anlage ist seit dem frühen 15. Jahrhundert im Besitz der Familie Echter von Mespelbrunn.		
5,9	Volkersbrunn	Waldgasthaus Hohe Wart
8,8	Hohe Wart	
9,2	Wegweiser	Schloss Mespelbrunn/Hessenthal
11,7	Mariakapelle	
Die Ursprünge der Hessenthaler Wallfahrt werden im 13. Jahrhundert oder früher vermutet. 1293 ist erstmals eine Kirche in Hesilndal urkundlich erwähnt, baugeschichtlich ist jedoch aus dieser Zeit nichts erhalten. Der heutige Gebäudekomplex besteht aus der spätgotischen Kapelle (Grablege der Fam. Echter), der kleineren Gnadenkapelle in vergleichbarem Stil mit dem Marien-Gnadenbild sowie einem Anbau von Hans Schädel aus den 1950er Jahren, der die Tilman Riemenschneider zugeschriebene Skulpturengruppe enthält.		

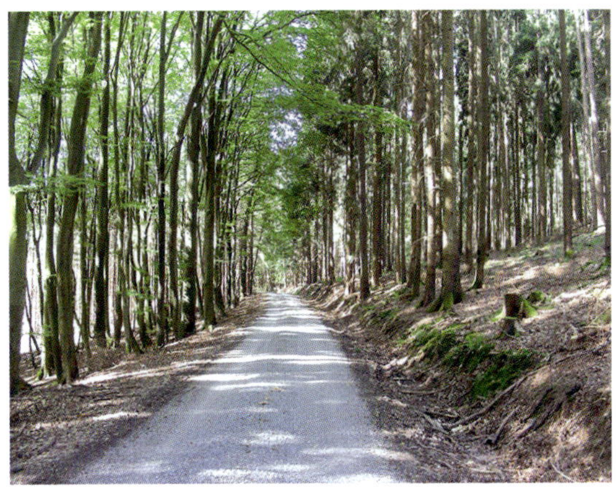

12,4	Staatsstraße	Weibersbrunn / Echterspfahl
19	Wegweiser Nähe Echterspfahl	Hafenlohrtal / Rohrbrunn
Am Echterspfahl kreuzen sich der in Nord-Süd-Richtung verlaufende Eselsweg, eine alte Handelsstraße, die heute als Fernwanderweg erschlossen ist, mit der alten in Ost-West-Richtung verlaufenden Poststraße von Würzburg nach Frankfurt am Main, die heute teilweise zur Bundesstraße 8 ausgebaut ist. Der Name geht auf eine Sage zurück, nach der drei Brüder der Familie Echter im nicht weit entfernten Odenwald als Raubritter tätig waren. Verfolgt durch die Truppen des Kaisers Barbarossa zogen sie sich in den Spessart zurück und siedelten sich aus Sicherheitsgründen an drei verschiedenen Orten an. Von Zeit zu Zeit trafen sie sich an diesem markanten Ort zu Besprechungen und banden ihre Pferde an einem Pfahl fest, der mit drei Metallringen versehen war.		
Fakt ist jedoch, dass dieser markante Punkt zu Kurmainzischen Zeiten ein Treffpunkt der Jäger und Treiber der Erzbischöfe und Kurfürsten von Mainz war. Als das Territorium an das Königreich Bayern überging, richtete die bayerische Forstbehörde hier eine Forstdienststelle ein. Die drei Ringe sollen übrigens der Ursprung für das Wappen der Familie Echter gewesen sein.		
23,2	Essiggrund	

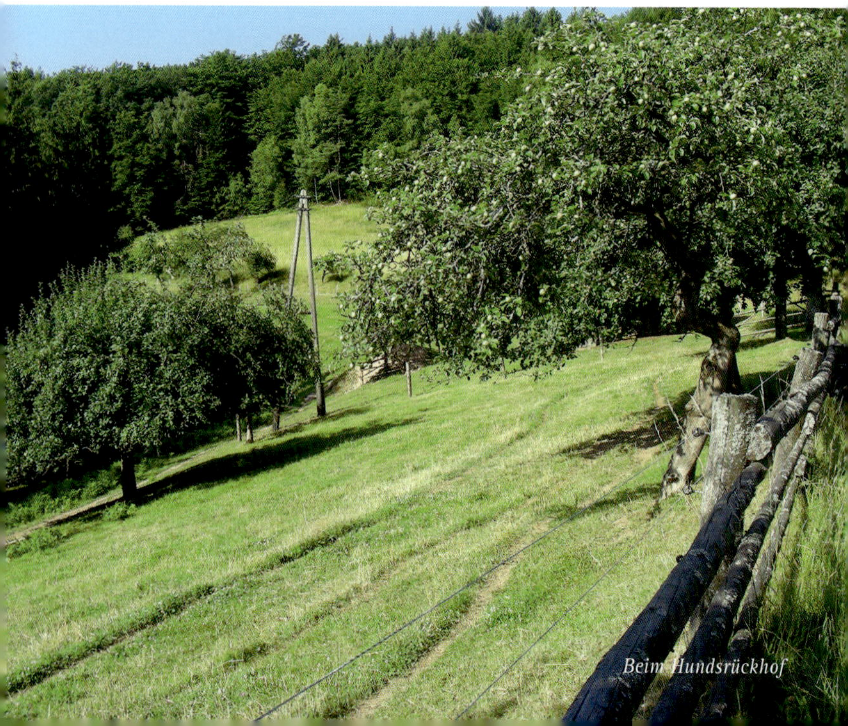

Beim Hundsrückhof

27,5	Schweinfurter Kreuz	Wildensee 13 km / Hundsrückhof 11 km
An dieser Stelle, der Verzweigung von Eselsweg und Spessarter Poststraße, die vom Main bei Lengfurt quer durch den Spessart nach Aschaffenburg führte, und einer uralten Straße, die aus der Gegend von Nürnberg kommend bei Urphar den Main überquerte, wurde am 2. April 1609 der Schweinfurter Kaufmann Backmund von einer Meute Wegelagerer überfallen. Er war mit einem Wagenzug unterwegs zur Frankfurter Messe. Die kostbare Ware wurde geraubt, der Kaufmann mitsamt seinem Geleit niedergemacht. Die Sage berichtet, dass seine Angehörigen wenige Jahre später an dieser Stelle das Kreuz errichtet haben, um dem Ermordeten, der nach den Erzählungen der Spessartbewohner nachts dort spuken würde, die ewige Ruhe zu geben. Die Schilderung der Tat und der Name des Opfers sind als Inschrift noch heute auf dem Schweinfurter Kreuz zu lesen.		
38,8	Hundsrückhof	
40	Wegweiser	Wildensee / Krausenbach
40,5	Wildensee	
45,8	Krausenbach	Wintersbach / Neuhammer
49,7	Neuhammer	Heimbuchenthal
52,3	**Ende der Tour am Parkplatz Buchrain**	

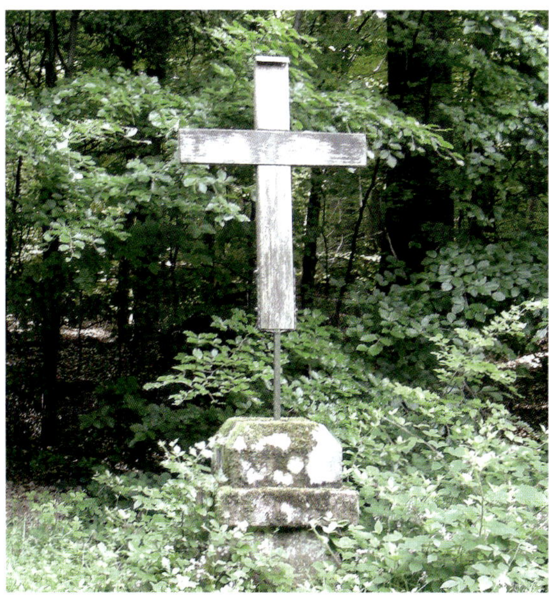

Das Schweinfurter Kreuz

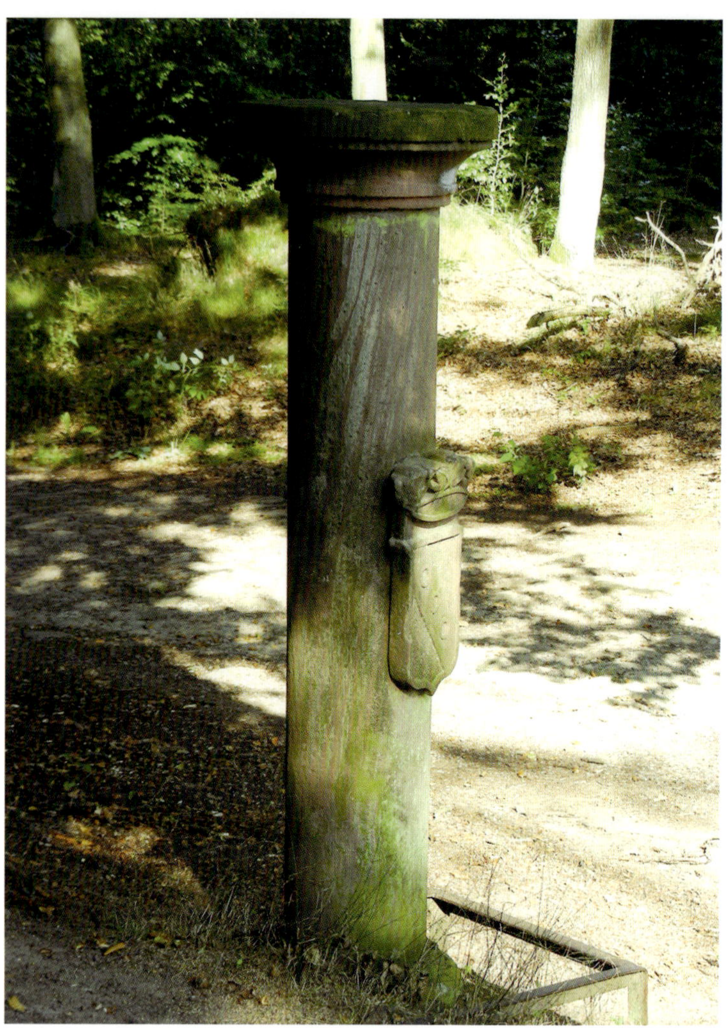

Der Echterspfahl

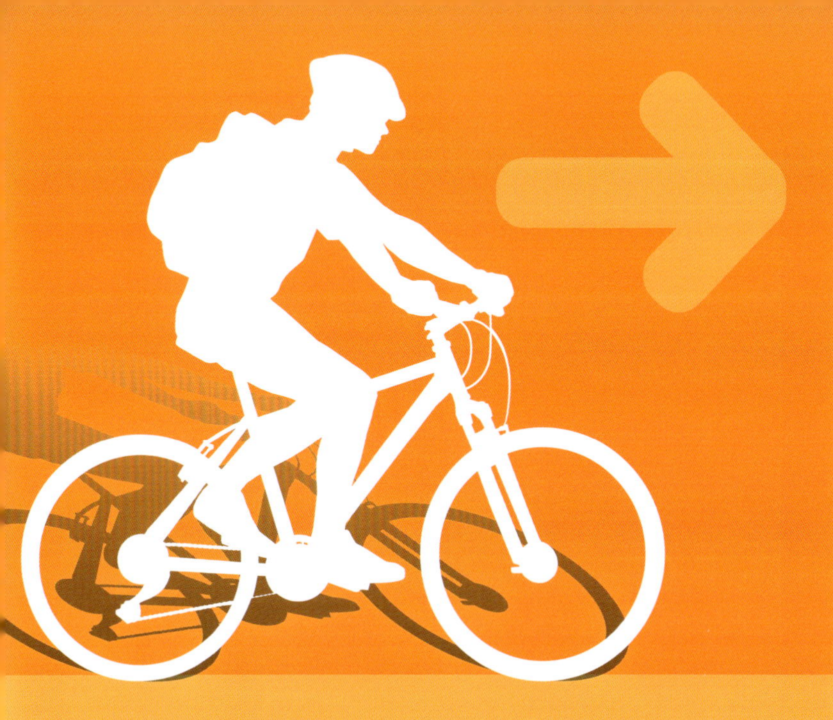

Von Frammersbach durch das Aubachtal zur Wiesbütt und zur Bayerischen Schanz

Startort	Hauptstraße in Frammersbach am Abzweig der Straße Hinterdorf
Länge	54,6 km
Höhendifferenzen	ca. 750 m kumuliert
Schwierigkeiten	mittel
Wege	überwiegend geschotterte Waldwege, kurze Abschnitte auf der Straße
Wegweisung	weiß-grüne Fahrradwegweisung des LK Main-Spessart mit Ziel- und Entfernungsangaben
Einkehr unterwegs	Wiesen, Wiesbütt, Flörsbach, Bayerischen Schanz
Karte	Spessart-Fahrradkarte Cocon-Verlag Hanau

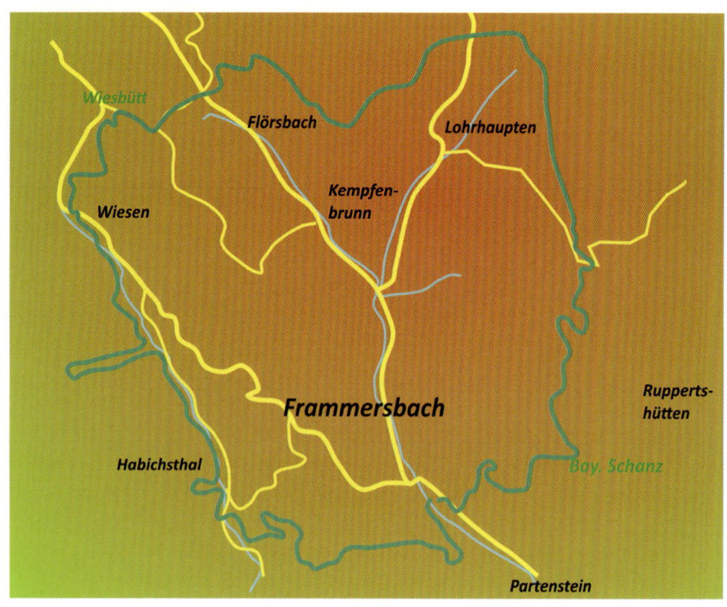

Diese Rundtour verläuft rund um Frammersbach, dem Zentrum des Bike-Waldes Spessart. Von der Frammersbacher Hauptstraße geht es hinauf zur Kreuzkapelle, dann hinunter in das Aubachtal zu den Fischteichen (Einkehr). Nach dem kleinen Ort Habichtsthal fährt man im Tal des romantischen Aubaches, vorbei an den Stätten mittelalterlicher Glas-

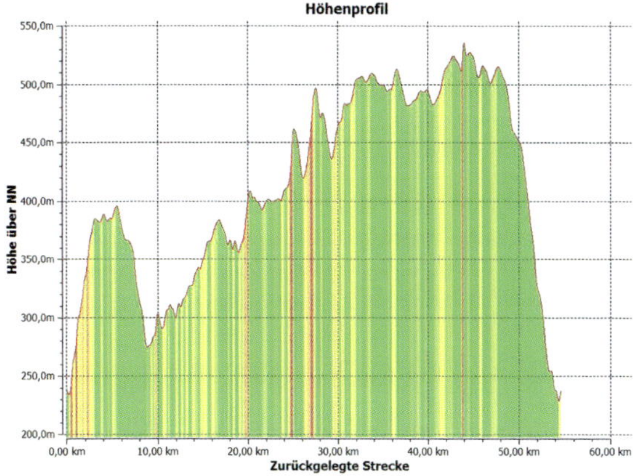

erzeugung, hinauf nach Wiesen. Oberhalb von Wiesen führt die Route zur Ausflugsgaststätte Wiesbütt am gleichnamigen See.
Es folgt ein kurzer Abschnitt auf der Straße, bis bei Flörsbach die geschichtsträchtige Birkenhainer Straße an dem höchsten Berg des Spessart, der Flörsbacher Höhe, vorbei führt. Weiter auf der Birkenhainer wird der im Tal liegende Ort Lohrhaupten beinahe umrundet, bevor die Birkenhainer zu einem markanten Punkt im Spessart, der sogenannten Bayerischen Schanz, führt.

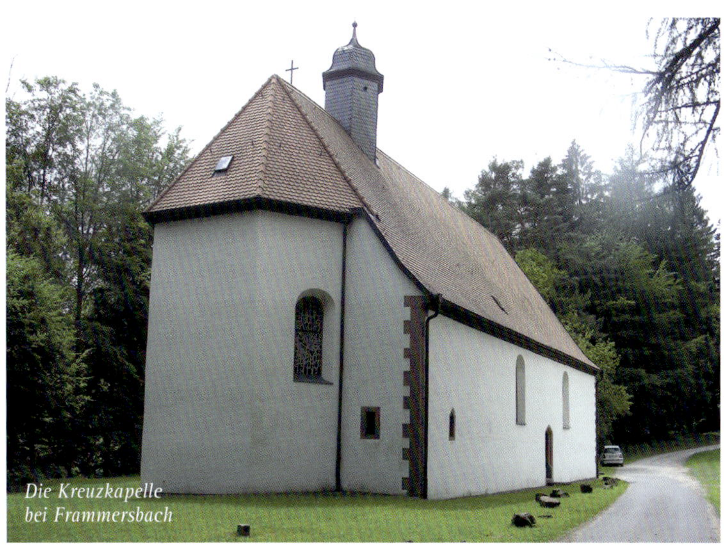
Die Kreuzkapelle bei Frammersbach

Dies ist der Höhepunkt dieser Tour im wahrsten Sinne: Hier liegt im Staatswald der Bayerischen Staatsforsten an der Grenze zu Hessen das Gasthaus Bayerische Schanz. 1777 wurde das Gasthaus erstmals auf einer Karte als

„Geis-Wirtshaus“ abgebildet. Es verdankt wohl seine Existenz der Lage an der Birkenhainer Straße, einer schon im frühen Mittelalter genutzten wichtigen Ost-West-Verbindung aus dem Rhein-Main-Gebiet in den Raum Gemünden, wo sie zwar endet, sich aber auf mehreren Zweigen in unterschiedliche Richtungen fortsetzt. 1854 ging die Gastwirtschaft auf Grund zu geringer Rentabilität in den staatlichen Forstbesitz über. Durch den Ausbau der Räumlichkeiten bietet die Bayerische Schanz heute für Feierlichkeiten in den Gasträumen Platz für 90 Personen und für bis zu 200 Personen in der Remise (Scheune). Im Sommer lädt der Biergarten zu einer ausgiebigen Rast ein.

Von der Bayerischen Schanz geht es zurück nach Frammersbach, nur noch abwärts, wo die Tour an der Hauptstraße wieder endet.
Zur Wegweisung: Wenn auch mitten im Bikewald-Gebiet gelegen, folgt die Tour nicht den Piktogrammen der Bikewald-Routen, sondern der weiß-grünen Wegweisung mit Ziel und Entfernungsangaben. Von Abschnitt zu Abschnitt folgt man den Angaben auf den Wegweisern, die dem Roadbook zu entnehmen sind. Dazwischen zeigen die kleinen Wegweiser die Richtung an, in der es weitergeht.

km	Standort	Zielangabe auf dem Wegweiser
0	Frammersbach Hinterdorf / Hauptstraße	Habichsthal 11 km / Kreuzkapelle 4,4 km
0,2	Hinterdorf/Wiesenfurt	Habichsthal 11 km / Wiesthal 10 km
4,3	Kreuzkapelle	Habichsthal 6,8 km / Wiesthal 6,7 km
Früher befand sich an der Stelle der Kapelle nur ein schlichtes Kreuz. 1349 wurde dort jedoch eine kleine Kapelle (vermutlich aus Holz) erbaut. Die Kapelle lag an der sogenannten Lohrer Straße, einem Abzweig von der Birkenhainer Straße, der über Lohr weiter nach Süden führte. Das Waldgotteshaus war wahrscheinlich für die Arbeiter in den Glashütten bestimmt. In Wiesthal und Frammersbach wurden die Pfarreien erst später errichtet. 1506 sowie 1681 wurde der Bau erweitert. 1685 wurde der jetzige Bau geweiht. Weitere Informationen auf der Infotafel direkt an der Kirche.		
8,7	Wegweiser oh. des Aubachtales	Habichsthal 6,8 km / Wiesthal 6 km
Hier liegt an den Fischteichen die Ausflugsgaststätte Fischerhütte (Tel. 06020 1716)		

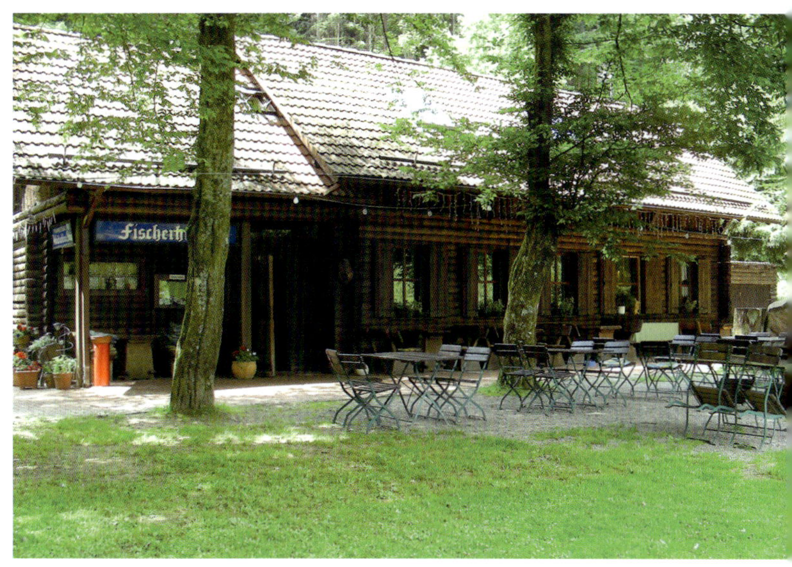

Die Gaststätte Fischerhütte im Aubachtal

<table>
<tr><td>11,3</td><td>Ortsende von Habichsthal am Abzweig von der Aubachstraße</td><td>Wiesbütt 15 km / Wiesen 11 km</td></tr>
<tr><td>16,9</td><td>Wegweiser im Birklergrund</td><td>Wiesbüttsee 8,7 km / Wiesen 5,5 km</td></tr>
<tr><td colspan="3">Hier tangiert die Route den Kahltal-Spessart-Radweg, der in Kahl am Main beginnt und über Heigenbrücken nach Lohr führt (Infos: Jochen Heinke: Der Kahltal-Spessart-Radweg ISBN 9783937774794)</td></tr>
<tr><td>22,3</td><td>Ortsanfang von Wiesen</td><td>links auf der Straße weiter</td></tr>
<tr><td>24</td><td>Ortsende von Wiesen am Sportplatz</td><td>Frammersbach 7 km / Wiesbütt 2,8 km</td></tr>
<tr><td>26,4</td><td>Wegweiser vor dem Wiesbüttsee</td><td>links ohne Wegweisung zur Straße fahren</td></tr>
<tr><td colspan="3">Dort befindet sich neben dem See das einzige Hochmoor des Spessarts, das Wiesbüttmoor. Mit seiner etwa zwei Meter dicken Torfschicht bedeckt es eine 1200 Meter lange und 100 Meter breite Bundsandsteinmulde. Der Wiesbüttsee wurde im 18. Jahrhundert zur Versorgung eines Bergwerkes künstlich aufgestaut. An der Straße befindet sich die Ausflugsgaststätte (Tel. 06096 385).</td></tr>
</table>

<table>
<tr><td>26,6</td><td>L2905</td><td>recht einbiegen und bis zur nächsten Kreuzung fahren; alternativ auf dem mit einem **B** markierten Wanderweg Birkenhainer Straße fahren</td></tr>
<tr><td>29,4</td><td>Kreuzung B 276/L2905</td><td>die Kreuzung überqueren, dann auf Birkenhainer Straße weiter</td></tr>
<tr><td colspan="3">Hier oben verlaufen die beiden bekanntesten Fernwanderwege des Spessarts, die Birkenhainer und der Eselsweg, ein paar Kilometer auf der gleichen Trasse. Kurz nach der Kreuzung trennen sie sich wieder und die Birkenhainer beginnt die Umrundung von Flörsbachtal und Lohrhaupten.</td></tr>
</table>

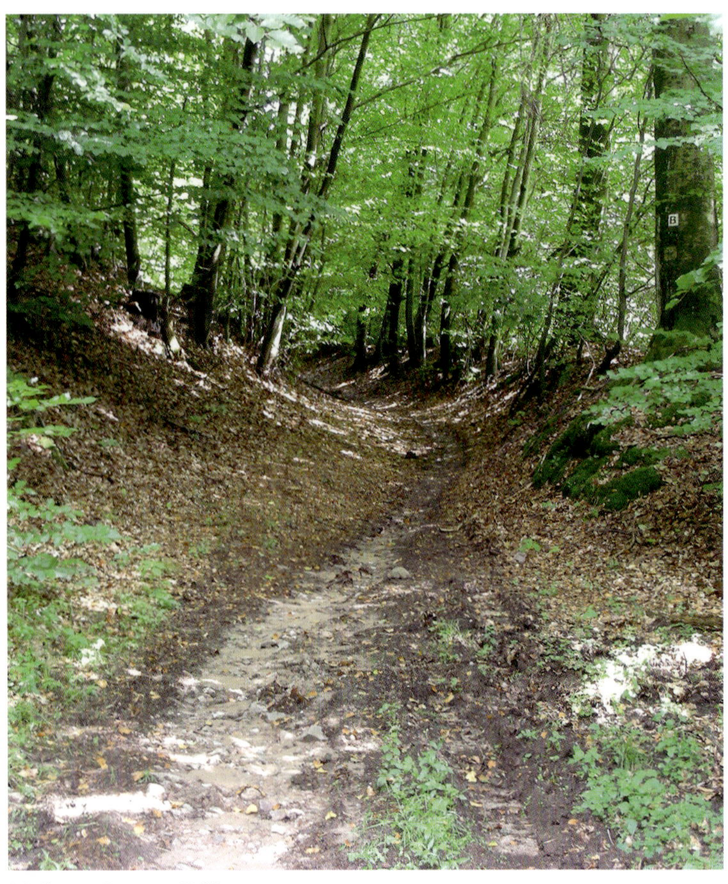

Markanter Spessart-Hohlweg

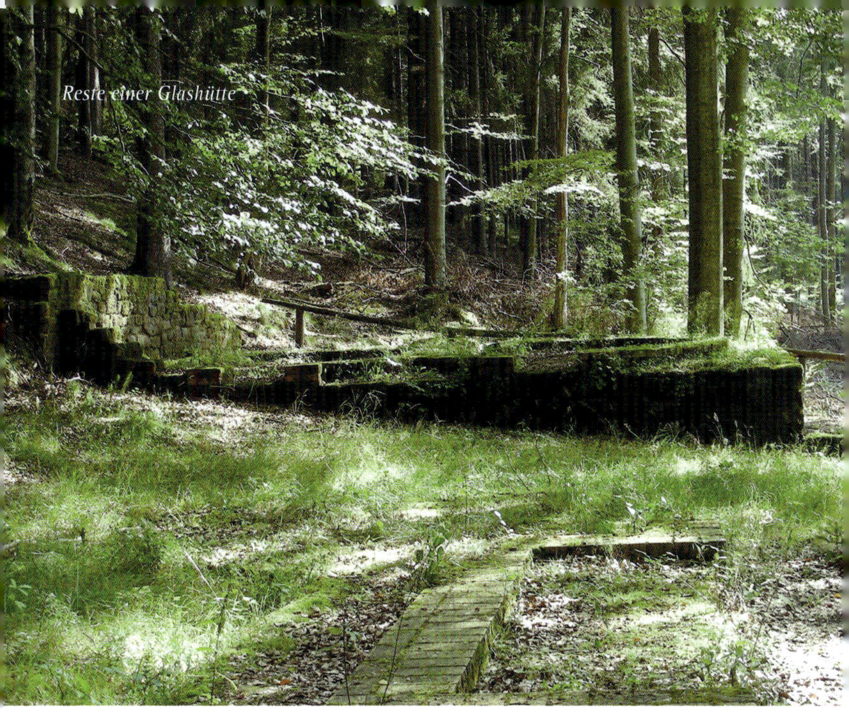

Reste einer Glashütte

<table>
<tr><td colspan="3">Allgemein wird angenommen, dass sie ihren Namen von einem 1527 urkundlich erwähnten Birkenhain nordöstlich des bayerischen Dorfes Geiselbach hat. Sie ist einer der ältesten deutschen Verkehrswege und war Teilstrecke in einem ganz Europa durchziehenden Fernstraßennetz. Ihr Beginn liegt am Rheinübergang bei Mainz-Weisenau. Auf dem linken Hochufer des Maines führte sie über Frankfurt-Sachsenhausen und Offenbach nach Hanau-Steinheim, wo sie den Main in einer Furt durchquerte. Von Hanau-Großauheim ging es auf die Höhen des Spessarts hinauf, bis sie bei Gemünden wieder den Main erreichte. Sie bildet auf langen Strecken die Grenze zwischen Hessen und Bayern und man findet in ihrem Verlauf immer noch die alten Grenzsteine.
Wie oft bei alten Straßen, ist auch der Verlauf der Birkenhainer Straße meist noch gut zu erkennen. Auf längeren Strecken noch zehn bis zwölf Meter breit, zeugt sie noch immer von ihrer einstigen Bedeutung.</td></tr>
<tr><td>32,7</td><td>Flörsbacher Höhe</td><td>Abstecher zur Flörsbacher Höhe</td></tr>
<tr><td>37,6</td><td>Krz. mit L3199</td><td>geradeaus weiter</td></tr>
<tr><td>38,3</td><td>Wegweiser</td><td>Rieneck 17 km /
Bayerische Schanz 6 km</td></tr>
<tr><td colspan="3">Ab hier bis zur Bayerischen Schanz verläuft die alte
Birkenhainer Straße meist neben dem Forstweg</td></tr>
</table>

Zwischen den beiden Wegweisern verläuft auch die durch vier Täler führende Spessart-Nordost-Passage, eine in Lohr beginnende Rundtour, die durch das Lohrbachtal in das Jossatal führt, dann durch das Sinntal zum Main bei Gemünden und am Main entlang zurück nach Lohr (Infos: Jochen Heinke: Die Spessart Nordost-Passage ISBN 9783937774770)		
38,8	Wegweiser Weichertaler Höhe	Rieneck 17 km / Bayerische Schanz 5 km
42,8	Einmündung	links auf die Straße
42,9	Wegweiser Nähe Herrmannskopf	Rieneck 12 km / Bayerische Schanz 1 km
43,7	erster Wegweiser am Gasthaus Bay. Schanz	Frammersbach 11 km / Ruppertshütten 3,5 km
43,8	zweiter Wegweiser Bay. Schanz	Lohr 21 km / Frammersbach 11 km
49,5	Abzweig im Wald	Frammersbach 5,5 km
54	**Ende der Tour in Frammersbach an der Hauptstraße**	

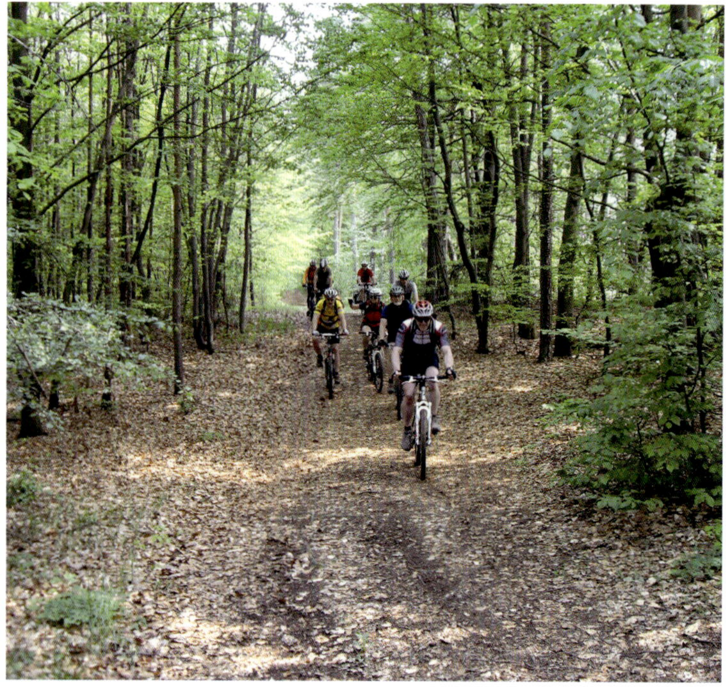

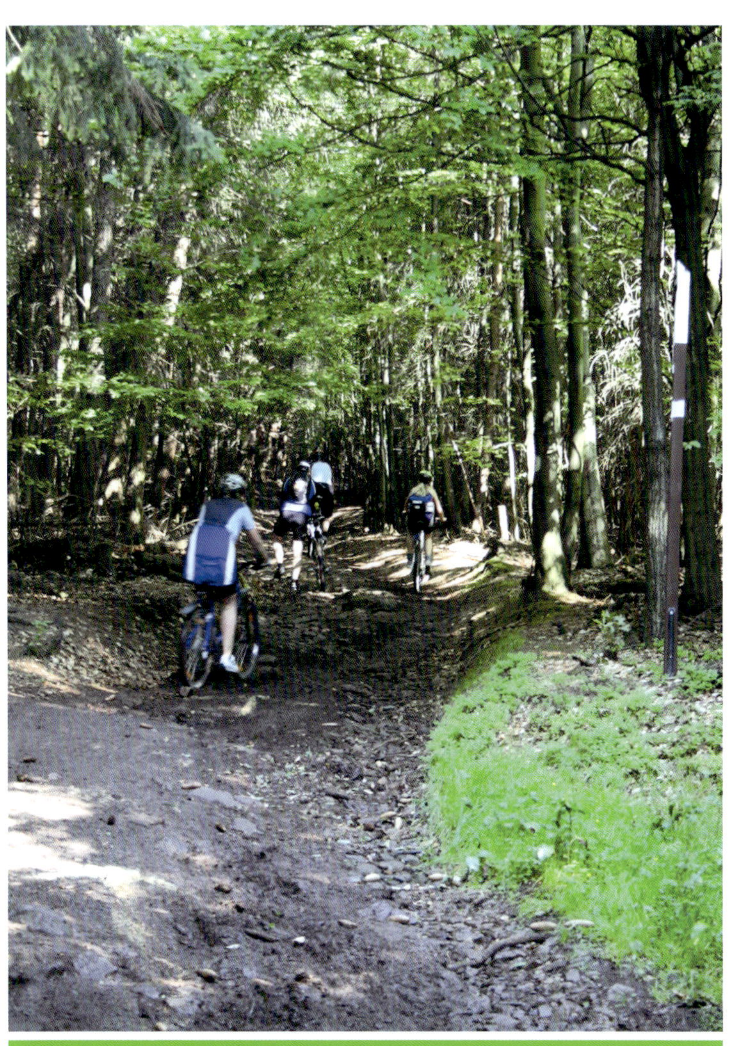

Service

Mit Bike, Bus und Eisenbahn zum MTB-Routennetz in der Rhön

Wenn sich Mountainbiker an die Regeln halten, gehört das Mountainbiking zu den umweltfreundlichsten Natursportarten, u.a., weil die Ökobilanz so positiv ausfällt. Denn die meisten Mountainbiker nutzen ihr Bike für die Feierabend- oder Tagestour in der Umgebung und starten direkt an ihrer Haustür. Damit diese Bilanz noch besser wird, habe ich hier ein paar Vorschläge für die Kombination **Bahn > Bike > Übernachtung.** Die Mitnahme der Bikes in den Zügen des Rhein-Main-Verkehrsverbundes in Hessen und auf Thüringer Seite der Erfurter Bahn ist kostenlos. Die Fahrt mit dem RMV ab Frankfurt nach Gersfeld ist nicht nur sehr entspannend, sondern kostet auch nur weniger als 15 Euro. Wenn das kein Anreiz ist, mit dem Rucksack anzureisen? Manche haben bei ihren Touren zwar schon immer einen Tagesrucksack dabei, doch lässt sich das Gepäck für eine oder zwei Übernachtungen auch gut in einem speziellen Bike-Rucksack unterbringen. Das Symbol der Mountainbike-Beschilderung zeigt nicht ohne Grund einen Biker mit Rucksack!

Am Bahnhof in **Gersfeld** beginnen einige Routen, die in das MTB-Routennetz führen bzw. mit ihm verknüpft sind. Man kann z. B. von dort direkt auf die Wasserkuppe fahren und auch der „Heilige Berg der Franken“, der Kreuzberg, ist auf markierten Routen zu erreichen.

Andererseits beginnen auch an den Bahnhöfen in **Bad Neustadt** und **Mellrichstadt** markierte Routen, die durch das Fränkische Rhönvorland zur Langen Rhön führen. Die beiden Bahnhöfe liegen an der Bahnlinie Erfurt – Schweinfurt und sind für die Anreise aus dem thüringischen, mainfränkischen und oberfränkischen Raum günstig gelegen.

Vom Fahrradwegweiser am Bahnhof in **Bad Neustadt** fährt man rechts Richtung **Oberelsbach 20 km.** Am übernächsten Wegweiser in der Besengaustraße fährt man links mit Ziel **Brendtalradweg 0,6 km.** Auf der alten Eisenbahntrasse geht es zur Schreiberstraße und dann geradeaus weiter auf dem Radweg. Er ist mit dem weiß-grünen Radwegezeichen und der **Zielangabe Bischofsheim 18 km** markiert und führt durch das Brendtal bis nach Bischofsheim. Bei Kollertshof kann man auf die durch das Brendtal führende MTB-Route wechseln, von der wiederum bis Bischofsheim in allen Orten weitere markierte MTB-Routen abzweigen.

In den mittleren Bereich der Langen Rhön mit dem **Umweltzentrum Oberelsbach** gelangt man wie folgt: Vom Bahnhof rechts der weiß-grünen Fahrradbeschilderung mit Ziel **Oberelsbach 20 km** folgen. Dieses Ziel setzt sich

mit den jeweils geänderten Entfernungen durch das Tal der Els bis nach Oberelsbach fort. Bereits in Wechterswinkel, Bastheim am Infopunkt und Unterelsbach zweigen Mountainbikerouten vom Radweg ab.
Auch vom **Bahnhof in Mellrichstadt** kann man auf dem markierten Fahrradweg durch das Streutal direkt und schnell zur Langen Rhön bei Fladungen, Stetten oder Sondheim fahren. Der Weg vom Bahnhof bis zum Radler-Info-Punkt am Parkplatz Streuwiese ist als Fahrradroute markiert. Von dort mit der MTB-Route Ziel **Ostheim.** Sie führt anders als die direkte Fahrradroute umwegig auf teils schmalen Wegen zur Langen Rhön.

Fahrradmitnahme in den Freizeit-Buslinien der Rhön

Sieben Freizeit-Buslinien verbinden vom 1. Mai bis 31. Oktober die schönsten Sehenswürdigkeiten und Ziele in der Rhön.
Mit *Bäderlandbus, Hochrhönbus, Rhönradbus, Sinntalbus, Streutalbus, Saaletalbus und Kreuzbergbus* gelangt man ganz bequem zu den Startorten seiner MTB-Tour und entdeckt unterwegs die liebenswerten Orte und Gemeinden im Biosphärenreservat Rhön.
Die Fahrpläne der Freizeitlinien sind aufeinander abgestimmt, so dass man bequem umsteigen kann. Ebenso sind Anschlüsse an den Regionalverkehr gewährleistet. An Sonn- und Feiertagen nehmen die meisten Busse auch Fahrräder mit. So kann man seinen Tourstart unabhängig vom eigenen Auto an vielen Startorten planen. Auch die „Genussvollen Bergabfahrten“ lassen sich so gut einplanen, wenn man auf die eigentlich auch schöne Fahrt bergauf verzichten möchte.
Näheres unter: www.rhoen.de/die-rhoen/freizeitbusse1/m_7926

Die aktuellen Informationen zu den einzelnen Busstrecken gibt es im Internet unter folgenden Adressen:

Kreuzbergbus:
Der Kreuzbergbus wird als werktäglicher Bedarfsverkehr auf telefonische Anmeldung durchgeführt. An Wochenenden und Feiertagen fährt der Hochrhönbus; www.kreuzbergbus.de

Hochrhönbus:
Über 40 Haltestellen laden ein zum Einsteigen, Aussteigen und Umsteigen. Alle Punkte bieten sich an als ideale Ausganspunkte für Touren in der Rhön; www.hochrhoenbus.de

Rhönradbus:
Bis 4. Oktober fährt der Rhönradbus die schönsten Ziele zwischen Fulda und Gersfeld, die rund um den Milseburgradweg liegen, an. Der Bus ist mit

einem Anhänger ausgestattet und kann bis zu 40 Fahrräder transportieren. In Gersfeld gibt es Verbindungen zur Rhönbahn, die zwischen Gersfeld und Fulda verkehrt, und zum Hochrhönbus, der Bad Neustadt – Bischofsheim – Gersfeld verbindet. Im Rhönradbus gilt der Tarif des Rhein-Main-Verkehrsverbundes. Fahrkarten können beim Busfahrer gekauft werden. Bei Gruppen ab 5 Personen wird um Voranmeldung gebeten; www.lng-fulda.de

Der Bäderlandbus:
An zwanzig Haltestellen zwischen Bad Brückenau im Landkreis Bad Kissingen und Bad Königshofen im Landkreis Rhön-Grabfeld hält der Bäderlandbus. Mit ihm haben Sie gute Anschlüsse an den Hochrhönbus und den Sinntalbus! Diese erschließen weitere attraktive Ziele wie den Kreuzberg, das Fränkische Freilandmuseum Fladungen und das Infozentrum „Haus der Schwarzen Berge“ in Oberbach; www.baederlandbus.de

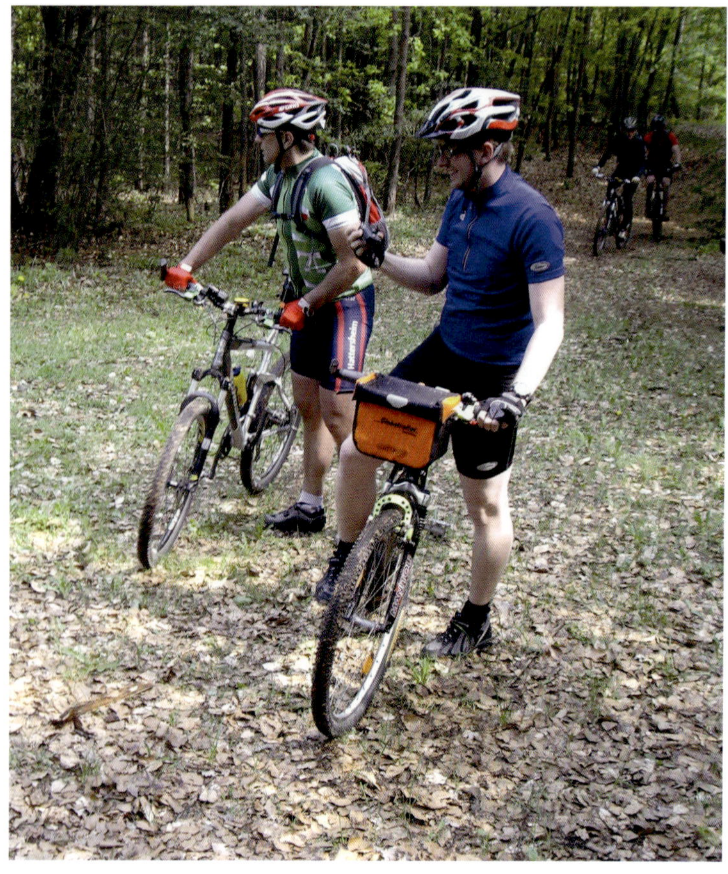

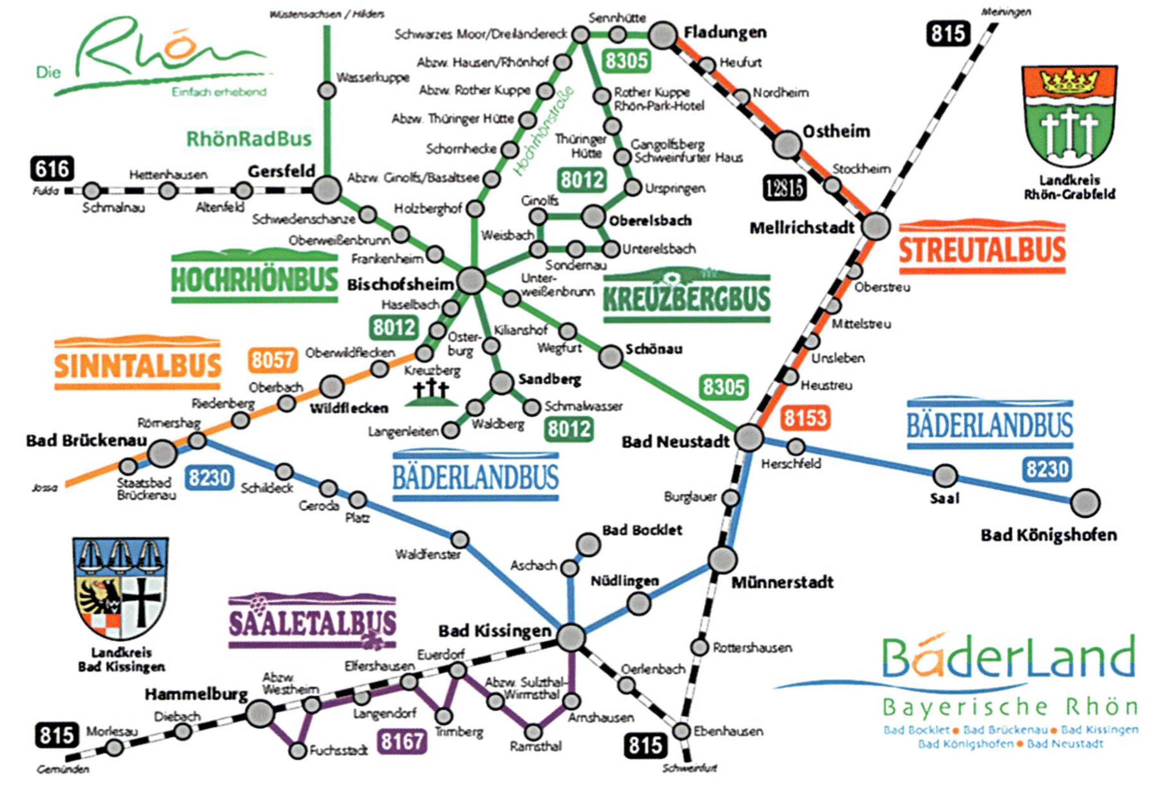

Die Rhön
Einfach erhebend
RhönRadBus
Wüstensachsen / Hilders
Wasserkuppe
616
Fulda
Schmalnau
Hettenhausen
Altenfeld
Gersfeld
Schwarzes Moor/Dreiländereck
Sennhütte
Fladungen
Abzw. Hausen/Rhönhof
Abzw. Rother Kuppe
Abzw. Thüringer Hütte
Schornhecke
Abzw. Ginolfs/Basaltsee
Hochrhönstraße
8305
Rother Kuppe
Rhön-Park-Hotel
Thüringer Hütte
Gangolfsberg
Schweinfurter Haus
8012
Urspringen
Ginolfs
Oberelsbach
Weisbach
Unterelsbach
Sondernau
Holzberghof
Schwedenschanze
Oberweißenbrunn
Frankenheim
HOCHRHÖNBUS
Bischofsheim
Unter-
weißenbrunn
KREUZBERGBUS
Haselbach
8012
Oster-
burg
Kilianshof
Wegfurt
Schönau
SINNTALBUS
8057
Oberwildflecken
Kreuzberg
Sandberg
Oberbach
Wildflecken
Schmalwasser
Riedenberg
Waldberg
8012
Langenleiten
Römershag
Bad Brückenau
Jossa
Staatsbad
Brückenau
8230
Schildeck
Geroda
Platz
BÄDERLANDBUS
Waldfenster
815
Meiningen
Heufurt
Nordheim
Ostheim
Stockheim
12815
Mellrichstadt
Landkreis
Rhön-Grabfeld
STREUTALBUS
Oberstreu
Mittelstreu
Unsleben
Heustreu
8305
8153
Bad Neustadt
BÄDERLANDBUS
Herschfeld
8230
Saal
Bad Königshofen
Burglauer
Bad Bocklet
Aschach
Nüdlingen
Münnerstadt
Landkreis
Bad Kissingen
SAALETALBUS
Bad Kissingen
Rottershausen
Oerlenbach
Euerdorf
Elfershausen
Abzw.
Westheim
Abzw. Sulzthal-
Wirmsthal
Hammelburg
Langendorf
Trimberg
Arnshausen
Diebach
815
Morlesau
Gemünden
Fuchsstadt
8167
Ramsthal
815
Schweinfurt
Ebenhausen
BäderLand
Bayerische Rhön
Bad Bocklet • Bad Brückenau • Bad Kissingen
Bad Königshofen • Bad Neustadt

Fahrrad- und Sportgeschäfte an oder in der Nähe der beschriebenen Routen

Bad Kissingen	Quellenhof Garage, Tel. 0971 2825
Bad Neustadt	Der Wolf, Saalestraße 24, Tel. 09771 2213 Radsport Raab, Saalestraße, Tel. 09771 2570
Bischofsheim	erfragen bei Tourist-Info: 09772 910150
Ehrenberg	erfragen bei Tourist-Info: 06683 960116
Frammersbach	Hedley`s Bikes&Parts, Lohrer Str. 8, Tel. 09355 975391 Scheuring Radsport, Herbertshainer Str. 10, Tel. 09355 1276
Gersfeld	Radsporthaus Rhön, Hans-Gutmann-Str. 5, Tel. 06654 7595
Hammelburg	Heikos Radschuppen, Tel. 09732 780810
Kaltennordheim	Fuchs, Tel. 036966 84374
Lohr	Actionline, Sackenbacher Straße 34, Tel. 09352 602693
Mellrichstadt	Fahrrad Büttner, Tel. 09776-9687
Nordheim v. d. Rhön	Bike Point, Tel. 09779 85800-12
Motten-Kothen	Marcus Klein, Tel. 09748 1285
Oberelsbach-Ginolfs	Fa. Lörzer, Tel. 09774 375
Ostheim	Fahrrad-Hodermann, Auf der Bündt, Tel. 09777 1577
Oberebersbach	Fahrrad Nöth, Tel. 09708 705101
Seligenstadt	Radsport König, Ferdinand-Porsche-Str. 16A, Tel. 06182 8994946
Zeitlofs	H. Schüssler, Tel. 09746 228

Übernachtungs- und Einkehrmöglichkeiten im MTB-Routennetz der Rhön

Berggasthof am Dreistelz, 97789 Dreistelz	Tel. 09741 911500
Rhönklubhütte Würzburger Haus am Farnsberg in der Südrhön (E/Ü)	Tel. 09749 230
Berghaus Rhön (E/Ü)	Tel. 09749 244
Kissinger Hütte auf dem Feuerberg (E/Ü)	Tel. 09701 286
Neustädter Haus am Kreuzberg (E/Ü)	Tel. 09772 1220
Kloster Kreuzberg (E/Ü)	Tel. 09772 8510
Bischofsheim: Gasthaus Dickas (E/Ü)	Tel. 09772 456
Holzberghof am Münzkopf (E/Ü)	Tel. 09772 1207
Schweinfurter Haus bei Oberelsbach (E/Ü)	Tel. 09774 590
Hütte am Basaltsee (E)	Tel. 09774 7926
Gersfeld: Haus am Roten Moor (E)	Tel. 09772 930517
Gersfeld: Gästehaus Jäger, Auf der Wacht 19 (Ü)	Tel. 06654 230
Oberelsbach: Mühlencafe (E) Ginolfs Restaurant Fischerhütte Edwin (E) Ginolfs Gasthof Rhönlust (E) Weisbach Gasthof Zum grünen Baum (E) Sondernau Pension Hergenhan (Ü)	Tel. 09774 8580274 Tel. 09774 858338 Tel. 09774 505 Tel. 09774 1525 Tel. 09774 1219
Urspringen: Gasthof zum Hirschen (E)	Tel. 09779 6103
Sondheim: Gasthof Weimarische Schmiede (E)	Tel. 09779 575
Thüringer Hütte (E)	Tel. 09779 562
Rother Kuppe (E)	Tel. 09779 850235
RhönParkHotel	Tel. 09779 91-0
Schloßbergschänke Hillenberg (E)	Tel. 09778 748751
Berggasthof Sennhütte (E/Ü)	Tel. 09778 91010
Eisenacher Haus (E/Ü)	Tel. 036946 149915
Fladungen: Hotel Sonnentau (E/Ü)	Tel. 09778 9122-0
Kaltensundheim: Gasthof zur Guten Quelle (E/Ü)	Tel. 03 6946-3850
Mellrichstadt: Mountainbike-Hotel Sturm (E/Ü)	Tel. 09776 8180-0
Gersfeld: Gästehaus Jäger, Auf der Wacht 19 (Ü)	Tel. 06654 230

Übernachtungs- und Einkehrmöglichkeiten an oder in der Nähe der MTB-Routen im Spessart (Auswahl)

Rückersbach, Gasthof Rückersbacher Schlucht (E/Ü)	Tel. 06029 99880
Johannesberg: Gasthof Berghof (E/Ü)	Tel. 06021 423831
Rottenberg: Zum Grünen Tal (E/Ü) Zum Löwen (E)	 Tel. 06024 80334 Tel. 06024 9390
Waldhaus Zum Engländer (E)	Tel. 06020 8590
Kleinkahl: Bamberger Mühle (E/Ü) Dorfschänke (E)	 Tel. 06096 350 Tel. 06024 1060
Wiesen: Gasthof Wiesbüttsee (E/Ü) Spessart-Einkehr (E)	 Tel. 06096 385 Tel. 06096 379
Habichtsthal: Zur Frischen Quelle (E/Ü) Gasthaus Fischerhütte (E)	 Tel. 06020 1393 Tel. 06020 1716
Flörsbach: Flörsbacher Hof (E/Ü) Gasthaus Zum Stern (E/Ü)	 Tel. 06057 790 Tel. 06057 74
Lohrhaupten Hotel Waldeck (E/Ü)	Tel. 06057 5531
Bayerische Schanz (E/Ü)	Tel. 09355 618
Frammersbach: Landgasthof Kessler (E/Ü) Gasthof Zum Grünen Baum (E/Ü)	 Tel. 09355 1236 Tel. 09355 9975
Heigenbrücken: Gasthaus „Zur Frischen Quelle“ Zum Grünen Baum	 Tel. 06020 9709407 Tel. 06020 1374
Jossa: Landgasthof Jossgrund (E/Ü)	Tel. 06665 254
Rieneck: Gasthaus „Zum Löwen“ (E/Ü)	Tel. 09354 635
Burgsinn: Bayerischer Hof (E/Ü)	Tel. 09356 1207

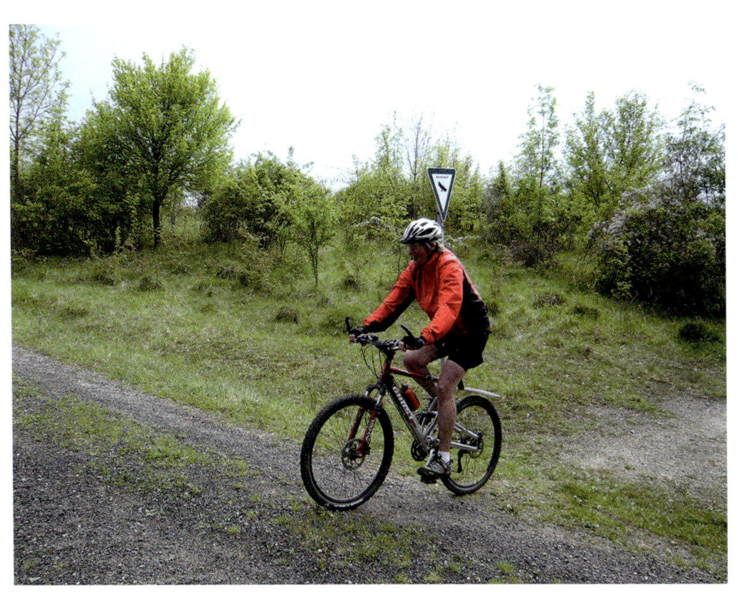

Eckards: Gasthof „Zum schwarzen Roß“ /E/Ü)	Tel. 09746 249
Weibersbrunn: Hotel Brunnenhof (E/Ü)	Tel. 06094 364
Forsthaus Echterspfahl (E)	Tel. 06094 326
Rothenbuch: Gasthof Zum Löwen (E/Ü)	Tel. 06094 984994
Laufach: Gaststätte Brückner (E)	Tel. 06093 475
Waldaschaff: Gasthof Zur Krone (E/Ü)	Tel. 06095 75
Waldmichelbach: Landgasthof Waldmichelbacher Hof (E/Ü)	Tel. 06095 6747
Hohe Warthaus (E)	Tel. 0172 6995996 oder Tel. 06021 3398-0
Hessenthal: Hotel - Restaurant Waldhaus (E/Ü)	Tel. 06092 247
Krausenbach: Gasthof Ferschenmühle (E/Ü)	Tel. 06092 466
Wildensee: Gasthof Pension Waldfrieden (E/Ü)	Tel. 09374 3286
Hofgut Hundsrück	Tel. 09392 8828

Hier erhalten Sie weitere Informationen

Infozentrum Haus der Schwarzen Berge 97772 Oberbach, Tel. 09749 91220, E-Mail: tourismus@info-rhoen-saale.de	
Tourist-Info Rhön 97616 Bad Neustadt, Spörleinstraße 11, Tel. 09771 94670, E-Mail: Tourist-@rhoen-grabfeld.de	
Tourismus Stadt 97769 Bad Brückenau Marktplatz 2, Tel. 09741 804-0, E-Mail: tourismus@bad-brueckenau.de, www.bad-brueckenau.de	
Tourist-Info 97653 Bischofsheim Kirchplatz 7, Tel. 09772 910150, E-Mail: tourist-info@bischofsheim-rhoen.de, www.bischofsheim.info	
Tourist-Info 36115 Ehrenberg (Rhön) Rhönstraße 26, Tel. 06683 9601-16, E-Mail: tourist-info@ehrenberg-rhoen.de http://ehrenberg-rhoen.de/tourismus-kultur-ehrenberg-rhoen	
Infozentrum Haus der Langen Rhön Unterelsbacher Straße 4, 97656 Oberelsbach, Tel. 09774/910260, E-Mail: touristinfo@oberelsbach.de, www.oberelsbach-rhoen.de	
www.rhoen-active.de	www.rhoenline.de
www.rhoen.de	www.spessart-mainland.de
www.raeuberland.com	www.naturpark-spessart.de
www.churfranken.de	www.spessart-tourismus.de

Mountainbike-Karten und GPS-Daten

Die **MTB-Karte des Publicpress Verlages Geseke** auf der Basis der topografischen Grundlage der Vermessungsämter enthält des MTB-Netz auf zwei Seiten im Maßstab 1: 50.000 und ist wie alle Karten des Verlages sehr robust und wasserfest beschichtet (recyclingfähig).
ISBN 978-3-89920-455-1

Die **Fritsch Radwanderkarte Naturpark und Biosphärenreservat Rhön** ist eine Radwanderkarte mit MTB-Routen, ebenfalls im Maßstab 1:50.000. Sie umfasst wegen der Fahrradrouten ein etwas größeres Gebiet und ist dadurch auch etwas größer. Sie enthält keine Höhenlinien.
ISBN 3-86116-568-6

Radwanderkarte Spessart im Coconverlag Hanau

Die **GPS-Daten aller Touren** sind unter der E-Mailadresse jochen.heinke@t-online.de zu ordern.

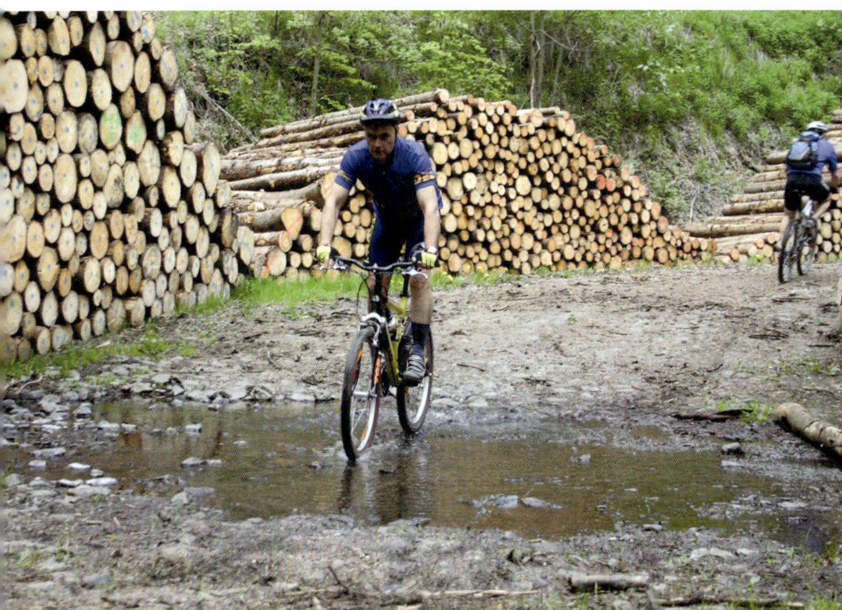

Furt durch den Stettbach

Notizen

Notizen

Notizen